住房和城乡建设领域施工现场专业人员继续教育培训教材

资料员岗位知识
（第二版）

中国建设教育协会继续教育委员会　组织编写

中国建筑工业出版社

图书在版编目（CIP）数据

资料员岗位知识/中国建设教育协会继续教育委员会组织编写 . —2 版 . —北京：中国建筑工业出版社，2021.8（2022.7 重印）

住房和城乡建设领域施工现场专业人员继续教育培训教材

ISBN 978-7-112-26393-6

Ⅰ.①资… Ⅱ.①中… Ⅲ.①建筑工程-技术档案-档案管理-继续教育-教材 Ⅳ.①G275.3

中国版本图书馆 CIP 数据核字（2021）第 147889 号

责任编辑：赵云波
责任校对：党　蕾

住房和城乡建设领域施工现场专业人员继续教育培训教材
资料员岗位知识（第二版）
中国建设教育协会继续教育委员会　组织编写

*

中国建筑工业出版社出版、发行（北京海淀三里河路 9 号）
各地新华书店、建筑书店经销
唐山龙达图文制作有限公司制版
天津翔远印刷有限公司印刷

*

开本：787 毫米×1092 毫米　1/16　印张：12¼　字数：300 千字
2021 年 10 月第二版　　2022 年 7 月第三次印刷
定价：**45.00** 元
ISBN 978-7-112-26393-6
（37809）

丛书编委会

主　任：高延伟　丁舜祥　徐家斌

副主任：成　宁　徐盛发　金　强　李　明

委　员：（按姓名笔画排序）

丁国忠　马　记　王　飞　王正宇　王东升　王建玉

白俊锋　吕祥永　刘　忠　刘　媛　刘清泉　李　志

李　杰　李亚楠　李斌汉　张　宠　张克纯　张丽娟

张贵良　张燕娜　陈华辉　陈泽攀　范小叶　金广谦

金孝权　赵　山　胡本国　胡兴福　姜　慧　黄　玥

阚咏梅　魏傅燕

出版说明

　　住房和城乡建设领域施工现场专业人员（以下简称施工现场专业人员）是工程建设项目现场技术和管理关键岗位从业人员，人员队伍素质是影响工程质量和安全生产的关键因素。当前，我国建筑行业仍处于较快发展进程中，城镇化建设方兴未艾，城市房屋建设、基础设施建设、工业与能源基地建设、交通设施建设等市场需求旺盛。为适应行业发展需求，各类新标准、新规范陆续颁布实施，各种新技术、新设备、新工艺、新材料不断涌现，工程建设领域的知识更新和技术创新进一步加快。

　　为加强住房和城乡建设领域人才队伍建设，提升施工现场专业人员职业水平，住房和城乡建设部印发了《关于改进住房和城乡建设领域施工现场专业人员职业培训工作的指导意见》（建人〔2019〕9号）、《关于推进住房和城乡建设领域施工现场专业人员职业培训工作的通知》（建办人函〔2019〕384号），并委托中国建筑工业出版社组织制定了《住房和城乡建设领域施工现场专业人员继续教育大纲》。依据大纲，中国建筑工业出版社、中国建设教育协会继续教育委员会和江苏省建设教育协会，共同组织行业内具有多年教学和现场管理实践经验的专家编写了本套教材。

　　本套教材共14本，即：《公共基础知识》（各岗位通用）与《××员岗位知识》（13个岗位），覆盖了《建筑与市政工程施工现场专业人员职业标准》涉及的施工员、质量员、标准员、材料员、机械员、劳务员、资料员等13个岗位，结合企业发展与从业人员技能提升需求，精选教学内容，突出能力导向，助力施工现场专业人员更新专业知识，提升专业素质、职业水平和道德素养。

　　我们的编写工作难免存在不足，请使用本套教材的培训机构、教师和广大学员多提宝贵意见，以便进一步修订完善。

第二版前言

为贯彻落实住房和城乡建设部《关于改进住房和城乡建设领域施工现场专业人员职业培训工作的指导意见》（建人〔2019〕9号），规范现场专业人员继续教育培训工作，进一步强化教育培训效果和提升教育培训水平，住房和城乡建设部人事司委托中国建筑工业出版社组织开展了住房和城乡建设领域施工现场专业人员继续教育系列培训教材的编写工作，本书为系列培训教材的其中一册。

本教材编写过程中参照了《建设项目档案管理规范》DA/T 28、《档案数据硬磁盘离线存储管理规范》DA/T 75、《钢结构工程施工质量验收标准》GB 50205、《建筑地基基础工程施工质量验收标准》GB 50202、《建筑防护栏杆技术标准》JGJ/T 470等近几年的标准规范，以及《建设工程文件归档整理规范（2019年版）》GB/T 50328、《建设电子文件与电子档案管理规范》CJJ/T 117等建筑工程管理相关的新标准，并编入了施工文件档案资料管理计划和施工现场安全资料。新颁布的标准规范按照有关条文逐一列出说明，修订的标准规范主要对修改和增加的条文列出说明，在内容上力求前沿性和实用性。

本教材由魏德燕主编，全书共分四个章节，第1章、第2章第1节2.1.1～2.1.4、第3章第1节由冯汉国编写，第2章第1节2.1.5、第2章第2节、第3节由张贵良编写，第3章第2节由魏德燕编写，第4章由朱翔编写。另外，教材编写过程中参阅和引用了一些专家学者的著作，在此一并表示衷心的感谢！

本教材不是系统的教学用书，是针对资料员岗位培训考核教材的内容补充和完善。主要以近几年有关城建档案管理、建设工程文件归档管理新颁布和修订的法律法规、验收标准，以及施工文件档案资料管理为主线进行编写，作为住房和城乡建设领域从业人员及施工现场专业人员继续教育参考用书。

由于编写时间仓促，加之水平所限，难免有错漏之处，敬请专家、读者批评指正。

编者

二零二一年五月

前　言

为贯彻落实住房和城乡建设部《关于改进住房和城乡建设领域施工现场专业人员职业培训工作的指导意见》(建人〔2019〕9号),规范现场专业人员继续教育培训工作,进一步强化教育培训效果和提升教育培训水平,本书编委会组织开展了住房和城乡建设领域施工现场专业人员继续教育系列培训教材的编写工作,本书为系列培训教材的其中一册。

本教材编写过程中参照了《建设项目档案管理规范》DA/T 28、《纸质档案数字化规范》DA/T 31、《建筑地基基础工程施工质量验收标准》GB 50202等近三年的标准规范,以及《建设工程文件归档整理规范》GB/T 50328、《建设电子文件与电子档案管理规范》CJJ/T 117等建筑工程管理相关的新标准,并编入了施工文件档案资料管理计划和施工现场安全资料。新颁布的标准规范按照有关条文逐一列出说明,修订的标准规范主要对修改和增加的条文列出说明,在内容上力求前沿性和实用性。

本教材由魏德燕主编,全书共分四个章节,第1章、第2章第1节2.1.1~2.1.4、第3章第1节由冯汉国编写,第2章第1节2.1.5、第2章第2~3节由张贵良编写,第3章第2节由魏德燕编写,第4章由朱翔编写。另外,教材编写过程中参阅和引用了一些专家学者的著作,在此一并表示衷心的感谢!

本教材不是系统的教学用书,是针对资料员岗位培训考核教材的内容补充和完善。主要以近几年有关城建档案管理、建设工程文件归档管理新颁布和修订的法律法规、验收标准,以及施工文件档案资料管理为主线进行编写,作为住房和城乡建设领域从业人员及施工现场专业人员继续教育参考用书。

由于编写时间仓促,加之水平所限,难免有错漏之处,敬请专家、读者批评指正。

编者

二零一九年五月

目　　录

第1章　建设工程文件相关的新法规

第1节　《中华人民共和国保守国家秘密法实施条例》

1.1.1　《中华人民共和国保守国家秘密法实施条例》（简称"实施条例"）的制定

"实施条例"是根据《中华人民共和国保守国家秘密法》（简称"保密法"）的规定制定的，由国务院于 2014 年 1 月 17 日发布，自 2014 年 3 月 1 日起施行。

"实施条例"对 1990 年发布实施的《中华人民共和国保守国家秘密实施办法》作了全面修订。

制定的主要原因包括三个方面：

1. 适应贯彻实施"保密法"的需要

2010 年新修订的"保密法"确定了一系列新的制度、措施，实施办法与之已不相适应，应作相应调整补充。同时，新修订"保密法"规定的一些内容还比较原则化，有必要具体细化，以利于法律的贯彻落实。

2. 适应经济社会发展形势的需要

通过修订"实施条例"，进一步健全完备各项保密制度，有利于为依法开展保密管理，维护国家安全和利益提供更加明确的法律依据。同时，也有利于更好地处理保密与信息公开的关系，依法维护公民知情权、参与权等合法权益。

3. 适应保密工作依法行政的需要

通过"实施条例"的修订，进一步明确。细化保密行政管理职能，规范保密行政行为，以实现保密行政管理科学、公正、严格、高效。

1.1.2　"实施条例"总体内容

"实施条例"包括六章四十五条。第一章总则；第二章国家秘密的范围和密级；第三章保密制度；第四章监督管理；第五章法规责任；第六章附则。

1.1.3　相关条款内容规定

1. 国家秘密的范围和密级

（1）事项范围

"实施条例"第八条规定，国家秘密及其密级的具体范围（简称为保密事项范围）应当明确规定国家秘密具体事项的名称、密级、保密期限和知悉范围。保密事项范围不是一成不变的。第八条还规定，保密事项范围应当根据情况变化及时调整。

（2）定密职责

定密工作需专人负责。"实施条例"第九条规定，机关、单位负责人为本机关、本单位定密责任人，根据工作需要，可以指定其他人员为定密责任人。

"实施条例"第十条规定，定密责任人具体负责审核批准本机关产生的国家秘密的密级，保密期限和知悉范围；对本机关、本单位产生的尚在保密期限内的国家秘密进行审核，作出是否变更或者解除的决定；对是否属于国家秘密和属于何种密级不明确的事项先行拟定密级，并按照规定程序报保密行政管理部门确定。

（3）定密授权

"实施条例"第十一条对定密的主体、方式、权限、形式、监督等作出规定。

（4）定密程序

"实施条例"第十二条至第十五条、第十八条对定密程序和内容进行了细化：一是规定了定密的一般程序；二是规定了定密的"三要素"，即密级、保密期限和知悉范围；三是规定了国家秘密标志内容，要求国家秘密载体以及属于国家秘密的设备、产品的明显部位应当标注国家秘密标志；四是规定了定密不当纠正程序，机关、单位发现定密不当的，应当及时纠正。

（5）保密期限

"实施条例"第十六条、第十七条规定：一是机关、单位对所产生的国家秘密，认为符合保密法有关规定的，应当及时解密或者延长保密期限；二是机关、单位对不属于本机关、本单位产生的国家秘密，认为符合保密法有关解密或者延长保密期限规定的，可以向原定密机关、单位或者其上级机关、单位提出建议；三是已经依法移交各级国家档案馆的属于国家秘密的档案，由原定密机关、单位按照国家有关规定进行解密审核；四是机关、单位被撤销或者合并的，该机关、单位所确定国家秘密的变更和解除，由承担其职能的机关、单位负责，也可以由其上级机关、单位或者保密行政管理部门指定的机关、单位负责。

（6）不确定事项处理

"实施条例"第十九条、第二十条规定，对不明确事项，机关、单位应当先行拟定密级、保密期限和知悉范围，采取相应的保密措施，并自拟定之日起 10 日内报国家保密行政管理部门或者省（区、市）保密行政管理部门确定；对已定密事项是否属于国家秘密或者属于何种密级有不同意见的，首先可以向原定密机关、单位提出异议，未予处理或者对作出的决定仍有异议的，报国家保密行政管理部门或者省（区、市）保密行政管理部门确定。

2. 保密制度

"实施条例"第三章对保密法"保密制度"一章进行了细化，对保密管理的基本制度和要求作出具体规定。

（1）国家秘密载体保密管理制度

1）制作。制作国家秘密载体，应当由机关、单位或者经保密行政管理部门保密审查合格的单位承担，制作场所应当符合保密要求。

2）收发。收发国家秘密载体，应当履行清点、编号、登记、签收手续。

3）传递。传递国家秘密载体，应当通过机要交通、机要通信或者其他符合保密要求的方式进行。

4）使用。复制国家秘密载体或者摘录、引用、汇编属于国家秘密的内容，应当按照规定报批，不得擅自改变原件的密级、保密期限和知悉范围，复制件应当加盖复制机关、单位戳记，并视同原件进行管理。

5）保存。保存国家秘密载体的场所、设施、设备，应当符合国家保密要求。

6）维修。维修国家秘密载体，应当由本机关、本单位专门技术人员负责。确需外单位人员维修的，应当由本机关、本单位的人员现场监督；确需在本机关、本单位以外维修的，应当符合国家保密规定。

7）携带。携带国家秘密载体外出，应当符合国家保密规定，并采取可靠的保密措施；携带国家秘密载体出境的，应当按照国家保密规定办理批准和携带手续。

8）销毁。销毁国家秘密载体应当履行清点、登记、审批手续，并送交保密行政管理部门设立的销毁工作机构或者保密行政管理部门指定的单位销毁。机关、单位确因工作需要，自行销毁少量国家秘密载体的，应当使用符合国家保密标准的销毁设备和方法，确保销毁的国家秘密信息无法还原。

（2）涉密信息系统保密管理制度

1）分级保护制度。涉密程度分为绝密级、机密级、秘密级。机关、单位按照分级保护要求采取相应安全保密防护措施。

2）投入使用审查制度。

3）运行使用管理制度。

（3）涉密采购保密管理制度

"实施条例"第二十六条要求机关、单位采购涉及国家秘密的工程、货物和服务的应当：

1）根据国家保密规定确定密级，并符合国家保密规定和标准。

2）对提供工程、货物和服务的单位提出保密管理要求，并与其签订保密协议。

3）政府采购监督管理部门、保密行政管理部门应当依法加强对涉及国家秘密的工程、货物和服务采购的监督管理。

（4）涉密会议活动保密管理制度

1）确定密级，制定保密方案，限定参加人员范围。

2）使用符合国家保密规定和标准的场所、设施、设备。

3）按照国家保密规定管理国家秘密载体。

4）对参加人员提出具体保密要求。

（5）从事涉密业务企事业单位保密审查制度

1）企业事业单位从武器装备科研生产等涉及国家秘密的业务，应当由保密行政管理部门或者保密行政管理部门会同有关部门进行保密审查。保密审查不合格的，不得从事涉密业务。

2）根据国务院行政审批改革精神，对从事以上涉密业务的企业事业单位进行保密审查，属于行政许可行为。

3）对从事涉密业务的企业事业单位应当具备的基本条件予以明确，为保密审查提供了法定标准和尺度。

4）涉密企业具备条件。在中华人民共和国境内依法成立 3 年以上的法人；从事涉密业务的人员具有中华人民共和国国籍，无犯罪记录，保密制度完善，有专门的机构或者人员负责保密工作；用于涉密业务的场所、设施、设备符合国家保密规定和标准；具有从事涉密业务的专业能力；法律、行政法规和国家保密行政管理部门规定的其他条件。

（6）涉密人员的管理制度

1）涉密人员管理是保密工作的核心要素，加强涉密人员管理制度建设非常必要和迫切。

2）"实施条例"第三十条规定，涉密人员的分类管理、任（聘）用审查、脱密期管理、权益保障等具体方法，由国家保密行政管理部门会同国务院有关主管部门制定。

3. 监督管理

"实施条例"从报告制度、保密检查、泄密案件调查、密级签订等方面，对保密法"监督管理"一章的内容作了细化，并对保密行政管理部门提出了"科学、公正、严格、高效"的履职要求。

4. 法律责任

（1）泄密国家秘密案件隐瞒不报和妨碍保密检查的责任。

机关、单位发生泄露国家秘密案件不按规定报告或者未采取补救措施的，对直接负责的主管人员和其他直接责任人员依法给予处分。

企业事业单位及其工作人员协助机关、单位逃避、妨碍保密检查或者泄露国家秘密案件查处的，由有关主管部门依法予以处罚。

（2）违规从事涉密业务责任。经保密审查合格的企业事业单位违反保密管理规定的，由保密行政管理部门责令限期整改，逾期不改或者整改后不符合要求的。暂停涉密业务；情节严重的停止涉密业务。机关、单位委托未经保密审查的单位从事涉密业务的，由有关机关、单位对直接负责的主管人员和其他直接责任人员依法给予处分。

（3）保密行政管理部门违规责任。"实施条例"第四十四条规定，保密行政管理部门未依法履行职责，或者滥用职权、玩忽职守、徇私舞弊的，对直接负责的主管人员和其他直接责任人员依法给予处分；构成犯罪的，依法追究刑事责任。

第2节 《档案管理违法违纪行为处分规定》

1.2.1 《档案管理违法违纪行为处分规定》（简称"处分规定"）的制定

1. 立法目的

第一条 明确为了预防和惩处档案管理违法违纪行为，有效保护和利用档案，贯彻落实《中华人民共和国档案法》《中华人民共和国行政监察法》《中华人民共和国公务员法》《行政机关公务员处分条例》等有关法律、行政法规。

2. 适用对象

第二条 规定为：

（1）行政机关公务员；

（2）法律、法规授权的具有公共事务管理职能的组织中从事公务的人员；

（3）行政机关依法委托从事公共事务管理活动的组织中从事公务的人员；

（4）企业、社会团体中由行政机关任命的人员。

1.2.2 处分的种类

1. 行政处分：警告、记过、记大过、降级、撤职、开除。

2. 党纪处分：警告、严重警告、撤销党内职务、留党察看、开除党籍。

3. 刑事处罚：刑事处罚包括主刑和附加刑两部分。主刑有：管制、拘役、有期徒刑、无期徒刑、死刑。附加刑有罚金、剥夺政治权利、没收财产。

1.2.3　违法违纪的种类

包括在档案形成、档案收集、档案保管、档案安全和档案利用开放等环节发生的档案管理违法违纪行为。

1. 档案形成环节

第三条　将公务活动中形成的应当归档的文件材料、资料据为己有，拒绝交档案机构、档案工作人员归档的，对有关责任人员，给予警告处分；情节较重的，给予记过或者记大过处分；情节严重的，给予降级或者撤职处分。

"拒"一般指明确拒绝、屡催不归、推脱等。

2. 档案收集环节

第四条　拒不按照国家规定向指定的国家档案馆移交档案的，对有关责任人员，给予警告或者记过处分；情节较重的，给予记大过或者降级处分；情节严重的，给予撤职处分。

第十五条　违反国家规定扩大现有缩小档案接收范围的，对有关责任人员，给予警告或者记过处分；情节较重的，给予记大过或者降级处分；情节严重的，给予撤职处分。

"拒"明确拒绝、屡催不交、无正当理由推脱、态度恶劣等不按国家规定：不按时间、不按范围、不按档案整理标准、不向法定档案馆移交。接收档案主要指国家档案馆。

3. 档案保管环节

第五条　出卖或者违反国家规定转让、交换以及赠送档案的，对有关责任人员，给予撤职或者开除处分。

第六条　利用职务之便，将所保管的档案据为己有的，对有关责任人员，给予记大过处分：情节较重的，给予降级或者撤职处分；情节严重的，给予开除处分。

第七条　因工作不负责任或者不遵守档案工作制度，导致档案损毁、丢失的，对有关责任人员，给予记过处分；情节较重的，给予记大过或者降级处分；情节严重的，给予撤职或者开除处分。

第八条　擅自销毁档案的，对有关责任人员，给予记过处分；情节较重、给予记大过或者降级处分；情节严重的，给予撤职或者开除处分。

第九条　有下列行为之一的，对有关责任人员，给予记过或者记大过处分：情节较重的，给予降级或者撤职处分；情节严重的，给予开除处分。

（一）涂改、伪造档案的；

（二）擅自从档案中抽取、撤换、添加档案材料的。

第十条　携运、邮寄禁止出境的档案或者其复制件出境的，对有关责任人员，给予警告、记过或者记大过处分；情节较重的，给予降级或者撤职处分；情节严重的，给予开除处分。

第十一条　有下列行为之一的，对有关责任人员，给予警告、记过或者记大过处分；情节较重的，给予降级或者撤职处分；情节严重的，给予开除处分：

（一）擅自提供、抄录、复制档案的；

（二）擅自公布未开放档案的。

4. 档案安全环节

第十二条　有下列行为之一，导致档案安全事故发生的，对有关责任人员，给予记过或者记大过处分；情节较重的，给予降级或者撤职处分；情节严重的，给予开除处分：

（一）未配备安全保管档案的必要设施、设备的；

（二）未建立档案安全管理规章制度的；

（三）明知所保存的档案面临危险而不采取措施的。

第十三条　有下列行为之一的，对有关责任人员，给予记过或者记大过处分；情节较重的，给予降级或者撤职处分；情节严重的，给予开除处分：

（一）档案安全事故发生后，不及时组织抢救的；

（二）档案安全事故发生后，隐瞒不报、虚假报告或者不及时报告的；

（三）档案安全事故发生后，干脆阻挠有关部门调查的。

5. 档案开放利用环节

第十四条　在档案利用工作中违反国家规定收取费用的，对有关责任人员，给予记过或者记大过处分；情节较重的，给予降级或者撤职处分；情节严重的，给予开除处分。

第十六条　拒不按照国家规定开放档案的，对有关责任人员，给予警告、记过或者记大过处分。

1.2.4　行政救济制度

行政救济是指当事人不服从行政决定，向行政机关请求予以撤销和变更的制度，是通过行政机关自身纠正违法或不当的行政行为、保障公民权利的救济方式，属于行政机关内部监督机制的组成部分。

第十七条　因档案管理违法违纪行为受到处分的人员对处分决定不服的，依照《中华人民共和国行政监察法》《中华人民共和国公务员法》《行政机关公务员处分条例》等有关规定，可以申请复核或者申诉。

1.2.5　案件移送制度

第十八条　任免机关、监察机关和档案行政管理部门建立案件移送制度。

任免机关、监察机关查处档案管理违法违纪案件，认为应当由档案行政管理部门给予行政处罚的，应当及时将有关案件材料移送档案行政管理部门。档案行政管理部门应当依法及时查处，并将处理结果书面告知任免机关、监察机关。

档案行政管理部门查处档案管理违法案件，认为应当由任免机关或者监察机关给予处分的，应当及时将有关案件材料移送任免机关或者监察机关。任免机关或者监察机关应当依法及时查处，并将处理结果书面告知档案行政管理部门。

1.2.6　所涉及的档案范围

第二十条　本规定所称的档案，是指属于国家所有的档案和不属于国家所有但保存在各级国家档案馆的档案。

范围界定在国有档案和一部分不是国有档案但保存在国家档案馆的档案。处分对象为公务人员，那么公务人员所涉及的档案也只能是国有的。

第 3 节　《中华人民共和国档案法》

2020 年 6 月 20 日，第十三届全国人大常委会第十九次会议审议通过了新修订的《中华人民共和国档案法》（后简称《档案法》），国家主席习近平签署第四十七号主席令予以公布，自 2021 年 1 月 1 日起正式施行。这是《档案法》1988 年 1 月 1 日施行以来的首次修订，有助于进一步发挥档案和档案工作在推进国家治理体系和治理能力现代化中的基础性作用，为新时代档案事业高质量发展提供坚强法治保障。

1.3.1　档案法修订的背景和过程

习近平总书记指出档案工作是一项非常重要的工作，经验得以总结、规律得以认识、历史得以延续，各项事业得以发展。档案是历史的真实记录，做好档案工作是维护党和国家历史真实面貌、保障人民群众根本利益的重要事业。《档案法》实施 30 多年来，对加强档案的收集、管理、利用，维护国家档案资源安全，服务改革开放和社会主义现代化建设发挥了重要作用。但是，随着中国特色社会主义进入新时代和全面依法治国方略的推进，党中央、国务院对档案工作提出了新要求，实践中也出现了一些突出问题亟待解决，《档案法》与国家治理体系和治理能力现代化战略部署已不相适应。诸如档案形成主体逐渐多元化，档案工作逐渐转向数字管理，人民群众利用档案的需求也越来越高，因此，《档案法》修订势在必行。

2007 年，国家档案局启动《档案法》修订工作，开展了大量的调查研究。《档案法》修订先后被列入 2018 年国务院和第十三届全国人大常委会年度立法计划。2019 年 10 月 8 日，国务院第六十六次常务会议讨论通过《档案法》修订草案，李克强总理签署议案，提请全国人大常委会审议。2019 年 10 月 25 日，第十三届全国人大常委会第十四次会议对《档案法》修订草案进行了初次审议。2020 年 6 月 18 日，第十三届全国人大常委会第十九次会议进行了第二次审议，6 月 20 日表决通过。

1.3.2　修订的主要内容

《档案法》修订始终坚持政治导向、问题导向、开放导向，根据发展变化的新形势新任务，突出档案工作的政治定位，理顺档案工作体制机制，优化档案科学管理、安全管理和开放利用有关制度，完善档案监督检查和法律责任，是一次全面的优化和升级。修订后的《档案法》从原来的 6 章 27 条扩展到 8 章 53 条，新增了"档案信息化建设"和"监督检查"两个专章，为档案工作变革与转型、创新与发展提供了较为充分的法律保障。

1. 理顺体制机制

明确提出"坚持中国共产党对档案工作的领导"，强调各级人民政府应当加强档案工作，把档案事业纳入国民经济和社会发展规划，保障档案事业发展的经费。按照立法技术规范要求，将原法中的"档案行政管理部门"统一修改为"档案主管部门"，既明确了国家和地方各级档案主管部门的行政管理职责，又有效适应地方机构改革的实际情况，有助于将党管档案工作的体制优势发挥出来。在坚持统一领导、分级管理原则的前提下，要求中央国家机关根据档案管理需要，在职责范围内指导本系统的档案业务工作，有效兼顾各行各业档案工作的特殊性，体现档案管理的科学化、专业化。

2. 健全制度设计

明确《档案法》的适用范围和应当纳入归档范围的材料。要求档案形成单位建立档案工作责任制，健全档案管理制度，按照要求及时归档并定期向档案馆移交档案，并增加了发生变动或者撤销、合并等情形时移交档案的规定。要求档案馆按照规定接收档案，不得拒绝，可以通过接受捐献、购买、代存等方式收集档案。在国家所有的档案之外，对非国有企业、社会服务机构等单位和个人形成档案提出了具体要求，并为这些档案存在严重安全隐患时设计了省级以上档案主管部门帮助解决的有效措施。受新冠肺炎疫情防控工作启发，增加了突发事件应对活动相关档案收集、整理、保护、利用工作机制。针对近年来档案寄存、数字化等档案服务蓬勃发展的新情况，增加了签订委托协议、约定服务内容、遵守安全保密规定等方面的制度安排，并增加了法律责任方面的规定。适应新载体档案的管理模式，将档案出境的形式扩展为运送、邮寄、携带出境和通过互联网传输出境，要求确需出境的按照国家有关规定办理审批手续。

3. 加大开放力度

明确规定一切社会主体享有依法利用档案的权利。进一步为档案的开放和利用提供便利条件，增加档案馆定期公布开放档案目录、完善利用规则、创新服务形式、为制定法律法规政策和开展有关问题研究提供支持和便利等方面的规定。将县级以上各级档案馆的档案向社会开放的期限从30年缩短至25年，同时鼓励和支持其他档案馆向社会开放档案。要求档案馆通过多种方式发挥文化宣教功能，弘扬社会主义核心价值观，与博物馆、图书馆、纪念馆等单位相互协作、联合举办展览、共同研究和编辑出版有关史料。与此同时，明确向档案馆移交前后档案开放审核的主体，科学划分政府信息公开责任承担方式，增加关于档案馆不按规定开放和提供利用的法律责任、公民的救济途径和档案主管部门处理投诉的法律义务等方面的规定，形成了一整套促进档案开放利用的制度安排。

4. 构建安全管理体系

要求档案馆和档案形成单位按照国家有关规定配置适宜档案保存的库房和设施、设备；建立健全档案安全工作机制，加强档案安全风险管理，提高档案安全应急处置能力；发现档案安全隐患的，应当及时采取补救措施，消除档案安全隐患；发生档案损毁、信息泄露等情形的，应当及时向档案主管部门报告。并对电子档案的安全管理提出要求，电子档案应当通过符合安全管理要求的网络或者存储介质向档案馆移交；档案馆应当对接收的电子档案进行检测，确保电子档案的真实性、完整性、可用性和安全性；档案馆可以对重要电子档案进行异地备份保管。

5. 推动信息化建设

没有信息化就没有现代化。本次修订在总结档案信息化建设实践需要和一些好的经验做法的基础上，新增一章内容，对电子档案的合法要件、地位和作用、安全管理要求和信息化系统建设等方面作出了明确规定。要求各级人民政府将档案信息化纳入信息化发展规划，保障电子档案、传统载体档案数字化成果等档案数字资源的安全保存和有效利用。规定电子档案应当来源可靠、程序规范、要素合规，电子档案与传统载体档案具有同等效力，可以以电子形式作为凭证使用。对电子档案管理信息系统、数字档案馆、档案信息资源共享服务平台的建设提出要求。

6. 强化监督检查

监督检查和违法案件处理是档案工作实践的一个短板。为解决这一问题，规范行政权力的行使，新修订的《档案法》列举出监督检查的6类事项，对档案主管部门和档案工作人员开展监督检查的措施手段及应当遵守的规则作出明确规定。赋予一切单位和个人向档案主管部门、有关机关举报档案违法行为的权利，要求接到举报的档案主管部门和有关机关应当及时依法处理。此外，对"法律责任"一章进行了扩充，根据档案工作实践，对给予处分和处罚的事项进行了局部调整，明确了行政处罚的数额幅度，增加了造成财产损失或者其他损害的依法承担民事责任的规定。

7. 增强科技人才保障

档案工作是一项专业性很强的工作，档案整理、保护、鉴定、编研等工作都需要有先进的科学技术和一支高素质的专业人才队伍作为支撑。新修订的《档案法》规定国家加强档案工作人才培养和队伍建设，提高档案工作人员业务素质，明确档案专业人员可以按照国家有关规定评定专业技术职称。规定鼓励社会力量参与和支持档案事业的发展，对作出突出贡献的单位和个人给予表彰、奖励；鼓励和支持档案科学研究和技术创新，促进科技成果转化应用；在档案领域开展国际交流与合作，等。这些新要求将为档案事业创新发展注入新的生机和活力。

第 2 章　建设工程文件资料相关的标准

第 1 节　建筑工程档案管理相关的新标准

2.1.1　《建设项目档案管理规范》DA/T 28—2018（节选）

2.1.1.1　《建设项目档案管理规范》（简称"本规范"）的制定

本规范于 2018 年 4 月 8 日由国家档案局发布，并于 2018 年 10 月 1 日起实施。

1. 替代《国家重大建设项目文件归档要求与档案整理规范》DA/T 28—2002，标准名调整为《建设项目档案管理规范》。

2. 本着"适应变化，全面修改，加强管理，便于操作"的思路，对标准进行全面修订，由原来侧重于技术性的标准，发展为管理性与技术性并重的标准。

3. 章节结构

本规范包括 10 个章节以及 2 个附录。

10 个章节：范围；规范性引用文件；术语和定义；总则；项目档案工作组织及职责任务；制度规范建设；项目文件管理；项目档案管理；归档与电子档案管理；项目档案移交。

2 个附录：附录 A 建设项目文件归档范围和档案保管期限表；附录 B 竣工图章、施工图审核章式样等。

2.1.1.2　本规范主要内容及要求

1. 范围和规范性引用文件

（1）规定范围

规定了建设项目档案管理要求和职责任务，确立建设项目文件的形成、归档要求与项目档案管理的原则与方法。

适用承建、改建、扩建和技术改造等建设项目的档案管理。

（2）规范性引用文件

列出 9 个引用文件。在实际工作中，应及时关注新出台的标准以及相关标准的修订情况。

2. 术语和定义

选用 17 个术语和定义，包括：

建设项目；单位工程；分部工程；建设单位；参建单位；项目文件；前期文件；施工文件；竣工图；监理文件；竣工验收文件；项目电子文件；项目文件归档；项目档案；项目电子档案；项目档案移交；项目档案管理卷。

3. 总则

确定建设单位对项目档案工作负总责的主体地位，项目建设单位和参建单位均应在项目档案工作中做好人、财、物等方面的保障工作，提出项目档案管理融入项目管理的工作理念，强化项目文件过程管理，提高项目文件的形成质量，提出项目档案工作的完整、准确、系统、规范和安全的总体目标。

4. 项目档案工作组织及职责任务

（1）项目档案工作组织

1）建设单位——应明确项目档案工作的分管领导，应设立或明确与项目建设管理相适应的档案管理机构，并配备满足项目档案工作需要的档案人员，在项目建设期间应保持档案人员的稳定。

2）档案人员——应具备档案专业知识和技术，掌握一定的项目管理和相关工程技术专业知识，经过项目档案管理培训。

3）建设单位工程管理相关部门、各参建单位——应配备专人或指定人员负责项目文件管理工作，并保持人员的稳定，在项目建设期间不得随意更换。

4）建设单位应建立以档案管理机构为核心，工程管理机关部门和参建单位参与的项目档案管理工作网络，并建立沟通协调机制。

（2）建设单位职责任务

1）贯彻执行国家有关项目档案工作的法律、法规和标准规范，制定项目档案管理各项制度、规范、程序，并组织协调工程管理相关部门和参建单位实施。

2）与参建单位签订合同、协议时应设立专门章节或条款，明确项目文件管理责任，包括项目文件形成的质量要求、归档范围、整理标准、归档时间、归档套数、介质、格式、费用及违约责任等内容，监理合同条款还应明确监理单位对所监理项目的文件和档案的检查、审查责任。

对参建单位进行合同履约考核时，应对项目文件管理条款的履行情况做出评价。合同款支付审批时应审查项目文件的归档情况，并将项目文件按要求管理和归档作为合同款支付的前提条件。

项目开工前制定档案工作方案，对参建单位进行项目文件和项目档案管理交底。

建立项目文件管理和归档考核机制，对项目文件的形成、积累和归档情况等进行考核。

将项目档案信息化纳入项目管理信息化建设，统筹规划，同步实施。

按档案行政管理部门和主管部门相关规定，进行项目档案管理登记，做好项目档案验收的准备和整改工作。

（3）建设单位档案管理机构职责任务

1）监督、指导本单位工程管理相关部门及参建单位的项目文件收集、整理和归档工作，审查参建单位制定的针对该项目的文件管理和归档制度、规范。

2）组织项目管理相关人员和档案人员档案业务培训。

3）参加项目建设的重要会议、重大活动、阶段性检查、验收、竣工验收。

4）负责审查项目文件归档的完整性和整理的规范性和系统性。

5）负责项目档案的接收、整理、保管、鉴定、统计、利用和移交工作。

（4）建设单位工程管理相关部门职责任务

1）对工程技术文件规范性提出要求，对勘察、设计、监理、施工、总承包、检测、供货等单位归档文件的完整性、准确性、有效性和规范性进行审查。

2）对本部门形成的项目文件进行收发、登记、积累和收集、整理、归档。

3）机构和人员变动时，应及时清点交接项目文件，并办理交接手续。

（5）参建单位职责任务

1）建立符合建设单位要求的项目文件管理制度和规范，报建设单位确认。

2）负责所承担项目的文件收集、整理和归档工作。

3）监理单位负责对所监理项目的归档文件的完整性、准确性、系统性、有效性和规范性进行审查。

4）实行总承包的项目，总承包单位负责项目总承包范围内项目文件的收集、整理和归档工作的组织协调。并参照前几条规定，建立总承包范围内的项目档案工作组织，履行项目档案管理职责任务。各分包单位负责其分包部分文件的收集、整理，提交总承包单位审核，总承包单位应签署审查意见。

参建单位应配备满足工作需要、符合安全保管要求的设施设备，采取措施确保项目文件的安全。

5. 制度规范建设

（1）项目开工前，建设单位应遵循相关法律法规、规章制度和标准规范，按照职责明确、流程清晰、措施有效、要求具体的原则，建立覆盖项目各类文件、档案的管理制度和业务规范体系。

（2）项目文件管理业务规范中应包含但不限于下列内容：

1）项目文件管理流程、文件格式、编号、归档要求等。

2）竣工图的编制单位、编制要求、审查流程和责任等。

3）照片和音视频文件摄录的责任主体、阶段、节点、部位、内容、技术参数、归档要求等。

（3）建设单位档案管理业务中应包含但不限于下列内容：项目档案管理办法、档案分类、归档范围和档案保管期限表、整理编目细则。

建设单位应在项目管理相关制度、规范中提出文件归档和档案管理的要求。

（4）参建单位项目部应制定与建设单位相适应的项目文件管理制度和业务规范。

（5）建设单位和参建单位应适时对管理制度和业务规范进行修订完善。

6. 项目文件管理

删除了项目文件整理中案卷编目、装订格式及支撑材料等已有的明确规定的条文；增加了音像文件的摄录范围和技术要求；强调归档的项目文件应为原件，文件内容应符合国家、行业有关法律法规和技术规范及标准的要求；明确建设单位应依据"规范"的附录归档范围和保管期限表，结合项目建设内容、管理模式、行业特点等制定符合项目实际的归档范围和保管期限表；依据"谁形成谁整理"的原则，明确文件形成单位或部门归档和整理责任，指出项目文件的分类、文件组卷、案卷排列等整理工作应遵循文件的形成规律和成套性特点，保持卷内文件的有关联系，分类科学、组卷合理，便于保管和利用；明确各类文件归档时间，强调项目文件及时归档。

（1）竣工图编制

增加了施工单位重绘竣工图的要求，提高竣工图绘制质量，重新绘制的竣工图图面变更面积由 35％ 调整为 20％；针对不同的竣工图编制责任主体和编制方法提供竣工图章和竣工图审核章 2 种竣工图用章；明确了专业监理工程师的审查责任；提出竣工图编制依据汇总、竣工图编制说明要求；删除了"竣工图的编制费用"等不属于档案工作职责范围的条款。

（2）凡按施工图施工没有变更的，由竣工图编制单位在施工图上逐张加盖并签署竣工图章。凡一般性图纸变更且能在原施工图上修改补充的，可直接在原图上修改并加盖竣工图章。在修改处应注明修改依据文件的名称、编号和条款号，无法用图形、数据表达清楚的，应在标题栏上方或左侧用文字说明。

（3）竣工图审核章使用

施工单位重新绘制的竣工图，新图标题栏应包含施工单位名称、图纸名称、编制人、审核人、图号、比例尺、编制日期等标识项，并逐张加盖竣工图审核章。行业规定设计单位编制或建设单位、试工单位委托设计单位编制竣工图，应在竣工图编制说明、图纸目录和竣工图上逐张加盖竣工图审核章。

7. 项目档案管理

增加了项目档案的鉴定、保管、利用、统计等内容，补充完善了项目档案管理环节。

8. 项目电子文件归档与项目电子档案管理

针对建设项目信息化管理过程中大量原生电子文件的形成和收集、整理、检测、归档等环节提出技术要求；指出项目管理信息系统应当具备电子文件管理及归档功能；应根据纸质文件归档范围，确定项目电子文件归档范围；规定项目电子文件形成部门负责电子文件的归档工作，档案管理机构负责项目电子文件归档的指导、协调和电子档案接收、保管、利用等工作；明确建设单位应建立项目电子档案管理系统，管理建设项目全部电子档案；项目档案数字化时应根据实际情况确定范围，并应与委托单位签订保密协议。

9. 项目档案移交

明确了移交时间、移交手续、电子档案移交标准、停缓建移交的要求。

10. 附录 A：竣工图章、竣工图审核章式样

调整竣工图章的格式和内容，明确专业监理工程师的审核责任；新增竣工图审核章的格式和内容。

11. 附录 B：建设项目文件归档范围和保管期限

增加信息系统开发、设备采购监造等类别；细节移交工作文件材料内容；重新形成立项文件、招标合同协议文件、勘察设计文件、片地拆迁移民文件、项目管理文件、施工文件、信息系统开发文件、设备文件、监理文件、科研项目文件、生产技术准备试生产文件、竣工验收 12 个类别；调整保管期限由永久、长期、短期改为永久、30 年、10 年。

2.1.2　《纸质档案数字化规范》DA/T 31—2017（节选）

2.1.2.1　《纸质档案数字化规范》（简称"规范"）的制定

2017 年 8 月 2 日档案行业标准 DA/T31—2017 正式发布，并于 2018 年 1 月 1 日起正式实施。

"规范"替代《纸质档案数字化技术规范》DA/T31—2005，保持与其相关要求的连贯性，汲取其精华内容。但也与时俱进，紧跟技术发展趋势，对相关管理、技术提出恰当要求。

2.1.2.2 章节结构

除前言、引言外，分为 12 章，各章又分为若干节，另有两个附录 A、B。与 DA/T 31— 2005 对比，增强管理要求，细化和调整技术要求以及强化安全要求。

2.1.2.3 "规范"的主要内容及要求

1. 范围和规范性引用文件

（1）范围。规定了纸质档案数字化技术和管理要求，适用于采用扫描设备对纸质档案的数字化加工过程的管理。

（2）规范性引用文件，引用 4 个文件，注意新的规范的发布以及相关标准的修改。

2. 术语和定义

包括选用数字化、数字图像、纸质档案数字化和分辨率等 4 个术语并进行定义。

3. 总则

（1）纸质档案数字化的基本环节，主要包括：数字化前处理、目录数据库建立、档案扫描、图像处理、数据挂接、数字化成果验收与移交等。

（2）纸质档案数字化工作原则。应采取有效的管理和技术手段，确保纸质档案数字化成果质量。纸质档案数字化应遵循档案管理的客观规律，真实反映档案内容，最大限度地展现档案原貌。

（3）纸质档案数字化基本要求。纸质档案数字化过程中，应保存数字化项目信息、技术环境、数字化各类技术参数等方面的元数据。元数据元素的确定应符合 ISO/TR 13028 提出的要求。

（4）纸质档案数字化安全与保密要求。应加强纸质档案数字化各环节的安全管理，确保档案实体和档案信息的安全。加工涉密档案时，应按照涉密档案相关保密要求开展工作。

4. 组织和管理

除机构及人员、基础设施外，应对下列内容明确要求：

（1）工作方案。在充分调研的基础上，制定科学合理的工作方案，确保纸质档案数字化工作达到预期目标，完整的方案应包括数字化对象、工作目标、工作内容、成本核算、技术方法和主要技术指标、人员安排、进度安排等 11 个方面。

（2）管理制度。应制定科学化、规范化的管理制度，"规范"确定制度包含岗位管理、人员管理、场地管理、设备管理、数据管理和档案实体管理等方面。

（3）工作流程控制。应依据相关的法律法规和各类技术标准，指定相关的工作流程和各环节操作规范等，对纸质档案数字化全过程进行有效的控制，确保数字化成果质量。纸质档案数字化流程示例参见本规范附录 A。

（4）工作文件管理。应根据情况指定符合实际要求的纸质档案数字化工作文件，以此加强对数字化工作的管理。主要包括纸质档案数字化工作方案、纸质档案数字化审批书、纸质档案数字化流程单、数据验收单、项目验收报告、纸质档案数字化成果移交清单等，采取外包方式实施时，还包括项目招标文件、投标文件、中标通知书、项目合同、保密协议等。部分工作单示例参见本规范附录 B。

（5）档案数字化外包。纸质档案数字化工作如需外包，档案部门应从企业性质、股东组成、安全保密、企业规模、注册资金情况等方面严格审查数字化加工企业的相关资质；

按照《文献档案资料数字化工作导则》GB/T 20530—2006 第 5 章的要求评估数字化加工企业的技术能力；从规章制度的建立健全程度等方面考查加工企业的管理能力。

5. 档案出库

档案保管部门按照纸质档案数字化工作方案确定的工作对象进行档案调取、清点、登记等前期准备工作，按审批程序及相关手续，并与数字化部门共同清点无误后，对档案进行出库交接。

6. 数字化前处理

主要包括确定扫描页、编制页号、目录数据准备、拆除装订、技术修复等。

（1）原则上纸质档案数字化全部扫描，不宜进行挑扫，避免二次扫描。

（2）保护档案原件。以此为原则，确定是否拆除装订，对破损严重或无法直接进行扫描的纸质档案进行技术修复。

7. 目录数据库建立

（1）规则。应制定目录数据库数据规则，包括数据字段长度、字段类型、字段内容要求等。目录数据库数据规则的制定应符合《档案著录规则》DA/T18 对档案著录的要求。在纸质档案目录准备与目录数据库建立工作中均应严格遵守。

（2）格式、设计。数据库选择应考虑可转换为通用数据格式，以便于数据交换。数据库结构的设计应特别注意保持档案的内在联系，有利于纸质档案数字化成果的管理和利用。

8. 档案扫描

（1）扫描设备。扫描设备的选择应特别注意对档案实体的保护，尽量采用对档案实体破坏性小的扫描设备进行数字化。

（2）扫描色彩模式。为最大程度保留档案原件信息，便于多种方式的利用，宜全部采用彩色模式进行扫描。页面中有红头、印章或插有照片、彩色插图、多色彩文字等的档案，应采用彩色模式进行扫描；页面为黑白两色，并且字迹清晰、不带插图的档案，也可采用黑白二值模式进行扫描；页面为黑白两色，但字迹清晰度差或带有插图的档案，也可采用灰度模式扫描。

（3）扫描分辨率。扫描分辨率的选择，应保证扫描后图像清晰、完整，并综合考虑数字图像后期利用方式等因素。

扫描分辨率应不小于 200dpi。如文字偏小、密集、清晰度较差时，建议扫描分辨率不小于 300dpi。

如有 COM 输出、仿真复制、印刷出版等其他用途时，可根据需要调整扫描分辨率。需要进行 COM 输出的档案，扫描分辨率建议不小于 300dpi；需要进行高精度仿真复制的档案，扫描分辨率建议不小于 600dpi；需要进行印刷出版的档案，可结合档案幅面、印刷出版幅面、印刷精度要求等选择合适的分辨率。

（4）存储格式。纸质档案数字图像长期保存格式为 TIFF、JPEG 或 JPEG2000 等通用格式，图像压缩率的选择可根据实际应用的需求而定。

纸质档案数字图像利用时，也可从网络浏览速度、易操作性、存储空间占用等方面进行综合考虑，将图像转换为 PDF 等其他格式。同一批档案应采用相同的存储格式。

9. 图像处理

（1）图像拼接。对分幅扫描形成的多幅数字图像，应进行拼接处理，合并为一个完整的图像，以保证纸质档案数字图像的整体性。拼接时应确保拼接处平滑地融合，拼接后整幅图像无明显拼接痕迹。

（2）图像质量检查。数字图像不完整、无法清晰识别或图像失真度较大时，应重新扫描；对于漏扫、重扫、多扫等情况，应及时改正。数字图像的排列顺序与档案原件不一致时，应及时进行调整。对数字图像拼接、旋转及纠偏、裁边、去污等处理情况进行检查、发现不符合图像质量要求时，应重新进行图像处理。

10. 数据挂接

应借助相关软件对数据库中的目录数据与其对应的纸质档案数字图像进行挂接，以实现目录数据与数字图像的关联。

11. 数字化成果验收与移交

（1）成果验收

1）验收方式。建议档案部门成立专门的验收组对纸质档案数字化成果进行验收。应采用计算机自动检验与人工检验相结合的方式对纸质档案数字化成果进行验收检验。

2）验收内容。纸质档案数字化成果包括数字图像、档案目录数据、元数据、数字化工作中产生的工作文件、存储载体等。

3）验收指标。能够采用计算机自动检验的项目应采用计算机自动检验的方式进行100％检验，检验合格率为100％。对于无法用计算机自动检验的项目。可根据情况以件或卷为单位采用抽检的方式进行人工检验，抽检比率不得低于5％，对于数据库条目与数字图像内容对应的准确性，抽检合格率应为100％，其他内容的抽检合格率不低于95％。

4）验收结论。每批纸质档案数字化成果质量检验达到"验收指标"的要求，予以验收"通过"。验收未通过应视情况进行返工或修改后，重新进行验收。

（2）移交与档案归还入库

1）移交。验收合格的数据应按照纸质档案数字化工作方案及时移交，并履行交接手续。移交单位示例参考本规范附录 B。

2）档案归还入库。按照档案入库相关要求对纸质档案进行处理和清点，并履行档案入库手续。

2.1.3 《录音录像档案数字化规范》DA/T 62—2017（节选）

2.1.3.1 《录音录像档案数字化规范》（简称"本规范"）的制定

2017 年 8 月 2 日档案工作行业标准 DA/T 62—2017 正式发布，自 2018 年 1 月 1 日起实施。

1. 制定背景

现阶段，档案数字化工作在全国档案部门广泛开展，但档案载体类型较多，不同载体类型的档案数字化开展程度差异较大。特别是由模拟信号形成的录音档案和录像档案数字化工作，由于技术、管理、标准等原因，起步晚、进展慢，这极大地影响了录音录像档案的保存和利用。为保障录音录像档案数字化工作的规范性和科学性，由国家档案局技术部、国家档案局档案科学技术研究所等部门和单位共同起草制定的档案工作行业标准DA/T 62—2017。

2. 制定原则

符合标准编写规则，细化数字化工作技术要求，强化数字化工作管理要求，强化安全管理理念。

2.1.3.2　章节结构

分为 13 章，对录音录像档案数字化工作的全过程提出了普遍适用的规范性要求。本规范另有附件 A《录音录像档案数字化流程示例》；附件 B《数字化管理登记表示例》。

2.1.3.3　"规范"的主要内容及要求

1. 适用范围与总体要求

标准的使用对象是由模拟信号形成的录音录像档案，包括录音带（钢丝录音带、开盘式录音带、盒式录音带）、唱片以及录像带（U-matic、Betamax、VHS、Betacam、8mm 等类型）等。由于标准中包含了管理类要求，因此，范围中明确注明："本规范规定了模拟录音档案和录像档案数字化的技术和管理要求"。规范在"总则"中提出了数字化工作应遵循的顶层的原则性条款，主要包括相关工作的统筹规划、数字化工作基本流程、档案安全管理等内容。数字化工作流程的科学和规范，是确保数字化成果质量和效率的重要条件。

2. 组织与管理

为强化数字化工作的管理要求，标准专门设立"组织与管理"章节，从机构、人员、基础设施、工作方案、管理制度、工作流程控制、工作文件管理及档案数字化外包等方面，系统化地提出了管理要求。在标准中，对档案行业数字化外包时对外包企业资质的认定及档案部门在数字化过程中的参与和管理等提出了明确要求。

3. 档案出（入）库

档案出（入）库管理是确保录音录像档案数字化过程中档案安全的关键一步。标准将档案出库（第 6 章）、档案入库（第 13 章）分别独立成章进行描述，提出档案出（入）库过程中的管理要求。

4. 数字化前处理

数字化前处理是保障成果质量和利用效果的基础性工作，标准主要从确定信息采集范围、档案检查项目等方面提出要求。

5. 数据库建立

标准提出，在数字化工作开展前期应建立数据库，并规定了建立数据库的相关要求。很多档案馆在进行数字化工作前就已经建立了数据库，那么数字化工作过程中只需对其进行规范化处理即可。数据库的建立相对较为独立在数字化工作前期开展会更加灵活。

6. 信息采集

信息采集是标准中关于对技术参数要求的重要部分，也是标准制定的重点和难点之一。其中，"基本要求"这一部分对录音录像档案的信息采集提出了原则性要求。同时，以目前的技术现状和实际调研情况为基础，对信息采集设备、技术参数、文件切分与著录、文件命名、质量检查、档案恢复等提出了具体要求。

（1）录音档案数字化主要技术参数

1）文件格式

标准提出，音频文件格式应采用 WAV 格式。WAV 格式是最早的数字音频格式，支持多种音频位数、采样频率和声道支持无损压缩，是公认的数字音频文件通用的长期保存格式。

2）采样率

采样率是每秒从连续声音信号中提取离散信号的数量，是数字音频声音质量的关键因素。标准建议采样率应不低于 44.1kHz，珍贵或有特别用途的录音档案采样率不低于96kHz。人耳对采样率达到 44.1kHz 的声音差异已不再敏锐。日常生活中，CD 音质为44.1kHz 取样的 16bit 声音，作为需要长期保存的档案，其采样率不应低于 CD。从实验中的信息采集情况看，对于人声采集可以采用 44.1kHz 或更高的采样率；如果需要对辅助信息，如人耳难以识别的噪声进行保存，建议采用 48kHz 或更高的采样率；对于高保存价值的档案或者是含有音乐的档案，可以采用 96kHz 或更高的采样率；能够准确捕捉噪声以及人耳难以感知的声音，如听不见但影响音质效果的和声、可在未来被新算法捕捉的辅助信息等。

3）量化位数

量化位数是描述数字音频波形的二进制数据为多少位的数据，也是数字音频声音质量的重要指标。标准建议量化位数应为 24bit。量化位数为 8bit 的音频文件无论采样率多高，其音质普遍较差，能听到较明显和较强的噪声；用于保存档案时，量化位数为 16bit 的音频文件无法完整地保存声音细节，量化位数为 24bit 或以上的音频文件则可以满足需求。

（2）录像档案数字化主要技术参数

1）文件格式

在计算机文件中，视频文件是比较复杂的一类，并且为适应存储和利用视频文件的需要，人们设定了不同的视频文件格式，把视频、音频放在一个文件中以方便同时播放。标准规定视频文件格式应采用 AVI 或 MXF。AVI（Audio Video Interleave，音频视频交叉存取）是在 20 世纪 90 年代初出现的文件格式，是常见的视频文件格式。AVI 将视频和音频封装在一个文件里，音频和视频按帧交错排列，以此达到音频同步于视频的播放效果。AVI 本身只是提供了一个框架，内部的图像数据和声音数据可以采用多种编码格式。MXF（Material Exchange Format，文件交换格式）是 SMPTE（Society of Motion Picture and Television Engineer，美国电影与电视工程师协会）定义的一种专业音视频媒体文件格式。MXF 的作用是为数据的发送者和接收者建立不同数据格式转换的通用标准。MXF 广泛应用于影视行业媒体制作、编辑、发行和存储等环节。

2）视频编码格式

标准明确视频编码格式采用 H.264、MPEG-21BP。H.264 是由 ITU-T 和 ISO/IEC（国际标准化组织/国际电工委员会）联合发布的标准。ITU（国际电信联盟）是联合国在电信领域的一个专门机构，ITU-T 是 ITU 的一个常设机构，进行国际电信标准的制定。H.264 标准是被广泛使用的高精度视频录制、压缩和发布的视频压缩标准。

MPEG-2 是 ISO/IEC 成立的 MPEG（Moving Pictures Experts Group，运动图像专家组）发布的标准，适用于高质量的图像和声音的压缩编码，也是数字电视广播数字视频存储和传送的基础标准，在图像、声音的存储和传输相关领域得到广泛应用。为保证压缩效率和质量，标准建议采用 IBP 的压缩方式。

3）帧率、画面宽高比

为了真实反映档案原件的原始内容，标准规定不应对视频的帧率、画面宽高比进行转换，应与档案原件相同。

7. 音视频处理

标准规定了音视频文件在提供利用前，可针对原始音视频文件（即通过档案原件数字化后未处理过的音视频文件）的拷贝文件进行文件转换、降噪、校色及画面稳定等处理。用于长期保存的音视频文件应是原始音视频文件而非处理后的文件。主要考虑是，随着技术进步，降噪、校色等处理技术会更加完善，若原始文件仍然留存，便可在未来获得质量相对更佳的处理后文件。

8. 数据挂接

通过数据挂接，实现目录数据与音视频文件的关联，并通过档案号或者原始介质索引号等形式建立音视频文件与档案原件的关联。

9. 成果验收与移交

标准从验收方式、验收内容、验收指标、验收结论等方面对录音录像档案数字化成果的验收环节提出了要求。档案数字化工作任务量巨大，仅靠人工方式不能全面验收，验收质量也难以保证。应采用计算机自动检验与人工检验相结合的方式对录音录像档案数字化成果进行验收检验。课题组对数字化过程形成的成果进行了详细总结，提出了目录数据、音视频文件、数据挂接、工作文件、存储载体等几方面的验收内容。验收方式的选择对数字化成果质量的保障具有关键性作用。随着信息技术的发展，计算机自动检测的方法更为多样，范围更为广泛。计算机自动检测不仅使数字化成果 100％全面检测成为可能，同时可很好地确保检测的准确性。为此，标准针对档案数字化成果验收指标进行科学划分，对于能够通过计算机程序自动化方式验收的指标，提出 100％验收比率和 100％合格率的要求。对于无法采用自动化验收的指标，也根据具体情况提出了不同的合格率要求。

2.1.4　《档案数据硬磁盘离线存储管理规范》DA/T 75—2019（节选）

2.1.4.1　《档案数据硬磁盘离线存储管理规范》（简称"本规范"）的制定

离线存储（offstore）是用于在线存储的数据进行备份，以防范可能发生的数据灾难，因此又称备份的存储。而且主要使用光盘或磁带存储。随着档案信息化的发展，我国各级各类档案馆所保存的数字档案信息急剧增加，且呈持续快速增长趋势。海量档案信息的安全管理已成为各级档案部门面临的重要问题，国家档案局组织课题研究；2018 年 1 月，国家档案局办公室印发通知，征求"规范"等 6 项档案行业标准项目的意见；2019 年 3 月 4 日国家档案局公告，正式发布本规范。

2.1.4.2　章节结构

本规范分为 12 章，另附资料性附录。

2.1.4.3　"规范"主要内容及要求

1. 适用范围和总的要求

（1）适用范围：规定了利用硬磁盘进行档案数据离线存储的管理要求，适用了档案数据利用硬磁盘以离线方式进行存储的操作和管理。

（2）总的要求：在总则中明确制定方案，科学管理和确保安全，要求制定科学化、规范化的管理制度，对档案数据离线存储进行全过程监控。

2. 硬磁盘的要求

硬磁盘是指使用以铝或玻璃为基材的表面溅射磁性材料的圆盘状材料作为主要记录介质的数据存储载体。

硬磁盘的技术要求应符合《硬磁盘驱动器通用规范》GB/T 12628—2008 的规定；磁盘磁头启停次数应不少于 300000 次，平均故障间隔时间应不少于 600000h。

3. 数据写入

数据写入包括准备、写入、检测、制作标签和登记等流程。规定使用恶意代码扫描软件对需要写入的档案数据和对硬磁盘存储的档案数据进行安全性检测，使用全新硬磁盘进行数据写入。

档案数据写入硬磁盘后应及时进行工作记录登记。

4. 载体运输与移交

明确硬磁盘运输前进行清点和记录，到达后及时进行核对。利用硬磁盘进行档案数据异地备份时，确保长时间的运输环境的温度范围为 4～40℃，相对湿度的范围为 30%～80%，在 24h 内温度变化不得超过±10℃，相对湿度变化不得超过±10%。

移交接收时，应对硬磁盘外观进行检查和检测，填写接收登记表。

5. 保管

硬磁盘在进行加电和检测时，应采取必要的措施，防止意外断电，不要移动和碰撞工作台和相关设备，防止发生震动及机械损伤。

硬磁盘的保管环境范围为 15～27℃，相对湿度的范围为 40%～60%。在 24h 内温度变化不得超过±3℃，相对湿度不得超过±5%。

标准明确要求定期对硬磁盘进行检测，周期宜为 2 年，并及时记录检测情况。

6. 利用和销毁

（1）提供利用时，应采取必要措施，确保档案数据不被修改，标准规定不得外借。

（2）档案数据是一项严肃而又谨慎的工作，应按照国家相关档案销毁的有关规定与程序，经领导审批后执行。

2.1.5 《建设电子文件与电子档案管理规范》CJJ/T 117—2017（节选）

1. 相对于 2007 版主要修订内容

（1）增加内容：

1）增加了电子文件形成与归档过程中的创建与保存、文件分类、捕获和固化；

2）增加了电子文件归档后的安全保护；

3）增加了电子档案移交目录、电子档案移交证明书、保管期满档案续存清册等方面内容。

（2）删除内容：

主要包括电子文件代码标识、电子文件收集积累的程序、电子文件的汇总、电子档案的统计、电子文件（档案）案卷（或项目）级登记表、电子文件（档案）文件级登记表、电子文件更改记录表等。

（3）修订内容：

主要包括归档范围、归档文件格式、整理、归档要求、检验、移交、接收、存储备份等。

（4）整合了电子档案的脱机保管与有效存储。

2. 保障电子文件安全的技术措施

电子文件的安全技术措施主要有：网络设备安全保证、数据安全保证、操作安全保证、身份识别方法等。具体应包括以下四个方面：

（1）建立对电子文件的操作者可靠的身份识别与权限控制。

（2）设置符合安全要求的操作日志，随时自动记录实施操作的人员、时间、设备、项目、内容等。

（3）对电子文件采取防写、防错漏和防调换的措施。

（4）采取电子签名、电子签章等签署技术措施防止非法篡改。

3. 电子文件类别

（1）文件的类目级别

电子文件分类方案应根据需要设置一级至 N 级类目（图 2-1）。类目级别不宜超过 9 级。

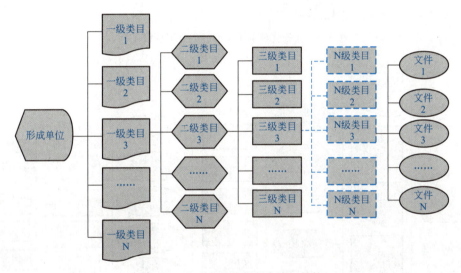

图 2-1　电子文件分类方案层级结构

（2）电子文件形成单位可选择的分类方案

1）对业务管理电子文件，可综合运用年度、内设机构、主题等特征，按照图 2-2 所示的层级结构，采用年度—机构—主题方法设置分类方案，或采用机构—年度—主题等方法设置分类方案；

2）对工程电子文件，可运用参建单位、文件类别、分部分项、专业等特征，采用图 2-3 所示的层级结构，按建设工程—文件类别—单位工程—分部（子分部）—分项的逻辑方法设置分类方案。

对电子文件分类方案中的每个层级应进行命名，命名时应根据层级内电子文件内容和业务特征提炼出类名，类名一般不应超过 30 个字。

4. 电子文件的创建

（1）电子文件分类方案的设计，应统筹考虑文件归档和电子档案管理要求，与电子档

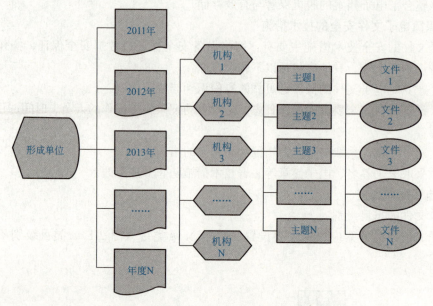

图 2-2　业务管理电子文件分类方案层级结构

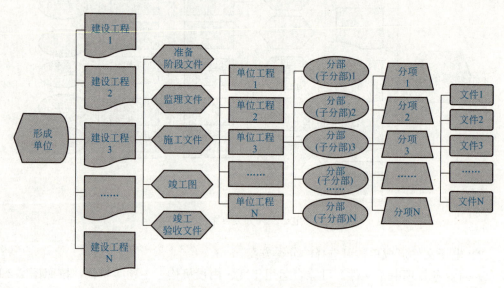

图 2-3　工程电子文件分类方案层级结构

案分类体系一体化设计，并应保持一定的稳定性、连续性。

（2）业务系统和电子文件管理系统应支持按层级方式多维度来组织分类方案和管理电子文件，并应支持按分类方案中的所有类目提供元数据描述，同时宜支持跨维度查询、统计及分析管理。

5. 电子文件归档

（1）归档文件格式

归档的电子文件应采用符合国家规定的、适合长期保存的文件格式。

1）政府采购目录收录的其他正版软件所生成的文本文件也可以直接归档，如 WPS。

2）数据文件除应以其产生的数据库环境为依托进行归档，维持数据原始面貌外，还可将数据文件转换为可以脱离数据库系统读取的数据表文件归档。脱离数据库系统归档的数据表文件以 Microsoft Office、WPS Office 以及政府采购目录收录的其他正版软件所生成的表格文件格式归档。

3）图像文件以 JPEG、TIFF 格式归档，较为重要的拍摄图像可以 RAW 格式归档。

4）各类图形文件中矢量图以原始生成格式归档。

（2）归档文件格式的其他选择

1）专用软件产生的其他格式的电子文件，应转换成本规范表 2-1 规定的文件格式。

归档电子文件格式　　　　　　　　　　　　　　表 2-1

文件类别	格式
文本（表格）文件	OFD、DOC、DOCX、XLS、XLSX、PDF/A、XML、TXT、RTF
图像文件	JPEG、TIFF
图形文件	DWG、PDF/A、SVG
视频文件	AVS、AVI、MPEG2、MPEG4
音频文件	AVS、WAV、AIF、MID、MP3
数据库文件	SQL、DDL、DBF、MDB、ORA
虚拟现实/3D图像文件	WRL、3DS、VRML、X3D、IFC、RVT、DGN
地理信息数据文件	DXF、SHP、SDB

2）无法转换的电子文件，应记录足够的技术环境元数据，详细说明电子文件的使用环境和条件。

3）有条件的电子文件形成单位，应同步归档原始格式的电子文件。

（3）建立电子文件管理系统

1）电子文件形成单位应建立电子文件管理系统，并应按现行行业标准《建设电子档案元数据标准》CJJ/T 187 的规定，对业务系统以及其他应用软件、操作系统环境中形成的电子文件及其元数据进行捕获和登记。

2）电子文件管理系统应自动捕获电子文件的层级、标识、题名、责任者、分类、日期、数量或大小等元数据。

（4）元数据的描述

1）登记的时间或处理的过程。

2）当一份文件拥有一个以上的版本时，允许用户选择至少以下一种方式：一份登记了若干版本，将所有版本集合为一份的文件；一份只登记了一个版本的文件；一份登记了若干版本，每个版本都作为独立一项的文件。

3）为电子文件归类决策提供自动化的支持，提供如下手段：为用户制作唯一分类表；为每个用户存储一个关于用户最近使用过文件的清单；提示用户其最近使用最多的文件；提示用户与其正在使用电子文件相关的文件；提示用户来自文件元数据元素的文件，如：用于文件标题的关键字；提示用户来自文件内容的文件。

4）允许一名用户将已完成的捕获过程传输给另一个用户。

5）对于有多个成分组成的电子文件，能够将这些文件视为一份单一、不可分割的文件进行处理，保持文件多个成分间的关系；保持文件的结构完整；支持不久将进行的集成恢复、展示、管理。

6）支持在登记电子文件方面的自动化辅助功能，可给不同种类的文件自动提取足够的元数据。

（5）电子文件的捕获

在电子信息系统环境下，适时获取电子文件及其元数据，并将其纳入电子文件管理系统的方法和过程称之为"捕获"。捕获过程中应注意下列问题：

1）记录重要文件的主要修改过程和办理情况，有查考价值的电子文件及其电子版本的定稿均应被保留。如正式文件为纸质的，如保管部门已开始向计算机全文的转换工作，则应保留与正式文件定稿内容相同的电子文件，否则可根据实际条件或需要确定。

2）当公务或其他事务处理过程只产生电子文件时，应采取安全措施，电子文件不应被非正常改动。同时应随时对电子文件进行备份，存储于能够脱机保存的存储媒体上。

3）如正式文件为纸质的，则应保留与正式文件定稿内容相同的电子文件。

4）对在网络系统中处于流转状态，暂时无法确定其保管责任的电子文件，应采取捕获措施，集中存储在符合安全要求的电子文件暂存存储器中，以防丢失。

5）对用文字处理技术形成的文本电子文件，收集时应注明文件存储格式、文字处理工具，必要时同时保留文字处理工具软件。

6）对用扫描仪等设备获取的采用非通用文件格式的图像电子文件，收集后应转换成通用格式，如无法转换，则应将相关软件一并收集。

7）对计算机辅助设计或绘图等设备获得的图形电子文件，收集时应注明其软硬件环境和相关数据。

8）对用视频或多媒体设备获得的文件以及用超媒体链接技术制作的文件，应同时收集其非通用格式的压缩算法和相关软件。

9）对用音频设备获取的声音文件，应同时收集其属性标识、参数和非通用格式的相关软件。

10）对通用软件产生的电子文件，应同时收集其软件型号、名称、版本号和相关参数手册、说明资料等。专用软件产生的电子文件应转换成本规范第5.2.1条所规定的电子文件格式，如不能转换，收集时应连同专用软件一并收集。

11）计算机系统运行的信息处理等过程涉及的与电子文件处理有关的参数、管理数据等应与电子文件一同收集。

12）对套用统一模板的电子文件，在保证能恢复形态的情况下，其内容信息可脱离套用模板进行存储，被套用模板作为电子文件的元数据保存。

（6）电子文件的固化处理

对归档的电子文件应进行固化处理。固化可采用下列方式：

1）采用可靠的电子签名技术；

2）采用封装技术。

（7）电子文件归档的具体要求

1）电子文件形成单位应定期将电子文件整理后归档。

2）电子文件归档可采用在线归档方式或离线归档方式，并应采取措施确保归档电子文件的安全存储。

3）业务系统产生的电子文件应以数据库环境为依托进行归档，维持数据原始面貌；或将数据文件转换为可脱离数据库系统读取的数据表文件归档。

4）电子文件及其元数据应一并归档。

5）电子文件形成者应采用可靠的电子签名、电子签章等手段保障归档电子文件的真实性。

6）经信息技术手段加密的电子文件应在解密后再归档，压缩电子文件应与解压缩软件一并归档。

7）电子文件格式转换后，向本单位档案管理部门移交时，应将转换前和转换后两种格式的电子文件一并归档；向城建档案管理机构移交时，可只移交转换后的电子档案。

8）电子文件离线归档，按优先顺序，可采用移动硬盘、闪存盘、光盘、磁带等存储。

9）归档文件存储媒体的外表应粘贴标签，标签中应包含移交单位、移交日期、存储媒体顺序号、文件内容等。

（8）电子签名与电子签章

1）数据电文中以电子形式所含、所附，用于识别签名人身份并表明签名人认可其中内容的数据称之为电子签名。只有可靠的电子签名才具有法律凭证作用。电子签名格式应符合现行国家标准《信息安全技术　公钥基础设施　电子签名格式规范》GB/T 25064 的规定，数字证书应符合现行国家标准《信息安全技术　公钥基础设施　数字证书格式》GB/T 20518 的规定，时间戳应符合现行国家标准《信息安全技术　公钥基础设施　时间戳规范》GB/T 20520 的规定，电子签章密码技术应符合现行行业标准《安全电子签章密码应用技术规范》GM/T 0031 的规定。

2）利用图像处理技术将电子签名操作转化为与纸质文件盖章操作相同的可视效果，是电子签名的一种表现形式，称之为电子签章。

3）为保证电子签名的可靠性，电子文件的形成单位和个人应采取可靠的安全防护技术措施：

① 使用带数字证书的电子签章，数字证书应由电子认证机构颁发；

② 建立对电子签名操作人员可靠的身份识别与权限控制，对电子签名采取防止非法使用的措施；

③ 捕获符合安全要求的审计跟踪数据。

（9）电子文件检测内容及要求

对电子文件的检测，应从可用性、完整性、安全性等方面展开，并应符合下列规定：

1）对电子文件可用性的检测，应重点检测下列内容：

① 离线移交的存储媒体外观是否完好无损，是否可以通过 I/O 测试；

② 在线移交的数据包是否可以完整解包；

③ 电子文件格式是否符合本规范规定；

④ 电子档案移交目录、电子档案全文是否可以正常打开和浏览；

⑤ 电子档案元数据是否可以正常展现和浏览。

2）对电子文件完整性的检测，应重点检测下列内容：

① 电子档案移交目录的填写内容是否完整；

② 电子档案数量与移交目录中记录的数量是否一致；

③ 电子档案元数据是否齐全、完整。

3）对电子文件安全性的检测，应重点检测下列内容：

① 是否存在恶意程序，是否感染木马或病毒；

② 是否存有与电子档案移交无关的数据；

③ 存储媒体出厂时间是否超过使用年限。

（10）电子文件检测达标要求

对电子文件主要技术指标的检测结果应符合下列规定：

1）电子档案移交目录应达到：必填字段 100%，目录重复性 0，字段内容规范性 100%，涉密关键字检查 100%。

2）文本类电子文件应达到：完整性 100%，可读性 100%，重复文件 0。

3）多媒体类电子文件应达到：分段随机播放可播放 100%，完整性 100%，可读性 100%，重复文件 0。

4）通过纸质文件数字化采集到的电子文件，应达到现行行业标准《纸质档案数字化技术规范》DA/T 31 的技术要求。

5）对电子档案逐一验收核实，合格率应达到 100%。检测不合格的，应退回移交单位处理，移交时再次进行检测。

6. 电子档案移交与接收

（1）电子档案移交的方式和时间

1）电子档案移交方式，可采用在线或离线方式进行，交接双方可根据实际情况选择确定。

2）业务管理电子文件形成单位应按有关规定，每 1～5 年定期向城建档案管理机构移交电子档案。

（2）电子档案接收

接收和移交电子档案应办理交接手续，交接手续应符合下列规定：

1）移交单位应提交电子档案移交目录。电子档案移交目录填写符合表 2-2 的要求。

电子档案移交目录　　　　　　　　　　　　　　　　　表 2-2

序号	文件类别	文件题名	文件编号	责任者	日期	备注

填写说明：

1. 序号应以一份文件为单位编写，用阿拉伯数字从 1 依次标注。

2. 文件类别应填写到文件所属的二级类目。

3. 文件题名应填写文件标题的全称。当文件无标题时，应根据内容拟写标题，拟写标题外应加"〔　〕"符号。

4. 文件编号应填写文件形成单位的发文号或图纸的图号。

5. 责任者应填写文件的直接形成单位或个人。有多个责任者时，应选择两个主要责任者，其余用"等"代替。

6. 日期应填写文件的形成日期或文件的起止日期，竣工图应填写编制日期。日期中"年"应用四位数字表示，"月"和"日"应分别用两位数字表示。

7. 备注应填写需要说明的问题。

2）移交和接收双方应填写电子档案移交与接收证明书，并可采用电子形式、以电子签名方式予以确认。电子档案移交与接收证明书应按表 2-3 规定填写。

电子档案移交与接收证明书　　　　　　　　　　表 2-3

电子档案基本情况	
档案内容	
移交档案数量	份(件)
移交档案数据量	G
移交媒体类型、规格、数量	
附:移交目录	
交接双方单位名称	
移交单位	接收单位
代表人： 单位盖章 年　月　日	代表人： 单位盖章 年　月　日

填写说明：

1. 电子档案基本情况应由移交单位填写。

2. 档案内容应填写交接档案记述反映的主要内容或者类别。

3. 移交文件数据量应以 G 为单位，精确到小数点后 3 位。

4. 移交媒体类型应填写所移交的电子档案存储媒体的类别（如光盘、移动硬盘等）；在线移交时，应填写"在线"。

3）电子档案移交与接收证明书和电子档案移交目录一式两份，一份由移交单位保存，一份由接收单位保存。

7. 电子档案保管与利用

（1）电子档案存储媒体

保管电子档案存储媒体，应符合下列规定：

1）电子档案磁性存储媒体宜放入防磁柜中保存。

2）单片、单个存储媒体应装在盘、盒等包装中，包装应清洁无尘，并竖立存放，且避免挤压。

3）环境温度应保持在 14～24℃之间，昼夜温度变化不超过 12℃；相对湿度应保持在

35％～45％之间，相对湿度昼夜变化不超过±5％。

4）存储媒体应与有害气体隔离。

5）存放地点应做到防火、防虫、防鼠、防盗、防尘、防湿、防高温、防光和防振动。

6）归档文件存储媒体的标签上应包含移交单位、移交日期、媒体顺序号、文件内容、格式等信息，标签式样宜符合表2-4的规定。

归档文件存储媒体标签式样 　　　　　　　　　　表 2-4

移交单位			
移交日期		存储媒体顺序号	
文件内容			
文件格式			

（2）电子档案保管设备及环境管理

1）电子档案保管单位应对在线存储和离线存储的电子档案进行保管；应配备符合规定的计算机机房、硬件设备、信息管理系统和网络设施，实现对电子档案的有效管理。

2）电子档案保管单位应定期检查电子档案读取、处理设备。设备环境更新时应确认电子档案存储媒体与新设备的兼容性，如不兼容，应进行存储媒体转换，原存储媒体保留时间不应少于3年。

（3）电子档案的转存

对脱机备份的电子档案，电子档案保管单位宜根据存储媒体的寿命，定期转存电子档案。转存时应进行登记，登记内容应按表2-5的规定填写。

电子档案转存登记表 　　　　　　　　　　表 2-5

原存储媒体 转存登记	原存储媒体类型和数量： 档案容量： 档案内容描述：	
存储媒体更新 与兼容性检测 登记	转存后的存储媒体类型和数量： 档案容量和内容校验： 转存后的存储媒体兼容性检测：	
填表人（签名）： 　年　月　日	审核人（签名）： 　年　月　日	单位（盖章）： 　年　月　日

（4）电子档案的备份

1）城建档案管理机构应定期备份电子档案。备份应符合下列规定：

① 应采取本地备份和异地备份并行的工作策略；

② 应同时备份保障数据恢复的管理系统与应用软件；

③ 备份宜采用先进成熟的技术和设备为电子档案备份建立独立的长期保存运行环境，确保所备份的电子档案数据安全和恢复快捷。

2）对电子档案内容的备份可根据实际情况选择完全备份、差异备份或增量备份。

完全备份是对整个系统进行完全备份，包括系统和数据。差异备份是对自上次完全备份之后有变化的电子文件备份。增量备份是对上次备份以来改变了的所有文件备份。

3）备份方式可采用数据脱机备份或数据热备份；数据热备份所采用的网络应确保数据安全。脱机备份是指用存储媒体进行数据备份，热备份是指通过网络系统进行数据备份。

4）对于备份的数据每年应安排一次恢复演练，备份数据应可恢复。

（5）电子档案的迁移

在计算机软硬件系统升级或更新之后，存储媒体过时或电子档案编码方式、存储格式淘汰之前，电子档案保管单位应将电子档案迁移到新的系统、媒体或进行格式转换，其目的是保证其可被持续访问和利用。

1）电子档案迁移之前，电子档案保管单位应明确迁移的要求、策略和方法。

2）电子档案保管单位应在电子档案迁移之后，需要对迁移后的数据进行校验。

① 数据迁移后的校验是对迁移质量和数量的检查，同时数据校验的结果也是判断新系统能否正式启用的重要依据；

② 对迁移后的数据进行校验：一般可以通过新旧系统查询数据对比检查，通过运行新旧系统对相同指标的数据进行查询，并比较最终的查询结果；

③ 有条件的可编写有针对性的检查程序对迁移后的数据完整性进行质量分析；

④ 校验的目的是对照检验迁移前后电子档案内容的一致性，以及电子档案信息的可用性。

3）电子档案保管单位应对迁移的操作人员、时间、过程和结果进行完整记录，按规定填写"电子档案迁移登记表"，见表 2-6，目的是保证迁移工作的可回溯。

电子档案迁移登记表　　　　　　　　　　　　　　　　表 2-6

原系统 设备情况	硬件系统： 系统软件： 应用软件： 存储设备：	
目标系统 设备情况	硬件系统： 系统软件： 应用软件： 存储设备：	
被迁移 电子档案情况	原格式： 目标格式： 迁移数量： 迁移时间：	
迁移检测情况	硬件系统查验： 系统软件查验： 应用软件查验： 存储媒体查验： 电子档案内容查验： 电子档案形态查验：	
迁移者(签名)： 年　月　日	迁移检验者(签名)： 年　月　日	单位(盖章)： 年　月　日

4）永久保管的电子档案在格式迁移后，其原始格式宜保留一定年限。

第2节 建筑工程质量验收相关的新标准

2.2.1 《火灾自动报警系统施工及验收标准》GB 50166—2019（节选）

1. 材料、设备进场检查

（1）材料、设备及配件进入施工现场应具有清单、使用说明书、质量合格证明文件、国家法定质检机构的检验报告等文件，火灾自动报警系统中的强制认证产品还应有认证证书和认证标识。

（2）系统中，国家强制认证产品的名称、型号、规格应与认证证书和检验报告一致。

2. 施工布线

（1）各类管路暗敷时，应敷设在不燃结构内，且保护层厚度不应小于30mm。各类管路明敷时，应采用单独的卡具吊装或支撑物固定，吊杆直径不应小于6mm。

（2）符合下列条件时，管路应在便于接线处装设接线盒：

1）管路长度每超过30m且无弯曲时；

2）管路长度每超过20m且有1个弯曲时；

3）管路长度每超过10m且有2个弯曲时；

4）管路长度每超过8m且有3个弯曲时。

（3）同一工程中的导线，应根据不同用途选择不同颜色加以区分，相同用途的导线颜色应一致。电源线正极应为红色，负极应为蓝色或黑色。

（4）系统导线敷设结束后，应用500V兆欧表测量每个回路导线对地的绝缘电阻，且绝缘电阻值不应小于20MΩ。

3. 系统部件的安装

（1）控制与显示类设备应与消防电源、备用电源直接连接，不应使用电源插头。主电源应设置明显的永久性标识。

（2）分布式线型光纤感温火灾探测器的感温光纤不应打结，光纤弯曲时，弯曲半径应大于50mm，每个光通道配接的感温光纤的始端及末端应各设置不小于8m的余量段，感温光纤穿越相邻的报警区域时，两侧应分别设置不小8m的余量段。

（3）光栅光纤线型感温火灾探测器的信号处理单元安装位置不应受强光直射，光纤光栅感温段的弯曲半径应大于0.3m。

（4）电气火灾监控探测器的安装应符合下列规定：

1）探测器周围应适当留出更换与标定的作业空间；

2）剩余电流式电气火灾监控探测器负载侧的中性线不应与其他回路共用，且不应重复接地；

3）测温式电气火灾监控探测器应采用产品配套的固定装置固定在保护对象上。

4. 家用火灾报警控制器调试

（1）应将任一个总线回路的家用火灾探测器、手动报警开关等部件与家用火灾报警控制器相连接后接通电源，使控制器处于正常监视状态。

（2）应对家用火灾报警控制器下列主要功能进行检查并记录，控制器的功能应符合现行国家标准《家用火灾安全系统》GB 22370—2008的规定：

1）自检功能。

2）主、备电源的自动转换功能。

3）故障报警功能：

①备用电源连线故障报警功能；

②配接部件通信故障报警功能。

4）火警优先功能。

5）消音功能。

6）二次报警功能。

7）复位功能。

5. 防火门和消防设备电源监控器

（1）对消防设备电源监控器下列主要功能进行检查并记录，监控器的功能应符合现行国家标准《消防设备电源监控系统》GB 28184 的规定：

1）自检功能。

2）消防设备电源工作状态实时显示功能。

3）主、备电源的自动转换功能。

4）故障报警功能：

①备用电源连线故障报警功能；

②配接部件连线故障报警功能。

5）消音功能。

6）消防设备电源故障报警功能。

7）复位功能。

（2）应对防火门监控器下列主要功能进行检查并记录，防火门监控器的功能应符合现行国家标准《防火门监控器》GB 29364 的规定：

1）自检功能。

2）主、备电源的自动转换功能。

3）故障报警功能：

①备用电源连线故障报警功能；

②配接部件连线故障报警功能。

4）消音功能。

5）启动、反馈功能。

6）防火门故障报警功能。

（3）应对防火门监控器配接的监控模块的离线故障报警功能进行检查并记录，现场部件的离线故障报警功能应符合下列规定：

1）应使监控模块处于离线状态；

2）监控器应发出故障声、光信号；

3）监控器应显示故障部件的类型和地址注释信息；

4）应操作防火门监控器，使监控模块动作；

（4）应使防火门监控器与消防联动控制器相连接，使消防联动控制器处于自动控制工作状态。联动控制功能应符合下列规定：

1）防火门监控器应控制报警区域内所有常开防火门关闭；

2）防火门监控器应接收并显示每一樘常开防火门完全闭合的反馈信号。

6. 电气火灾监控

（1）应对电气火灾监控设备下列主要功能进行检查并记录，监控设备的功能应符合现行国家标准《电气火灾监控系统　第1部分：电气火灾监控设备》GB 14287.1 的规定：

1）自检功能；

2）操作级别；

3）故障报警功能；

4）监控报警功能；

5）消音功能；

6）复位功能。

（2）电气火灾监控探测器调试。

1）应按设计文件的规定进行报警值设定；

2）应采用剩余电流发生器对探测器施加报警设定值的剩余电流，探测器的报警确认灯应在30s内点亮并保持；

3）采用发热试验装置给监控探测器加热至设定的报警温度，探测器的报警确认灯应在40s内点亮并保持；

4）监控设备的监控报警和信息显示功能发出报警信号或处于故障状态时，监控设备应发出声、光报警信号，记录报警时间。

7. 系统施工、检测与验收

（1）系统的施工应按照批准的工程设计文件和施工技术标准进行。

（2）系统竣工后，建设单位应组织施工、设计、监理等单位进行系统验收，验收不合格不得投入使用。

（3）系统的检测、验收应按表2-7所列的检测和验收对象、项目及数量进行。

系统工程技术检测和验收对象、项目及数量　　　　　　　　　表2-7

序号	检测、验收对象	检测、验收项目	检测数量	验收数量
1	消防控制室	1. 消防控制室设计； 2. 消防控制室设置； 3. 设备的配置； 4. 起集中控制功能火灾报警控制器的设置； 5. 消防控制室图形显示装置预留接口； 6. 外线电话； 7. 设备的布置； 8. 系统接地； 9. 存档文件资料	全部	全部
2	布线	1. 管路和槽盒的选型； 2. 系统线路的选型； 3. 槽盒、管路的安装质量； 4. 电线电缆的敷设质量	全部报警区域	建筑中含有5个及以下报警区域的，应全部检验，超过5个报警区域的应按实际报警区域数量20%的比例抽验，但抽验总数不应少于5个

续表

序号	检测、验收对象	检测、验收项目	检测数量	验收数量
3	Ⅰ 火灾报警控制器	1. 设备选型； 2. 设备设置； 3. 消防产品准入制度； 4. 安装质量； 5. 基本功能	实际安装数量	实际安装数量
	Ⅱ 火灾探测器			1. 每个回路都应抽验； 2. 回路实际安装数量在 20 只及以下者，全部检验；安装数量在 100 只及以下者，抽验 20 只；安装数量超过 100 只，按实际安装数量 10%～20% 的比例抽验，但抽验总数不应少于 20 只
	Ⅲ 手动火灾报警按钮、火灾声光警报器、☆火灾显示盘		实际安装数量	
4	Ⅰ 控制中心监控设备	1. 设备选型； 2. 设备设置； 3. 消防产品准入制度； 4. 安装质量； 5. 基本功能	实际安装数量	实际安装数量
	Ⅱ 家用火灾报警控制器			1. 家用火灾探测器：每个回路都应抽验；回路实际安装数量在 20 只及以下者，全部检验；安装数量在 100 只及以下者，抽验 20 只；安装数量超过 100 只，按实际安装数量 10%～20% 的比例抽验，但抽验总数不应少于 20 只； 2. 独立式火灾探测报警器：实际安装数量
	Ⅲ 点型家用感烟火灾探测器、点型家用感温火灾探测器、☆独立式感烟火灾探测报警器、☆独立式感温火灾探测报警器			
5	Ⅰ 消防联动控制器	1. 设备选型； 2. 设备设置； 3. 消防产品准入制度； 4. 安装质量； 5. 基本功能	实际安装数量	实际安装数量
	Ⅱ 模块			1. 每个回路都应抽验； 2. 回路实际安装数量在 20 只及以下者，全部检验；安装数量在 100 只及以下者，抽验 20 只；安装数量超过 100 只，按实际安装数量 10%～20% 的比例抽验，但抽验总数不应少于 20 只
6	Ⅰ 消防电话总机	1. 设备选型； 2. 设备设置； 3. 消防产品准入制度； 4. 安装质量； 5. 基本功能实际安装数量	实际安装数量	实际安装数量
	Ⅱ 电话分机			实际安装数量
	Ⅲ 电话插孔			实际安装数量在 5 只及以下者，全部检验；安装数量在 5 只以上时，按实际数量的 10%～20% 的比例抽验，但抽验总数不应少于 5 只
7	Ⅰ 可燃气体报警控制器		实际安装数量	实际安装数量
	Ⅱ 可燃气体探测器			1. 总线制控制器：每个回路都应抽验；回路实际安装数量在 20 只及以下者，全部检验；安装数量在 100 只及以下者，抽验 20 只；安装数量超过 100 只，按实际安装数量 10%～20% 的比例抽验，但抽验总数不应少于 20 只； 2. 多线制控制器：探测器的实际安装数量

序号	检测、验收对象	检测、验收项目	检测数量	验收数量
8	Ⅰ电气火灾监控设备		实际安装数量	实际安装数量
	Ⅱ电气火灾监控探测器、☆线型感温火灾探测器			1. 每个回路都应抽验； 2. 回路实际安装数量在 20 只及以下者，全部检验；安装数量在 100 只及以下者，抽验 20 只；安装数量超过 100 只，按实际安装数量 10%～20% 的比例抽验，但抽验总数不应少于 20 只
9	Ⅰ消防设备电源监控器		实际安装数量	实际安装数量
	Ⅱ传感器	1. 设备选型； 2. 设备设置； 3. 消防产品准入制度； 4. 安装质量； 5. 基本功能		1. 每个回路都应抽验； 2. 回路实际安装数量在 20 只及以下者，全部检验；安装数量在 100 只及以下者，抽验 20 只；安装数量超过 100 只，按实际安装数量 10%～20% 的比例抽验，但抽验总数不应少于 20 只
10	消防设备应急电源	1. 设备选型； 2. 设备设置； 3. 消防产品准入制度； 4. 安装质量； 5. 基本功能	实际安装数量	1. 实际安装数量在 5 台及以下者，全部检验； 2. 实际安装数量在 5 台以上时，按实际数量的10%～20%的比例抽验；但抽验总数不应少于 5 台
11	Ⅰ消防控制室图形显示装置	1. 设备选型； 2. 设备设置； 3. 消防产品准入制度； 4. 安装质量； 5. 基本功能	实际安装数量	实际安装数量
	Ⅱ传输设备			
12	Ⅰ火灾警报器	1. 设备选型； 2. 设备设置； 3. 消防产品准入制度； 4. 安装质量； 5. 基本功能	实际安装数量	抽查报警区域的实际安装数量
	Ⅱ消防应急广播控制设备			实际安装数量
	Ⅲ扬声器			抽查报警区域的实际安装数量
	Ⅳ火灾警报和消防应急广播系统控制	1. 联动控制功能； 2. 手动插入优先功能	全部报警区域	建筑中含有 5 个及以下报警区域的，应全部检验；超过 5 个报警区域的应按实际报警区域数量 20%的比例抽验，但抽验总数不应少于 5 个
13	Ⅰ防火卷帘控制器	1. 设备选型； 2. 设备设置； 3. 消防产品准入制度； 4. 安装质量； 5. 基本功能	实际安装数量	实际安装数量在 5 台及以下者，全部检验；实际安装数量在 5 台以上时，按实际数量10%～20%的比例抽验，但抽验总数不应少于 5 台
	Ⅱ手动控制装置、☆火灾探测器			抽查防火卷帘控制器配接现场部件的实际安装数量
	Ⅲ疏散通道上设置防火卷帘联动控制	1. 联动控制功能； 2. 手动控制功能	全部防火卷帘	实际安装数量在 5 樘及以下者，全部检验；实际安装数量在 5 樘以上时，按实际数量 10%～20%的比例抽验，但抽验总数不应少于 5 樘

续表

序号	检测、验收对象	检测、验收项目	检测数量	验收数量
13	Ⅳ非疏散通道上设置防火卷帘控制	1. 联动控制功能； 2. 手动控制功能	全部报警区域	建筑中含有 5 个及以下报警区域的，应全部检验；超过 5 个报警区域的应按实际报警区域数量 20% 的比例抽验，但抽验总数不应少于 5 个
14	Ⅰ防火门监控器	1. 设备选型； 2. 设备设置； 3. 消防产品准入制度； 4. 安装质量； 5. 基本功能	实际安装数量	实际安装数量在 5 台及以下者，全部检验；实际安装数量在 5 台以上时，按实际数量的 10%～20% 的比例抽检，但抽验总数不应少于 5 台
14	Ⅱ监控模块、防火门定位装置和释放装置等现场部件			按抽检监控器配接现场部件实际安装数量 30%～50% 的比例抽验
14	Ⅲ防火门监控系统联动控制	联动控制功能	全部报警区域	建筑中含有 5 个及以下报警区域的，应全部检验；超过 5 个报警区域的应按实际报警区域数量 20% 的比例抽验，但抽验总数不应少于 5 个
15	Ⅰ气体、干粉灭火 控制器	1. 设备选型； 2. 设备设置； 3. 消防产品准入制度； 4. 安装质量； 5. 基本功能	实际安装数量	实际安装数量
15	Ⅱ☆火灾探测器、应为☆，同前手动火灾报警按钮、声光警报器、手动与自动控制转换装置、手动与自动控制状态显示装置、现场启动和停止按钮			实际安装数量
15	Ⅲ气体、干粉灭火系统控制	1. 联动控制功能； 2. 手动插入优先功能； 3. 现场手动启动、停止功能	全部防护区域	全部防护区域
16	Ⅰ消防泵控制箱、柜	1. 设备选型； 2. 设备设置； 3. 消防产品准入制度； 4. 安装质量； 5. 基本功能	实际安装数量	实际安装数量
16	Ⅱ水流指示器、压力开关、信号阀、液位探测器	基本功能		1. 水流指示器、信号阀：按实际安装数量 30%～50% 的比例抽验； 2. 压力开关、液位探测器：实际安装数量
16	Ⅲ湿式、干式喷水灭火系统控制	1. 联动控制功能	全部防护区域	建筑中含有 5 个及以下防护区域的，应全部检验；超过 5 个防护区域的应按实际防护区域数量 20% 的比例抽验，但抽验总数不应少于 5 个
16		2. 消防泵直接手动控制功能	实际安装数量	实际安装数量
16	Ⅳ预作用式喷水灭火系统控制	1. 联动控制功能	全部防护区域	建筑中含有 5 个及以下防护区域的，应全部检验；超过 5 个防护区域的应按实际防护区域数量 20% 的比例抽验，但抽验总数不应少于 5 个

序号	检测、验收对象	检测、验收项目	检测数量	验收数量
16	Ⅳ 预作用式喷水灭火系统控制	2. 消防泵、预作用阀组、排气阀前电动阀直接手动控制功能	实际安装数量	实际安装数量
	Ⅴ 雨淋系统控制	1. 联动控制功能	全部防护区域	建筑中含有 5 个及以下防护区域的，应全部检验；超过 5 个防护区域的应按实际防护区域数量 20% 的比例抽验，但抽验总数不应少于 5 个
		2. 消防泵、雨淋阀组直接手动控制功能	实际安装数量	实际安装数量
	Ⅵ 自动控制的水幕系统控制	1. 用于保护防火卷帘的水幕系统的联动控制功能	防火卷帘实际安装数量	防火卷帘实际安装数量在 5 樘及以下者，全部检验；实际安装数量在 5 樘以上时，按实际数量 10%～20% 的比例抽检，但抽验总数不应少于 5 樘
		2. 用于防火分隔的水幕系统的联动控制功能	全部防护区域	建筑中含有 5 个及以下防护区域的，应全部检验；超过 5 个防护区域的应按实际防护区域数量 20% 的比例抽验，但抽验总数不应少于 5 个
		3. 消防泵、水幕阀组直接手动控制功能	实际安装数量	实际安装数量
17	Ⅰ 消防泵控制箱、柜	1. 设备选型；2. 设备设置；3. 消防产品准入制度；4. 安装质量；5. 基本功能	实际安装数量	实际安装数量
	Ⅱ 消火栓按钮			实际安装数量 5%～10% 的比例抽验，每个报警区域均应抽验
	Ⅲ 水流指示器、压力开关、信号阀、液位探测器	基本功能		1. 水流指示器、信号阀：按实际安装数量 30%～50% 的比例抽验；2. 压力开关、液位探测器：实际安装数量
	Ⅳ 消火栓系统控制	1. 联动控制功能	全部报警区域	建筑中含有 5 个及以下报警区域的，应全部检验；超过 5 个报警区域的应按实际报警区域数量 20% 的比例抽验，但抽验总数不应少于 5 个
		2. 消防泵直接手动控制功能	实际安装数量	实际安装数量
18	Ⅰ 风机控制箱、柜	1. 设备选型；2. 设备设置；3. 消防产品准入制度；4. 安装质量；5. 基本功能	实际安装数量	实际安装数量
	Ⅱ 电动送风口、电动挡烟垂壁、排烟口、排烟阀、排烟窗、电动防火阀、排烟风机入口处的总管上设置的 280℃ 排烟防火阀	基本功能	实际安装数量	1. 电动送风口、电动挡烟垂壁、排烟口、排烟阀、电动防火阀：实际安装数量 30%～50% 的比例抽验；2. 排烟风机入口处的总管上设置的 280℃ 排烟防火阀：实际安装数量

续表

序号	检测、验收对象	检测、验收项目	检测数量	验收数量
18	Ⅲ 加压送风系统控制	1. 联动控制功能	全部报警区域	建筑中含有 5 个及以下报警区域的，应全部检验；超过 5 个报警区域的应按实际报警区域数量 20% 的比例抽验，但抽验总数不应少于 5 个
		2. 加压送风机直接手动控制功能	实际安装数量	实际安装数量
	Ⅳ 电动挡烟垂壁、排烟系统控制	1. 联动控制功能	所有防烟分区	建筑中含有 5 个及以下防烟分区的，应全部检验；超过 5 个防烟分区的应按实际防烟分区数量 20% 的比例抽验，但抽验总数不应少于 5 个
		2. 排烟风机直接手动控制功能	实际安装数量	实际安装数量
19	消防应急照明和疏散指示系统控制	联动控制功能	全部报警区域	建筑中含有 5 个及以下报警区域的，应全部检验；超过 5 个报警区域的应按实际报警区域数量 20% 的比例抽验，但抽验总数不应少于 5 个
20	电梯、非消防电源等相关系统的联动控制	联动控制功能	全部报警区域	建筑中含有 5 个及以下报警区域的，应全部检验；超过 5 个报警区域的应按实际报警区域数量 20% 的比例抽验，但抽验总数不应少于 5 个
21	自动消防系统的整体联动控制功能	联动控制功能	全部报警区域	建筑中含有 5 个及以下报警区域的，应全部检验；超过 5 个报警区域的应按实际报警区域数量 20% 的比例抽验，但抽验总数不应少于 5 个

注：1. 表中的抽检数量均为最低要求。
　　2. 每一项功能检验次数均为 1 次。
　　3. 带有"☆"标的项目内容为可选项，系统设置不涉及此项目时，检测、验收不包括此项目

（4）系统检测、验收结果判定准则应符合下列规定：

1）A 类项目不合格数量为 0、B 类项目不合格数量小于或等于 2、B 类项目不合格数量与 C 类项目不合格数量之和小于或等于检查项目数量 5% 的，系统检测、验收结果应为合格；

2）不符合本条第 1 款合格判定准则的，系统检测、验收结果应为不合格。

（5）各项检测、验收项目中有不合格的，应修复或更换，并应进行复验。复验时，对有抽验比例要求的，应加倍检验。

2.2.2　《建筑节能工程施工质量验收标准》GB 50411—2019（节选）

1. 强制性条文

3.1.2　当工程设计变更时，建筑节能性能不得降低，且不得低于国家现行有关建筑节能设计标准的规定。

4.2.2　墙体节能工程使用的材料、产品进场时，应对其下列性能进行复验，复验应

为见证取样检验：

1 保温隔热材料的导热系数或热阻、密度、压缩强度或抗压强度、垂直于板面方向的抗拉强度、吸水率、燃烧性能（不燃材料除外）；

2 复合保温板等墙体节能定型产品的传热系数或热阻、单位面积质量、拉伸粘结强度、燃烧性能（不燃材料除外）；

3 保温砌块等墙体节能定型产品的传热系数或热阻、抗压强度、吸水率；

4 反射隔热材料的太阳光反射比，半球发射率；

5 粘结材料的拉伸粘结强度；

6 抹面材料的拉伸粘结强度、压折比；

7 增强网的力学性能、抗腐蚀性能。

4.2.3 外墙外保温工程应采用预制构件、定型产品或成套技术，并应由同一供应商提供配套的组成材料和型式检验报告。型式检验报告中应包括耐候性和抗风压性能检验项目以及配套组成材料的名称、生产单位、规格型号及主要性能参数。

4.2.7 墙体节能工程的施工质量，必须符合下列规定：

1 保温隔热材料的厚度不得低于设计要求。

2 保温板材与基层之间及各构造层之间的粘结或连接必须牢固。保温板材与基层的连接方式、拉伸粘结强度和粘结面积比应符合设计要求。保温板材与基层之间的拉伸粘结强度应进行现场拉拔试验，且不得在界面破坏。粘结面积比应进行剥离检验。

3 当采用保温浆料做外保温时，厚度大于 20mm 的保温浆料应分层施工。保温浆料与基层之间及各层之间的粘结必须牢固，不应脱层、空鼓和开裂。

4 当保温层采用锚固件固定时，锚固件数量、位置、锚固深度、胶结材料性能和锚固力应符合设计和施工方案的要求；保温装饰板的锚固件应使其装饰面板可靠固定；锚固力应做现场拉拔试验。

5.2.2 幕墙（含采光顶）节能工程使用的材料、构件进场时，应对其下列性能进行复验，复验应为见证取样检验：

1 保温隔热材料的导热系数或热阻、密度、吸水率、燃烧性能（不燃材料除外）；

2 幕墙玻璃的可见光透射比、传热系数、遮阳系数，中空玻璃的密封性能；

3 隔热型材的抗拉强度、抗剪强度；

4 透光、半透光遮阳材料的太阳光透射比、太阳光反射比。

6.2.2 门窗（包括天窗）节能工程使用的材料、构件进场时，应按工程所处的气候区核查质量证明文件、节能性能标识证书、门窗节能性能计算书、复验报告，并应对下列性能进行复验，复验应为见证取样检验：

1 严寒、寒冷地区：门窗的传热系数、气密性能；

2 夏热冬冷地区：门窗的传热系数气密性能，玻璃的遮阳系数、可见光透射比；

3 夏热冬暖地区：门窗的气密性能，玻璃的遮阳系数、可见光透射比；

4 严寒、寒冷、夏热冬冷和夏热冬暖地区：透光、部分透光遮阳材料的太阳光透射比、太阳光反射比，中空玻璃的密封性能。

7.2.2 屋面节能工程使用的材料进场时，应对其下列性能进行复验，复验应为见证取样检验：

　　1　保温隔热材料的导热系数或热阻、密度、压缩强度或抗压强度、吸水率、燃烧性能（不燃材料除外）；

　　2　反射隔热材料的太阳光反射比、半球发射率。

　　8.2.2　地面节能工程使用的保温材料进场时，应对其导热系数或热阻、密度、压缩强度或抗压强度、吸水率、燃烧性能（不燃材料除外）等性能进行复验，复验应为见证取样检验。

　　9.2.2　供暖节能工程使用的散热器和保温材料进场时，应对其下列性能进行复验，复验应为见证取样检验：

　　1　散热器的单位散热量、金属热强度；

　　2　保温材料的导热系数或热阻、密度、吸水率。

　　9.2.3　供暖系统安装的温度调控装置和热计量装置，应满足设计要求的分室（户或区）温度调控、楼栋热计量和分户（区）热计量功能。

　　10.2.2　通风与空调节能工程使用的风机盘管机组和绝热材料进场时，应对其下列性能进行复验，复验应为见证取样检验。

　　1　风机盘管机组的供冷量、供热量、风量、水阻力、功率及噪声；

　　2　绝热材料的导热系数或热阻、密度、吸水率。

　　11.2.2　空调与供暖系统冷热源及管网节能工程的预制绝热管道、绝热材料进场时，应对绝热材料的导热系数或热阻、密度、吸水率等性能进行复验，复验应为见证取样检验。

　　12.2.2　配电与照明节能工程使用的照明光源、照明灯具及其附属装置等进场时，应对其下列性能进行复验，复验应为见证取样检验：

　　1　照明光源初始光效；

　　2　照明灯具镇流器能效值；

　　3　照明灯具效率；

　　4　照明设备功率、功率因数和谐波含量值。

　　12.2.3　低压配电系统使用的电线、电缆进场时，应对其导体电阻值进行复验，复验应为见证取样检验。

　　15.2.2　太阳能光热系统节能工程采用的集热设备、保温材料进场时，应对其下列性能进行复验，复验应为见证取样检验：

　　1　集热设备的热性能；

　　2　保温材料的导热系数或热阻、密度、吸水率。

　　15.2.6　太阳能光热系统辅助加热设备为电直接加热器时，接地保护必须可靠固定，并应加装防漏电、防干烧等保护装置。

　　18.0.5　建筑节能分部工程质量验收合格，应符合下列规定：

　　1　分项工程应全部合格；

　　2　质量控制资料应完整；

　　3　外墙节能构造现场实体检验结果应符合设计要求；

　　4　建筑外窗气密性能现场实体检验结果应符合设计要求；

　　5　建筑设备系统节能性能检测结果应合格。

2. 本标准修订的主要技术内容

（1）材料、构件和设备进场验收应符合下列规定：

1）应对材料、构件和设备的品种、规格、包装、外观等进行检查验收，并应形成相应的验收记录。

2）应对材料、构件和设备的质量证明文件进行核查，核查记录应纳入工程技术档案。进入施工现场的材料、构件和设备均应具有出厂合格证、中文说明书及相关性能检测报告。

3）涉及安全、节能、环境保护和主要使用功能的材料、构件和设备，应在施工现场随机抽样复验，复验应为见证取样检验。当复验的结果不合格时，该材料、构件和设备不得使用。

4）在同一工程项目中，同厂家、同类型、同规格的节能材料、构件和设备，当获得建筑节能产品认证、具有节能标识或连续三次见证取样检验均一次检验合格时，其检验批的容量可扩大一倍，且仅可扩大一倍。扩大检验批后的检验中出现不合格情况时，应按扩大前的检验批重新验收，且该产品不得再次扩大检验批容量。

（2）检验方面：引入了"检验批最小抽样数"、一般项目的一次、二次抽样判定。

（3）墙体节能工程使用的材料、产品进场时，应对其下列性能进行复验，复验应为见证取样检验：

1）保温隔热材料的导热系数或热阻、密度、压缩强度或抗压强度、垂直于板面方向的抗拉强度、吸水率、燃烧性能（不燃材料除外）；

2）复合保温板等墙体节能定型产品的传热系数或热阻、单位面积质量、拉伸粘结强度、燃烧性能（不燃材料除外）；

3）保温砌块等墙体节能定型产品的传热系数或热阻、抗压强度、吸水率；

4）反射隔热材料的太阳光反射比，半球发射率；

5）粘结材料的拉伸粘结强度；

6）抹面材料的拉伸粘结强度、压折比；

7）增强网的力学性能、抗腐蚀性能。

（4）防火隔离带组成材料应与外墙外保温组成材料相配套。防火隔离带宜采用工厂预制的制品现场安装，并应与基层墙体可靠连接，防火隔离带面层材料应与外墙外保温一致。

2.2.3 《钢结构工程施工质量验收标准》GB 50205—2020（节选）

1. 强制性条文

4.2.1 钢板的品种、规格、性能应符合国家现行标准的规定并满足设计要求。钢板进场时，应按国家现行标准的规定抽取试件且应进行屈服强度、抗拉强度、伸长率和厚度偏差检验，检验结果应符合国家现行标准的规定。

4.3.1 型材和管材的品种、规格、性能应符合国家现行标准的规定并满足设计要求。型材和管材进场时，应按国家现行标准的规定抽取试件且应进行屈服强度、抗拉强度、伸长率和厚度偏差检验，检验结果应符合国家现行标准的规定。

4.4.1 铸钢件的品种、规格、性能应符合国家现行标准的规定并满足设计要求。铸钢件进场时，应按国家现行标准的规定抽取试件且应进行屈服强度、抗拉强度、伸长率和端口尺寸偏差检验，检验结果应符合国家现行标准的规定。

4.5.1　拉索、拉杆、锚具的品种、规格、性能应符合国家现行标准的规定并满足设计要求。拉索、拉杆、锚具进场时，应按国家现行标准的规定抽取试件且应进行屈服强度、抗拉强度、伸长率和尺寸偏差检验，检验结果应符合国家现行标准的规定。

4.6.1　焊接材料的品种、规格、性能应符合国家现行标准的规定并满足设计要求。焊接材料进场时，应按国家现行标准的规定抽取试件且应进行化学成分和力学性能检验，检验结果应符合国家现行标准的规定。

4.7.1　钢结构连接用高强度螺栓连接副的品种、规格、性能应符合国家现行标准的规定并满足设计要求。高强度大六角头螺栓连接副应随箱带有扭矩系数检验报告，扭剪型高强度螺栓连接副应随箱带有紧固轴力（预拉力）检验报告。高强度大六角头螺栓连接副和扭剪型高强度螺栓连接副进场时，应按国家现行标准的规定抽取试件且应分别进行扭矩系数和紧固轴力（预拉力）检验，检验结果应符合国家现行标准的规定。

5.2.4　设计要求的一、二级焊缝应进行内部缺陷的无损检测，一、二级焊缝的质量等级和检测要求应符合表 2-8 的规定。

一级、二级焊缝质量等级及无损检测要求　　　　　　　表 2-8

焊缝质量等级		一级	二级
内部缺陷 超声波探伤	缺陷评定等级	Ⅱ	Ⅲ
	检验等级	B级	B级
	检测比例	100%	20%
内部缺陷 射线探伤	缺陷评定等级	Ⅱ	Ⅲ
	检验等级	B级	B级
	检测比例	100%	20%

注：二级焊缝检测比例的计数方法应按以下原则确定：工厂制作焊缝按照焊缝长度计算百分比，且探伤长度不小于200mm；当焊缝长度小于200mm时，应对整条焊缝探伤；现场安装焊缝应按照同一类型、同一施焊条件的焊缝条数计算百分比，且不应少于 3 条焊缝

6.3.1　钢结构制作和安装单位应分别进行高强度螺栓连接摩擦面（含涂层摩擦面）的抗滑移系数试验和复验，现场处理的构件摩擦面应单独进行摩擦面抗滑移系数试验，其结果应满足设计要求。

8.2.1　钢材、钢部件拼接或对接时所采用的焊缝质量等级应满足设计要求。当设计无要求时，应采用质量等级不低于二级的熔透焊缝，对直接承受拉力的焊缝，应采用一级熔透焊缝。

11.4.1　钢管（闭口截面）构件应有预防管内进水、存水的构造措施，严禁钢管内存水。

13.2.3　防腐涂料、涂装遍数、涂装间隔、涂层厚度均应满足设计文件、涂料产品标准的要求。当设计对涂层厚度无要求时，涂层干漆膜总厚度：室外不应小于 $150\mu m$，室内不应小于 $125\mu m$。

13.4.3　膨胀型（超薄型、薄涂型）防火涂料、厚涂型防火涂料的涂层厚度及隔热性能应满足国家现行标准有关耐火极限的要求，且不应小于$-200\mu m$。当采用厚涂型防火涂

料涂装时，80％及以上涂层面积应满足国家现行标准有关耐火极限的要求，且最薄处厚度不应低于设计要求的 85％。

2. 修订的主要技术内容

（1）钢结构工程类别的增加与调整。

将单层钢结构安装工程和多层及高层钢结构安装工程合并为单层、多高层钢结构安装工程；将钢网架结构安装工程调整为空间结构安装工程，增加了钢管桁架结构内容；

（2）增加了装配式金属屋面系统抗风压、风吸性能检测的内容和方法，金属屋面系统抗风揭性能检测应符合下列规定：

1）金属屋面系统应包括金属屋面板、底板、支座、保温层、檩条、支架、紧固件等。

2）金属屋面系统抗风揭性能检测应采用实验室模拟静态、动态压力加载法。

3）对于强（台）风地区（基本风压 20.5kN/m^2）的金属屋面和设计要求进行动态风载检测的建筑金属屋面应采用动态风载检测。

4）金属屋面系统抗风揭性能检测应选取金属屋面中具有代表性的典型部位进行检测，被检测屋面系统中的材料、构件加工、安装施工质量等应与实际工程情况一致，并应满足设计要求并符合和相应技术标准的规定。

5）金属屋面典型部位的风荷载标准值 ω_s 应由设计单位给出，检测单位应根据设计单位给出的风荷载标准值 ω_s 进行检测。

（3）增加了油漆类防腐涂装工艺评定的内容和方法，强化钢结构涂装施工质量的控制和验收；每道油漆类涂层应检查表面缺陷，检查结果可按表 2-9 的格式进行记录。

油漆类涂层表面缺陷检查记录 表 2-9

缺陷名称	缺陷现象	检查记录
颜色游离	涂料中混合数种颜料比重轻者上浮使表面形成不规则的斑点	
白化	涂膜发白成混浊状	
刷痕	随着毛刷刷行方向留下凹凸刷痕	
吐色	底层漆颜色为上层溶化渗透出面漆	
剥离	上层涂料溶剂浸透底漆产生剥离现象	
针孔	涂面有针状小孔	
橘子皮	涂面橘子皮状凸凹	
起泡	混入涂料中的空气留在涂膜中形成气泡	
皱纹	涂面产生皱纹状的收缩	
干燥不良	超过规定时间涂膜仍未干燥	
回黏	已干的涂膜再呈现黏性的现象	

（4）验收内容的调整

1）在钢结构分部工程竣工验收中，修改了有关安全及功能的检验和见证检测项目；

2）将钢材进入加工现场时分别按钢板、型钢、铸钢件、钢棒、钢索进行验收，将膜结构材料纳入进场验收内容；

3）将有关允许偏差项目表格改入条文中；

4）在钢零件及钢部件加工分项工程中完善了冷成型和热成型加工的最小曲率半径及

铸钢节点加工等；

5）在钢构件组装分项工程中增加并完善了部件拼接等内容，将工厂拼料环节纳入质量控制和验收中；

6）将钢结构安装分项工程按照基础、柱、梁及桁架、节点、支撑次序进行排列，增加了钢板剪力墙；

7）完善了压型金属板分项工程的节点构造和屋面系统；

8）钢结构在涂装分项工程中强化了钢材表面处理和涂装工艺评定的内容。

3. 钢结构钢材进场验收见证检测方法

（1）钢材质量合格验收应符合下列规定：

1）全数检查钢材的质量合格证明文件、中文标志及检验报告等，检查钢材的品种、规格、性能等应符合国家现行标准的规定并满足设计要求。

2）对属于下列情况之一的钢材，应进行抽样复验，其复验结果应符合国家现行产品标准的规定并满足设计要求。

① 结构安全等级为一级的重要建筑主体结构用钢材；

② 结构安全等级为二级的一般建筑，当其结构跨度大于 60m 或高度大于 100m 时或承受动力荷载需要验算疲劳的主体结构用钢材；

③ 板厚不小于 40mm，且设计有 Z 向性能要求的厚板；

④ 强度等级大于或等于 420MPa 高强度钢材；

⑤ 进口钢材、混批钢材或质量证明文件不齐全的钢材；

⑥ 设计文件或合同文件要求复验的钢材。

（2）钢材的复验项目应满足设计文件的要求，当设计文件无要求时可按表 2-10 执行。

（3）铸钢件检验应符合下列规定：

1）铸钢件的检验，应按同一类型构件、同一炉浇注、同一热处理方法划分为一个检验批；

2）厂家在按批浇铸过程中应连体铸出试样坯，经同炉热处理后加工成试件两组，其中一组用于出厂检验，另一组随铸钢产品进场进行见证复验；

3）铸钢件按批进行检验，每批取 1 个化学成分试件、1 个拉伸试件和 3 个冲击韧性试件（设计要求时）。

每个检验批复验项目及取样数量　　　　　　　　　　　　　　　　　表 2-10

序号	复验项目	取样数量	适用标准编号	备　注
1	屈服强度、抗拉强度、伸长率	1	GB/T 2975、GB/T 228.1	承重结构采用的钢材
2	冷弯性能	3	GB/T 232	焊接承重结构和弯曲成型构件采用的钢材
3	冲击韧性	3	GB/T 2975、GB/T 229	需要验算疲劳的承重结构采用的钢材
4	厚度方向断面收缩率	3	GB/T 5313	焊接承重结构采用的 Z 向钢
5	化学成分	1	GB/T 20065、GB/T 223 系列标准、GB/T 4336、GB/T 20125	焊接结构采用的钢材保证项目：P、S、C（CEV）；非焊接结构采用的钢材保证项目：P、S
6	其他		由设计提出要求	

（4）拉索、拉杆、锚具复验应符合下列规定：

1）对应于同一炉批号原材料，按同一轧制工艺及热处理制作的同一规格拉杆或拉索为一批；

2）组装数量以不超过 50 套件的锚具和索杆为 1 个检验批。每个检验批抽 3 个试件按其产品标准的要求进行拉伸检验。检验项目和检验方法按本标准表 2-10 执行。

2.2.4 《建筑装饰装修工程质量验收标准》GB 50210—2018（节选）

1. 设计规定

（1）承担建筑装饰装修工程设计的单位应对建筑物进行了解和实地勘察，设计深度应满足施工要求。由施工单位完成的深化设计应经建筑装饰装修设计单位确认。

（2）既有建筑装饰装修工程设计涉及主体和承重结构变动时，必须在施工前委托原结构设计单位或者具有相应资质条件的设计单位提出设计方案，或由检测鉴定单位对建筑结构的安全性进行鉴定。

2. 材料质量要求

（1）建筑装饰装修工程采用的材料、构配件应按进场批次进行检验。属于同一工程项目且同期施工的多个单位工程，对同一厂家生产的同批材料、构配件、器具及半成品，可统一划分检验批，对品种、规格、外观和尺寸等进行验收，包装应完好，并应有产品合格证书、中文说明书及性能检验报告，进口产品应按规定进行商品检验。

（2）进场后需要进行复验的材料种类及项目应符合本标准各章的规定，同一厂家生产的同一品种、同一类型的进场材料应至少抽取一组样品进行复验，当合同另有更高要求时应按合同执行。抽样样本应随机抽取，满足分布均匀、具有代表性的要求，获得认证的产品或来源稳定且连续三批均一次检验合格的产品，进场验收时检验批的容量可扩大一倍，且仅可扩大一次。扩大检验批后的检验中，出现不合格情况时，应按扩大前的检验批容量重新验收，且该产品不得再次扩大检验批容量。

3. 施工技术要求

（1）建筑装饰装修工程施工中，不得违反设计文件擅自改动建筑主体、承重结构或主要使用功能。

（2）未经设计确认和有关部门批准，不得擅自拆改主体结构和水、暖、电、燃气、通信等配套设施。

（3）建筑装饰装修工程应在基体或基层的质量验收合格后施工。对既有建筑进行装饰装修前，应对基层进行处理。

（4）管道、设备安装及调试应在建筑装饰装修工程施工前完成；当必须同步进行时，应在饰面层施工前完成。装饰装修工程不得影响管道、设备等的使用和维修。涉及燃气管道和电气工程的建筑装饰装修工程施工应符合有关安全管理的规定。

4. 一般抹灰

（1）一般抹灰包括水泥砂浆、水泥混合砂浆、聚合物水泥砂浆和粉刷石膏等抹灰。

（2）保温层薄抹灰包括保温层外面聚合物砂浆薄抹灰。

（3）装饰抹灰包括水刷石、斩假石、干粘石和假面砖等装饰抹灰。

（4）清水砌体勾缝包括清水砌体砂浆勾缝和原浆勾缝。

5. 外墙防水工程

（1）外墙防水工程应对下列材料及其性能指标进行复验：

① 防水砂浆的粘结强度和抗渗性能；

② 防水涂料的低温柔性和不透水性；

③ 防水透气膜的不透水性。

（2）外墙防水工程应对下列隐蔽工程项目进行验收：

① 外墙不同结构材料交接处的增强处理措施的节点；

② 防水层在变形缝、门窗洞口、穿外墙管道、预埋件及收头等部位的节点；

③ 防水层的搭接宽度及附加层。

（3）防水透气膜的搭接缝应粘结牢固、密封严密；收头应与基层粘结固定牢固，缝口应严密，不得有翘边现象。

（4）外墙防水工程验收时应检查下列文件和记录：

① 外墙防水工程的施工图、设计说明及其他设计文件；

② 材料的产品合格证书、性能检验报告、进场验收记录和复验报告；

③ 施工方案及安全技术措施文件；

④ 雨后或现场淋水检验记录；

⑤ 隐蔽工程验收记录；

⑥ 施工记录；

⑦ 施工单位的资质证书及操作人员的上岗证书。

6. 门窗工程

（1）门窗安装前，应对门窗洞口尺寸及相邻洞口的位置偏差进行检验。同一类型和规格外门窗洞口垂直、水平方向的位置应对齐，位置允许偏差应符合下列规定：

① 垂直方向的相邻洞口位置允许偏差应为 10mm；全楼高度小于 30m 的垂直方向洞口位置允许偏差应为 15mm，全楼高度不小于 30m 的垂直方向洞口位置允许偏差应为 20mm；

② 水平方向的相邻洞口位置允许偏差应为 10mm；全楼长度小于 30m 的水平方向洞口位置允许偏差应为 15mm，全楼长度不小于 30m 的水平方向洞口位置允许偏差应为 20mm。

（2）门窗工程应对下列材料及其性能指标进行复验：

① 人造木板门的甲醛释放量；

② 建筑外窗的气密性能、水密性能和抗风压性能。

（3）.门窗工程应对下列隐蔽工程项目进行验收：

① 预埋件和锚固件；

② 隐蔽部位的防腐和填嵌处理；

③ 高层金属窗防雷连接节点。

（4）金属门窗和塑料门窗安装应采用预留洞口的方法施工。

（5）建筑外门窗安装必须牢固。在砌体上安装门窗严禁采用射钉固定。

（6）推拉门窗扇必须牢固，必须安装防脱落装置。

（7）窗框与洞口之间的伸缩缝内应采用聚氨酯发泡胶填充，发泡胶填充应均匀、密实。发泡胶成型后不宜切割。表面应采用密封胶密封。密封胶应粘结牢固，表面应光滑、顺直、无裂纹。

（8）门窗工程验收时应检查下列文件和记录：

① 门窗工程的施工图、设计说明及其他设计文件；

② 材料的产品合格证书、性能检验报告、进场验收记录和复验报告；

③ 特种门及其配件的生产许可文件；

④ 隐蔽工程验收记录；

⑤ 施工记录。

7. 吊顶工程

（1）吊顶工程应对人造木板的甲醛释放量进行复验。

（2）吊顶工程应对下列隐蔽工程项目进行验收：

① 吊顶内管道、设备的安装及水管试压、风管严密性检验；

② 木龙骨防火、防腐处理；

③ 埋件；

④ 吊杆安装；

⑤ 龙骨安装；

⑥ 填充材料的设置；

⑦ 反支撑及钢结构转换层。

（3）安装龙骨前，应按设计要求对房间净高、洞口标高和吊顶内管道、设备及其支架的标高进行交接检验。

（4）重型设备和有振动荷载的设备严禁安装在吊顶工程的龙骨上。

金属吊杆和龙骨应经过表面防腐处理；木龙骨应进行防腐、防火处理。

（5）石膏板、水泥纤维板的接缝应按其施工工艺标准进行板缝防裂处理。安装双层板时，面层板与基层板的接缝应错开，并不得在同一根龙骨上接缝。

（6）面板上的灯具、烟感器、喷淋头、风口算子和检修口等设备设施的位置应合理、美观，与面板的交接应吻合、严密。

（7）吊顶工程验收时应检查下列文件和记录：

① 吊顶工程的施工图、设计说明及其他设计文件；

② 材料的产品合格证书、性能检验报告、进场验收记录和复验报告；

③ 隐蔽工程验收记录；

④ 施工记录。

8. 轻质隔墙工程

（1）轻质隔墙工程应对下列隐蔽工程项目进行验收：

① 骨架隔墙中设备管线的安装及水管试压；

② 木龙骨防火和防腐处理；

③ 预埋件或拉结筋；

④ 龙骨安装；

⑤ 填充材料的设置。

（2）轻质隔墙工程验收时应检查下列文件和记录：

① 轻质隔墙工程的施工图、设计说明及其他设计文件；

② 材料的产品合格证书、性能检验报告、进场验收记录和复验报告；

③ 隐蔽工程验收记录；

④ 施工记录。

9. 饰面板工程

（1）饰面板工程应对下列材料及其性能指标进行复验：

① 室内用花岗石板的放射性、室内用人造木板的甲醛释放量；

② 水泥基粘结料的粘结强度；

③ 外墙陶瓷板的吸水率；

④ 严寒和寒冷地区外墙陶瓷板的抗冻性。

（2）饰面板工程应对下列隐蔽工程项目进行验收：

① 预埋件（或后置埋件）；

② 龙骨安装；

③ 连接节点；

④ 防水、保温、防火节点；

⑤ 外墙金属板防雷连接节点。

（3）饰面板工程验收时应检查下列文件和记录：

① 饰面板工程的施工图、设计说明及其他设计文件；

② 材料的产品合格证书、性能检验报告、进场验收记录和复验报告；

③ 后置埋件的现场拉拔检验报告；

④ 满粘法施工的外墙石板和外墙陶瓷板粘结强度检验报告；

⑤ 隐蔽工程验收记录；

⑥ 施工记录。

10. 饰面砖工程

（1）饰面砖工程应对下列材料及其性能指标进行复验：

① 室内用花岗石和瓷质饰面砖的放射性；

② 水泥基粘结材料与所用外墙饰面砖的拉伸粘结强度；

③ 外墙陶瓷饰面砖的吸水率；

④ 严寒及寒冷地区外墙陶瓷饰面砖的抗冻性。

（2）饰面砖工程应对下列隐蔽工程项目进行验收：

① 基层和基体；

② 防水层。

（3）饰面砖工程的防震缝、伸缩缝、沉降缝等部位的处理应保证缝的使用功能和饰面的完整性。

（4）饰面砖工程验收时应检查下列文件和记录：

① 饰面砖工程的施工图、设计说明及其他设计文件；

② 材料的产品合格证书、性能检验报告、进场验收记录和复验报告；

③ 外墙饰面砖施工前粘贴样板和外墙饰面砖粘贴工程饰面砖粘结强度检验报告；

④ 隐蔽工程验收记录；

⑤ 施工记录。

11. 幕墙工程

（1）幕墙工程应对下列材料及其性能指标进行复验：

① 铝塑复合板的剥离强度；

② 石材、瓷板、陶板、微晶玻璃板、木纤维板、纤维水泥板和石材蜂窝板的抗弯强度；严寒、寒冷地区石材、瓷板、陶板、纤维水泥板和石材蜂窝板的抗冻性；室内用花岗石的放射性；

③ 幕墙用结构胶的邵氏硬度、标准条件拉伸粘结强度、相容性试验、剥离粘结性试验；石材用密封胶的污染性；

④ 中空玻璃的密封性能；

⑤ 防火、保温材料的燃烧性能；

⑥ 铝材、钢材主受力杆件的抗拉强度。

（2）幕墙工程应对下列隐蔽工程项目进行验收：

① 预埋件或后置埋件、锚栓及连接件；

② 构件的连接节点；

③ 幕墙四周、幕墙内表面与主体结构之间的封堵；

④ 伸缩缝、沉降缝、防震缝及墙面转角节点；

⑤ 隐框玻璃板块的固定；

⑥ 幕墙防雷连接节点；

⑦ 幕墙防火、隔烟节点；

⑧ 单元式幕墙的封口节点。

（3）幕墙及其连接件应具有足够的承载力、刚度和相对于主体结构的位移能力。当幕墙构架立柱的连接金属角码与其他连接件采用螺栓连接时，应有防松动措施。

（4）幕墙与主体结构连接的各种预埋件，其数量、规格、位置和防腐处理必须符合设计要求。

（5）幕墙工程验收时应检查下列文件和记录：

① 幕墙工程的施工图、结构计算书、热工性能计算书、设计变更文件、设计说明及其他设计文件；

② 建筑设计单位对幕墙工程设计的确认文件；

③ 幕墙工程所用材料、构件、组件、紧固件及其他附件的产品合格证书、性能检验报告、进场验收记录和复验报告；

④ 幕墙工程所用硅酮结构胶的抽查合格证明；国家批准的检测机构出具的硅酮结构胶相容性和剥离粘结性检验报告；石材用密封胶的耐污染性检验报告；

⑤ 后置埋件和槽式预埋件的现场拉拔力检验报告；

⑥ 封闭式幕墙的气密性能、水密性能、抗风压性能及层间变形性能检验报告；

⑦ 注胶、养护环境的温度、湿度记录；双组分硅酮结构胶的混匀性试验记录及拉断试验记录；

⑧ 幕墙与主体结构防雷接地点之间的电阻检测记录；

⑨ 隐蔽工程验收记录；

⑩ 幕墙构件、组件和面板的加工制作检验记录；

⑪ 幕墙安装施工记录；

⑫ 张拉杆索体系预拉力张拉记录；

⑬ 现场淋水检验记录。

12. 涂饰工程

（1）涂饰工程的基层处理应符合下列规定：

① 新建筑物的混凝土或抹灰基层在用腻子找平或直接涂饰涂料前应涂刷抗碱封闭底漆；

② 既有建筑墙面在用腻子找平或直接涂饰涂料前应清除疏松的旧装修层，并涂刷界面剂；

③ 混凝土或抹灰基层在用溶剂型腻子找平或直接涂刷溶剂型涂料时，含水率不得大于 8％；在用乳液型腻子找平或直接涂刷乳液型涂料时，含水率不得大于 10％，木材基层的含水率不得大于 12％；

④ 找平层应平整、坚实、牢固，无粉化、起皮和裂缝；内墙找平层的粘结强度应符合现行行业标准《建筑室内用腻子》JG/T 298 的规定；

⑤ 厨房、卫生间墙面的找平层应使用耐水腻子。

（2）涂饰工程施工时应对与涂层衔接的其他装修材料、邻近的设备等采取有效的保护措施，以避免由涂料造成的沾污。

（3）涂饰工程验收时应检查下列文件和记录：

① 涂饰工程的施工图、设计说明及其他设计文件；

② 材料的产品合格证书、性能检验报告、有害物质限量检验报告和进场验收记录；

③ 施工记录。

13. 裱糊与软包工程

（1）软包工程应对木材的含水率及人造木板的甲醛释放量进行复验。

（2）工程验收。裱糊前，基层处理应达到下列规定：

① 新建筑物的混凝土抹灰基层墙面在刮腻子前应涂刷抗碱封闭底漆；

② 粉化的旧墙面应先除去粉化层，并在刮涂腻子前涂刷一层界面处理剂；

③ 混凝土或抹灰基层含水率不得大于 8％；木材基层的含水率不得大于 12％；

④ 石膏板基层，接缝及裂缝处应贴加强网布后再刮腻子；

⑤ 基层腻子应平整、坚实、牢固，无粉化、起皮、空鼓、酥松、裂缝和泛碱；腻子的粘结强度不得小于 0.3MPa；

⑥ 基层表面颜色应一致；

⑦ 裱糊前应用封闭底胶涂刷基层。

（3）裱糊与软包工程验收时应检查下列资料：

① 裱糊与软包工程的施工图、设计说明及其他设计文件；

② 饰面材料的样板及确认文件；

③ 材料的产品合格证书、性能检验报告、进场验收记录和复验报告；

④ 饰面材料及封闭底漆、胶粘剂、涂料的有害物质限量检验报告；

⑤ 隐蔽工程验收记录；

⑥ 施工记录。

14. 分部工程质量验收

（1）建筑装饰装修工程的子分部工程、分项工程应按表 2-11 划分。

建筑装饰装修工程的子分部工程、分项工程划分

表 2-11

项次	子分部工程	分项工程
1	抹灰工程	一般抹灰,保温层薄抹灰,装饰抹灰,清水砌体勾缝
2	外墙防水工程	外墙砂浆防水,涂膜防水,透气膜防水
3	门窗工程	木门窗安装,金属门窗安装,塑料门窗安装,特种门安装,门窗玻璃安装
4	吊顶工程	整体面层吊顶,板块面层吊顶,格栅吊顶
5	轻质隔墙工程	板材隔墙,骨架隔墙,活动隔墙,玻璃隔墙
6	饰面板工程	石板安装,陶瓷板安装,木板安装,金属板安装,塑料板安装
7	饰面砖工程	外墙饰面砖粘贴,内墙饰面砖粘贴
8	幕墙工程	玻璃幕墙安装,金属幕墙安装,石材幕墙安装,人造板材幕墙安装
9	涂饰工程	水性涂料涂饰,溶剂型涂料涂饰,美术涂饰
10	裱糊与软包工程	裱糊,软包
11	细部工程	橱柜制作与安装,窗帘盒和窗台板制作与安装,门窗套制作与安装,护栏和扶手制作与安装,花饰制作与安装
12	建筑地面工程	基层铺设,整体面层铺设,板块面层铺设,木、竹面层铺设

当建筑工程只有装饰装修分部工程时，该工程应作为单位工程验收。

（2）检验批的合格判定应符合下列规定：

① 抽查样本均应符合本标准主控项目的规定；

② 抽查样本的 80% 以上应符合本标准一般项目的规定。其余样本不得有影响使用功能或明显影响装饰效果的缺陷，其中有允许偏差的检验项目，其最大偏差不得超过本标准规定允许偏差的 1.5 倍。

（3）子分部工程中各分项工程的质量均应验收合格，并应符合下列规定：

① 应具备本标准各子分部工程规定检查的文件和记录；

② 应具备表 2-12 所规定的有关安全和功能检验项目的合格报告；

③ 观感质量应符合本标准各分项工程中一般项目的要求。

有关安全和功能的检验项目表

表 2-12

项次	子分部工程	检验项目
1	门窗工程	建筑外窗的气密性能、水密性能和抗风压性能
2	饰面板工程	饰面板后置埋件的现场拉拔力
3	饰面砖工程	外墙饰面砖样板及工程的饰面砖粘结强度
4	幕墙工程	(1)硅酮结构胶的相容性和剥离粘结性; (2)幕墙后置埋件和槽式预埋件的现场拉拔力; (3)幕墙的气密性、水密性、耐风压性能及层间变形性能

2.2.5 《建筑地基基础工程施工质量验收标准》GB 50202—2018（节选）

1. 修订的主要技术内容：

（1）调整了章节的编排；

（2）删除了原规范中对具体地基名称的术语说明，增加了与验收要求相关的术语内容；

（3）完善了验收的基本规定，增加了验收时应提交的资料、验收程序、验收内容及评价标准的规定；

（4）调整了振冲地基和砂桩地基，合并成砂石桩复合地基；

（5）增加了无筋扩展基础、钢筋混凝土扩展基础、筏形与箱形基础、锚杆基础等基础的验收规定；

（6）增加了咬合桩墙、土体加固及与主体结构相结合的基坑支护的验收规定；

（7）增加了特殊土地基基础工程的验收规定；

（8）增加了地下水控制和边坡工程的验收规定；

（9）增加了验槽检验要点的规定；

（10）删除了原规范中与具体验收内容不协调的规定。

2. 地基工程

（1）平板静载试验采用的压板尺寸应按设计或有关标准确定。素土和灰土地基、砂和砂石地基、土工合成材料地基、粉煤灰地基、注浆地基、预压地基的静载试验的压板面积不宜小于 $1.0m^2$；强夯地基静载试验的压板面积不宜小于 $2.0m^2$。复合地基静载试验的压板尺寸应根据设计置换率计算确定。

（2）地基承载力检验时，静载试验最大加载量不应小于设计要求的承载力特征值的 2 倍。

（3）砂石桩、高压喷射注浆桩、水泥土搅拌桩、土和灰土挤密桩、水泥粉煤灰碎石桩、夯实水泥土桩等复合地基的承载力必须达到设计要求。复合地基承载力的检验数量不应少于总桩数的 0.5%，且不应少于 3 点。有单桩承载力或桩身强度检验要求时，检验数量不应少于总桩数的 0.5%，且不应少于 3 根。

（4）砂和砂石地基施工中应检查分层厚度、分段施工时搭接部分的压实情况、加水量、压实遍数、压实系数。施工结束后，应进行地基承载力检验。

（5）施工中应检查基槽清底状况、回填料铺设厚度及平整度、土工合成材料的铺设方向、接缝搭接长度或缝接状况、土工合成材料与结构的连接状况等。施工结束后，应进行地基承载力检验。

（6）粉煤灰地基施工中应检查分层厚度、碾压遍数、施工含水量控制、搭接区碾压程度、压实系数等。施工结束后，应进行承载力检验。

（7）强夯地基施工中应检查夯锤落距、夯点位置、夯击范围、夯击击数、夯击遍数、每击夯沉量、最后两击的平均夯沉量、总夯沉量和夯点施工起止时间等。施工结束后，应进行地基承载力、地基土的强度、变形指标及其他设计要求指标检验。

（8）注浆地基施工前应检查注浆点位置、浆液配比、浆液组成材料的性能及注浆设备性能。施工结束后，应进行地基承载力、地基土强度和变形指标检验。

（9）预压地基施工前应检查施工监测措施和监测初始数据、排水设施和竖向排水体等。施工中应检查堆载高度、变形速率，真空预压施工时应检查密封膜的密封性能、真空表读数等。施工结束后，应进行地基承载力与地基土强度和变形指标检验。

（10）振冲法施工的砂石桩复合地基，施工前应检查砂石料的含泥量及有机质含量等。振冲法施工前应检查振冲器的性能，应对电流表、电压表进行检定或校准。施工中尚应检查密实电流、供水压力、供水量、填料量、留振时间、振冲点位置、振冲器施工参数等。施工结束后，应进行复合地基承载力、桩体密实度等检验。

（11）高压喷射注浆复合地基施工前应检验水泥、外掺剂等的质量，桩位，浆液配比，高压喷射设备的性能等，并应对压力表、流量表进行检定或校准。施工中应检查压力、水泥浆量、提升速度、旋转速度等施工参数及施工程序。施工结束后，应检验桩体的强度和平均直径以及单桩与复合地基的承载力等。

（12）水泥土搅拌桩复合地基施工前应检查水泥及外掺剂的质量、桩位、搅拌机工作性能，并应对各种计量设备进行检定或校准。施工中应检查机头提升速度、水泥浆或水泥注入量、搅拌桩的长度及标高。施工结束后，应检验桩体的强度和直径以及单桩与复合地基的承载力。

（13）土和灰土挤密桩复合地基施工前应对石灰及土的质量、桩位等进行检查。施工中应对桩孔直径、桩孔深度、夯击次数、填料的含水量及压实系数等进行检查。施工结束后，应检验成桩的质量及复合地基承载力。

（14）水泥粉煤灰碎石桩复合地基施工前应对入场的水泥、粉煤灰、砂及碎石等原材料进行检验。施工中应检查桩身混合料的配合比、坍落度和成孔深度、混合料充盈系数等。

施工结束后，应对桩体质量、单桩及复合地基承载力进行检验。

夯实水泥土桩复合地基施工前应对进场的水泥及夯实用土料的质量进行检验。施工中应检查孔位、孔深、孔径、水泥和土的配比及混合料含水量等。施工结束后，应对桩体质量、复合地基承载力及褥垫层夯填度进行检验。

3. 基础工程

（1）灌注桩混凝土强度检验的试件应在施工现场随机抽取。来自同一搅拌站的混凝土，每浇筑 $50m^3$ 必须至少留置 1 组试件；当混凝土浇筑量不足 $50m^3$ 时，每连续浇筑 12h 必须至少留置 1 组试件。对单柱单桩，每根桩应至少留置 1 组试件。

① 灌注桩的桩径、垂直度及桩位允许偏差应符合表 2-13 的规定。

灌注桩的桩径、垂直度及桩位允许偏差　　　　　　表 2-13

序	成孔方法		桩径允许偏差（mm）	垂直度允许偏差	桩位允许偏差（mm）
1	泥浆护壁钻孔桩	$D<1000mm$	≥0	≤1/100	≤70+0.01H
		$D≥1000mm$			≤100+0.01H
2	套管成孔灌注桩	$D<500mm$	≥0	≤1/100	≤70+0.01H
		$D≥500mm$			≤100+0.01H
3	干成孔灌注桩		≥0	≤1/100	≤70+0.01H
4	人工挖孔桩		≥0	≤1/200	≤50+0.005H

注：1. H 为桩基施工面至设计桩顶的距离（mm）；
　　2. D 为设计桩径（mm）

② 工程桩应进行承载力和桩身完整性检验。

③ 设计等级为甲级或地质条件复杂时，应采用静载试验的方法对桩基承载力进行检验，检验桩数不应少于总桩数的 1％，且不应少于 3 根，当总桩数少于 50 根时，不应少于 2 根。在有经验和对比资料的地区，设计等级为乙级、丙级的桩基可采用高应变法对桩基进行竖向抗压承载力检测，检测数量不应少于总桩数的 5％，且不应少于 10 根。

④ 工程桩的桩身完整性的抽检数量不应少于总桩数的 20％，且不应少于 10 根。每根柱子承台下的桩抽检数量不应少于 1 根。

（2）钢筋混凝土预制桩施工前应检验成品桩构造尺寸及外观质量。施工中应检验接桩质量、锤击及静压的技术指标、垂直度以及桩顶标高等。施工结束后应对承载力及桩身完整性等进行检验。

（3）泥浆护壁成孔灌注桩施工前应检验灌注桩的原材料及桩位处的地下障碍物处理资料。施工中应对成孔、钢筋笼制作与安装、水下混凝土灌注等各项质量指标进行检查验收；嵌岩桩应对桩端的岩性和入岩深度进行检验。施工后应对桩身完整性、混凝土强度及承载力进行检验。

（4）人工挖孔桩应复验孔底持力层土岩性，嵌岩桩应有桩端持力层的岩性报告。

（5）岩石锚杆基础施工中应对孔位、孔径、孔深、注浆压力等进行检验。施工结束后应对抗拔承载力和锚固体强度进行检验。

4. 特殊土地基基础工程

（1）湿陷性黄土场地

① 土和灰土挤密桩地基：1 对预钻孔夯扩桩，在施工前应检查夯锤重量、钻头直径，施工中应检查预钻孔孔径、每次填料量、夯锤提升高度、夯击次数、成桩直径等参数；

② 对复合土层湿陷性、桩间土湿陷系数、桩间土平均挤密系数进行检验；

③ 桩基或水泥粉煤灰碎石桩等复合地基的工程，应对挤密桩和桩基或复合地基分别验收；

④ 预浸水法质量检验应符合下列规定：

a. 施工前应检查浸水坑平面开挖尺寸和深度、浸水孔数量、深度和间距；

b. 施工中应检查湿陷变形量及浸水坑内水头高度。

（2）冻土

冻土地区保温隔热地基的验收应符合下列规定：

① 施工前应对保温隔热材料单位面积的质量、厚度、密度、强度、压缩性等做检验；

② 施工中应检查地基土质量，回填料铺设厚度及平整度，保温隔热材料的铺设厚度、方向、接缝、防水、保护层与结构连接状况；

③ 施工结束后应进行承载力或压缩变形检验。

（3）盐渍土地基中设置隔水层时，隔水层施工前应检验土工合成材料的抗拉强度、抗老化性能、防腐蚀性能，施工过程中应检查土工合成材料的搭接宽度或焊接强度、保护层厚度等。

盐渍土地区基础施工前应检验建筑材料（砖、砂、石、水等）的含盐量、防腐添加剂及防腐涂料的质量，施工过程中应检验防腐添加剂的用法和用量、防腐涂层的施工质量。

5. 基坑支护工程

（1）基坑支护结构施工前应对放线尺寸进行校核，施工过程中应根据施工组织设计复核各项施工参数，施工完成后宜在一定养护期后进行质量验收。

（2）基坑开挖过程中，应根据分区分层开挖情况及时对基坑开挖面的围护墙表观质量，支护结构的变形、渗漏水情况以及支撑竖向支承构件的垂直度偏差等项目进行检查。

（3）基坑支护工程验收应以保证支护结构安全和周围环境安全为前提。

（4）土钉墙支护工程施工过程中应对放坡系数，土钉位置，土钉孔直径、深度及角度，土钉杆体长度，注浆配比、注浆压力及注浆量，喷射混凝土面层厚度、强度等进行检验。

（5）地下连续墙施工中应定期对泥浆指标、钢筋笼的制作与安装、混凝土的坍落度、预制地下连续墙墙段安放质量、预制接头、墙底注浆、地下连续墙成槽及墙体质量等进行检验。

（6）内支撑施工前，应对放线尺寸、标高进行校核。对混凝土支撑的钢筋和混凝土、钢支撑的产品构件和连接构件以及钢立柱的制作质量等进行检验。施工结束后，对应的下层土方开挖前应对水平支撑的尺寸、位置、标高、支撑与围护结构的连接节点、钢支撑的连接节点和钢立柱的施工质量进行检验。

（7）锚杆施工前应对钢绞线、锚具、水泥、机械设备等进行检验。

锚杆施工中应对锚杆位置，钻孔直径、长度及角度，锚杆杆体长度，注浆配比、注浆压力及注浆量等进行检验。

锚杆应进行抗拔承载力检验，检验数量不宜少于锚杆总数的5％，且同一土层中的锚杆检验数量不应少于3根。

6. 地下水控制

（1）基坑工程开挖前应验收预降排水时间。预降排水时间应根据基坑面积、开挖深度、工程地质与水文地质条件以及降排水工艺综合确定。减压预降水时间应根据设计要求或减压降水验证试验结果确定。

（2）降排水运行中，应检验基坑降排水效果是否满足设计要求。分层、分块开挖的土质基坑，开挖前潜水水位应控制在土层开挖面以下0.5～1.0m；承压含水层水位应控制在安全水位埋深以下。岩质基坑开挖施工前，地下水位应控制在边坡坡脚或坑中的软弱结构面以下。

（3）设有截水帷幕的基坑工程，宜通过预降水过程中的坑内外水位变化情况检验帷幕止水效果。

截水帷幕采用单轴水泥土搅拌桩、双轴水泥土搅拌桩、三轴水泥土搅拌桩、高压喷射注浆时，取芯数量不宜少于总桩数的1％，且不应少于3根。截水帷幕采用渠式切割水泥土连续墙时，取芯数量宜沿基坑周边每50延米取1个点，且不应少于3个。

（4）采用集水明排的基坑，应检验排水沟、集水井的尺寸。排水时集水井内水位应低于设计要求水位不小于0.5m。

（5）降水井正式施工时应进行试成井。试成井数量不应少于 2 口（组），并应根据试成井检验成孔工艺、泥浆配比、复核地层情况等。

降水井施工中应检验成孔垂直度。降水井的成孔垂直度偏差为 1/100，井管应居中竖直沉设。

（6）降水运行应独立配电。降水运行前，应检验现场用电系统。连续降水的工程项目，尚应检验双路以上独立供电电源或备用发电机的配置情况。

降水运行过程中，应监测和记录降水场区内和周边的地下水位。采用悬挂式帷幕基坑降水的，尚应计量和记录降水井抽水量。

降水运行结束后，应检验降水井封闭的有效性。

（7）回灌管井施工中应检验成孔垂直度。成孔垂直度允许偏差为 1/100，井管应居中竖直沉设。回灌运行前，应检验回灌管路的安装质量和密封性。回灌管路上应装有流量计和流量控制阀。回灌运行中及回扬时，应计量和记录回灌量、回扬量，并应监测地下水位和周边环境变形。

施工完成后的休止期不应少于 14d，休止期结束后应进行试回灌，检验成井质量和回灌效果。

7. 土石方工程

（1）土石方开挖的顺序、方法必须与设计工况和施工方案相一致，并应遵循"开槽支撑，先撑后挖，分层开挖，严禁超挖"的原则。

（2）施工前应检查支护结构质量、定位放线、排水和地下水控制系统，以及对周边影响范围内地下管线和建（构）筑物保护措施的落实，并应合理安排土方运输车辆的行走路线及弃土场。附近有重要保护设施的基坑，应在土方开挖前对围护体的止水性能通过预降水进行检验。

（3）施工中应检查平面位置、水平标高、边坡坡率、压实度、排水系统、地下水控制系统、预留土墩、分层开挖厚度、支护结构的变形，并随时观测周围环境变化。

（4）在基坑（槽）、管沟等周边堆土的堆载限值和堆载范围应符合基坑围护设计要求，严禁在基坑（槽）、管沟、地铁及建构（筑）物周边影响范围内堆土。对于临时性堆土，应视挖方边坡处的土质情况、边坡坡率和高度，检查堆放的安全距离，确保边坡稳定。在挖方下侧堆土时应将土堆表面平整，其顶面高程应低于相邻挖方场地设计标高，保持排水畅通，堆土边坡坡率不宜大于 1：1.5。

（5）土石方回填施工前应检查基底的垃圾、树根等杂物清除情况，测量基底标高、边坡坡率，检查验收基础外墙防水层和保护层等。回填料应符合设计要求，并应确定回填料含水量控制范围、铺土厚度、压实遍数等施工参数。施工中应检查排水系统、每层填筑厚度、辗迹重叠程度、含水量控制、回填土有机质含量、压实系数等。回填施工的压实系数应满足设计要求。当采用分层回填时，应在下层的压实系数经试验合格后进行上层施工。填筑厚度及压实遍数应根据土质、压实系数及压实机具确定。施工结束后，应进行标高及压实系数检验。

8. 地基与基础工程验槽

（1）勘察、设计、监理、施工、建设等各方相关技术人员应共同参加验槽。

（2）验槽时，现场应具备岩土工程勘察报告、轻型动力触探记录（可不进行轻型动力触探的情况除外)、地基基础设计文件、地基处理或深基础施工质量检测报告等。

（3）当设计文件对基坑坑底检验有专门要求时，应按设计文件要求进行。

（4）验槽应在基坑或基槽开挖至设计标高后进行，对留置保护土层时其厚度不应超过100mm；槽底应为无扰动的原状土。

（5）遇到下列情况之一时，尚应进行专门的施工勘察。

① 工程地质与水文地质条件复杂，出现详勘阶段难以查清的问题时；

② 开挖基槽发现土质、地层结构与勘察资料不符时；

③ 施工中地基土受严重扰动，天然承载力减弱，需进一步查明其性状及工程性质时；

④ 开挖后发现需要增加地基处理或改变基础形式，已有勘察资料不能满足需求时；

⑤ 施工中出现新的岩土工程或工程地质问题，已有勘察资料不能充分判别新情况时。

（6）验槽完毕填写验槽记录或检验报告，对存在的问题或异常情况提出处理意见。

（7）天然地基验槽应检验下列内容：

① 根据勘察、设计文件核对基坑的位置、平面尺寸、坑底标高；

② 根据勘察报告核对基坑底、坑边岩土体和地下水情况；

③ 检查空穴、古墓、古井、暗沟、防空掩体及地下埋设物的情况，并应查明其位置、深度和性状；

④ 检查基坑底土质的扰动情况以及扰动的范围和程度；

⑤ 检查基坑底土质受到冰冻、干裂、受水冲刷或浸泡等扰动情况，并应查明影响范围和深度。

（8）地基处理工程验槽

① 对于换填地基、强夯地基，应现场检查处理后的地基均匀性、密实度等检测报告和承载力检测资料；

② 对于增强体复合地基，应现场检查桩位、桩头、桩间土情况和复合地基施工质量检测报告；

③ 对于特殊土地基，应现场检查处理后地基的湿陷性、地基液化、冻土保温、膨胀土隔水、盐渍土改良等方面的处理效果检测资料；

④ 经过地基处理的地基承载力和沉降特性，应以处理后的检测报告为准。

（9）桩基工程验槽

① 设计计算中考虑桩筏基础、低桩承台等桩间土共同作用时，应在开挖清理至设计标高后对桩间土进行检验；

② 对人工挖孔桩，应在桩孔清理完毕后，对桩端持力层进行检验。对大直径挖孔桩，应逐孔检验孔底的岩土情况；

③ 在试桩或桩基施工过程中，应根据岩土工程勘察报告对出现的异常情况、桩端岩土层的起伏变化及桩周岩土层的分布进行判别。

（10）地基基础工程验收

地基基础工程验收时应提交下列资料：

① 岩土工程勘察报告；

② 设计文件、图纸会审记录和技术交底资料；

③ 工程测量、定位放线记录；

④ 施工组织设计及专项施工方案；

⑤ 施工记录及施工单位自查评定报告；

⑥ 监测资料；

⑦ 隐蔽工程验收资料；

⑧ 检测与检验报告；

⑨ 竣工图。

第 3 节　建筑工程安全技术相关的新标准

2.3.1　《建筑防护栏杆技术标准》JGJ/T 470—2019（节选）

1. 防护栏杆设计构造

（1）金属构件的厚度应符合下列规定：

1）不锈钢管立柱的壁厚不应小于 2.0mm，不锈钢单板立柱的厚度不应小于 8.0mm，不锈钢双板立柱的厚度不应小于 6.0mm，不锈钢管扶手的壁厚不应小于 1.5mm；

2）镀锌钢管立柱的壁厚不应小于 3.0mm，镀锌钢单板立柱的厚度不应小于 8.0mm，镀锌钢双板立柱的厚度不应小于 6.0mm，镀锌钢管扶手的壁厚不应小于 2.0mm；

3）铝合金管立柱的壁厚不应小于 3.0mm，铝合金单板立柱的厚度不应小于 10.0mm，铝合金双板立柱的厚度不应小于 8.0mm，铝合金管扶手的壁厚不应小于 2.0mm。

（2）防护高度应符合下列规定：

1）建筑临空部位栏杆的防护高度应符合现行国家标准《住宅设计规范》GB 50096、《民用建筑设计统一标准》GB 50352 的相关规定；

2）窗台的防护高度，住宅、托儿所、幼儿园、中小学校及供少年儿童独自活动的场所不应低于 0.90m，其余建筑不应低于 0.80m；

3）住宅凸窗的可开启窗扇窗洞口底距窗台面的净高低于 0.90m 时，窗洞口处的防护高度从窗台面起算不应低于 0.90m。

（3）防护栏杆组成杆件的间隙（表 2-14）规定：

栏杆各杆件间隙尺寸　　　　　　　　　　　　　　　　表 2-14

序号	防护位置	杆件类别	间隙(mm)
1	阳台、外廊、室内外平台、露台、室内回廊、内天井、上人屋面及室外楼梯、台阶等临空处	防护栏杆、栏板或水平构件	＞30，≤110
2	住宅、托儿所、幼儿园、中小学及供少年儿童独自活动的场所	直接临空的通透防护栏杆垂直杆件	≥30，≤110

2. 性能和检测要求

（1）建筑防护栏杆抗水平荷载性能检测时，中小学校防护栏杆水平荷载应取 1.5kN/m，其他场所防护栏杆水平荷载应取 1.0kN/m，防护栏杆立柱顶部在设计荷载作用下的位移限值应取 30mm，在风荷载作用下的玻璃栏板挠度限值应为玻璃板跨度的 $L/100$。卸载 1min 后扶手的残余挠度不应大于 $L/1000$，防护栏杆不应出现损坏。

（2）防护栏杆抗垂直荷载性能检测时，扶手的垂直荷载应按 1500N 计算，扶手的最大挠度不应大于 $L/250$，最大残余挠度不应大于 $L/1000$，防护栏杆不应出现损坏。

（3）防护栏杆抗软重物撞击性能检测时，撞击能量 E 应为 300N·m，每次撞击后扶手水平相对位移不应大于 $L/25$，防栏杆不应出现损坏。

（4）装配防护栏杆进行抗水平荷载性能、抗垂直荷载性能、抗硬物撞击性能、抗风压性能、抗水平反复荷载性能和防护栏杆间隙检测的，检测数量按同设计、材料、工艺和施工条件不应少于 3 个。

（5）装配防护栏杆抗软重物撞击性能应进行现场检测；采用预埋件与主体结构连接的，检测数量按同设计、材料、工艺和施工条件不应少于 3 个；采用后锚固件与主体结构连接的，检测数量按 0.5% 比例随机抽取且不应少于 6 个。

3. 安装施工

（1）安装前，应检查主体结构施工偏差、预埋件安装位置或预留槽口尺寸和位置是否符合设计要求。当安装预埋件或预留槽口不满足设计要求时，应采取补救措施；主体结构未埋设预埋件或预留槽口时，应重新设计连接方案。补救措施及新设计方案应经原设计单位审查认可。

（2）安装过程中，应及时对半成品、成品进行保护；在构件存放、搬运、安装时应轻拿轻放，不得碰撞、损坏和污染构件；对型材、玻璃等构件的表面应采取保护措施。

（3）安装完成后，应对防护栏杆所有连接件的安装质量、空心构件装饰封盖的安装情况进行全面检查，并应将附着在防护栏杆构件上的砂浆、混凝土或其他杂物清理干净。

4. 质量验收

（1）在安装施工过程中完成下列隐蔽项目的验收：

1）预埋件或后锚固件验收；

2）构件与主体结构的连接节点验收；

3）构件之间的连接节点验收；

4）防雷装置验收。

（2）建筑防护栏杆工程应进行观感检验和抽样检验，检验批的划分应符合下列规定：

1）设计、材料、工艺和施工条件相同的防护栏杆工程，每 500m 应为一个检验批，不足 500m 应划分为一个检验批；每个检验批每 100m 应至少查一处，每处不得少于 10m；

2）检验批的划分也可由建设单位和施工单位根据工程情况共同商定。

（3）验收时，应根据工程实际情况提交下列资料的部分或全部：

1）建筑防护栏杆工程的竣工图或施工图、设计变更文件及其他设计文件；

2）建筑防护栏杆工程所用材料、附件、连接件、紧固件、构件及组件的产品合格证书、检测报告和进场验收记录；

3）后锚固件现场抗拔或抗剪检测报告；

4）抗水平荷载性能、抗垂直荷载性能、抗硬物撞击性能、抗风压性能、抗水平反复荷载性能和防护栏杆间隙检测报告，已经定型的产品可提交产品型式检验报告；

　　5）抗软重物体撞击性能现场检测报告；

　　6）玻璃的落球冲击剥离性能检测报告；

　　7）金属防腐涂料涂层干漆膜厚度检测报告；

　　8）等电位连接导通测试记录和接地电阻测试记录；

　　9）隐蔽工程验收文件；

　　10）建筑防护栏杆使用维护说明书；

　　11）其他质量保证资料。

　　（4）建筑防护栏杆竣工验收后，室外防护栏杆每 3 年、室内防护栏杆每 5 年应进行一次全面检查，并应检查下列内容：

　　1）应检查构件及连接部位是否发生腐蚀；

　　2）应检查连接部位是否松动、构件有无变形；

　　3）应检查玻璃是否出现裂纹或气泡；

　　4）应检查五金件是否缺失，胶垫是否老化。

2.3.2　《液压升降整体脚手架安全技术标准》JGJ/T 183—2019（节选）

1. 架体结构

　　（1）构造尺寸（图 2-4）应符合下列规定：

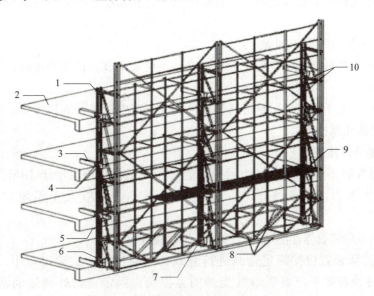

图 2-4　液压升降整体脚手架总装配示意图

1—竖向主框架；2—建筑结构混凝土楼面；3—附着支承；4—防倾覆装置；5—悬臂梁；
6—液压升降装置；7—防坠装置；8—水平桁架；9—导轨；10—架体构架

　　1）架体结构高度不应大于 5 倍楼层高；

　　2）架体全高与支承跨度的乘积不应大于 $110m^2$；

　　3）架体宽度不应大于 1.2m；

　　4）直线布置的架体支承跨度不宜大于 7m，折线或曲线布置的架体中心线处架体支承跨度不宜大于 5.4m；

5）悬挑长度不应大于跨度的 1/2，且不得大于 2m。

（2）附着支承应符合下列规定：

1）竖向主框架部位对应在建筑结构上的连接点，升降工况附着支承设置不应少于 2 个，使用工况附着支承设置不应少于 3 个，且附着支承应在一条直线上；

2）在使用工况下，竖向主框架应与附着支承可靠连接并采取防松动措施；

3）在升降工况和使用工况下，附着支承结构上应设有导向和防倾覆的装置；

4）附着支承与建筑物连接应采用锚固螺栓，螺栓拧紧后螺纹端部伸出螺母的轴向尺寸不应少于 3 倍螺距或 10mm，并应采用弹簧垫圈加单螺母或双螺母防松，垫板尺寸不得小于 100mm ×100mm×10mm；

5）附着支承与建筑物连接处混凝土强度不得小于 15MPa。

使用工况下竖向主框架悬臂高度不得大于 6m 或架体高度的 2/5，当升降工况下悬臂高度大于 8m 时，应进行防倾覆复核计算。

（3）竖向主框架应符合下列规定：

1）竖向主框架应为桁架或门式刚架结构，并应与水平桁架和架体构架构成空间几何不可变体系的稳定结构；

2）竖向主框架内侧应设有导轨或导轮；

3）在竖向主框架的底部之间宜设置水平桁架，其宽度宜与竖向主框架相同，高度不宜小于 1.8m。

（4）水平桁架应符合下列规定：

1）水平桁架各杆件轴线应相交于节点上，并应采用节点板构造连接，节点板的厚度不得小于 6mm；

2）水平桁架上下弦应采用整根通长杆件，或于跨中设拼接刚性接头，腹杆与上下弦连接应采用焊接或螺栓连接。

2. 整体提升液压控制

（1）液压控制系统应具有自动闭锁功能，额定工作压力应小于 16MPa，各液压元件的额定工作压力应大于 16MPa，溢流阀的调定值不应大于系统额定工作压力的 110%。

（2）液压升降装置作性能通过试验检验予以验证：

1）液压升降装置应按额定荷载进行静载、动载试验。试验过程中，活塞杆与缸体的可见密封处表面不应有影响性能的明显擦伤，固定密封处和运动密封处不得渗漏油；

2）在额定压力的 1.25 倍对液压升降装置进行超压试验，应保压 15min，无异常现象；

3）在额定荷载作用下，液压控制系统处于失压状态时，液压升降装置相对于杆件不应滑移；

4）在额定工作压力下，承载额定荷载时应升降正常，活塞杆静止时，不应渗油；活塞杆运动时，除活塞杆外，不应渗油；

5）锁紧缸在 8MPa 工作压力下，施加额定荷载，锁紧应可靠，杆件不应滑移。

3. 防坠装置性能与试验检验

（1）防坠装置使用一个单体工程或停止使用 6 个月后，应经检验合格后方可再次使用。

（2）防坠装置制动距离试验宜按下列步骤进行：

1）将待测防坠装置安装在活动架上；

2）将制动杆件穿插在防坠装置内，并将制动杆件上端部安装在固定架上；

3）将脱钩器的上端安装在固定架上，脱钩器的下端安装在活动架上；

4）在活动架上加砝码；

5）脱钩器脱钩，测量防坠装置的滑移距离；

6）将测量数据及情况记入表 2-15。

防坠装置制动距离试验记录　　　　表 2-15

次数	制动距离/mm	制动情况	备注
1			
2			
3			

（3）试验结果应符合下列规定：

1）防坠装置应迅速闭锁制动杆件，每次制动距离不得大于 80mm；

2）防坠装置闭锁制动杆件后，静置 36h，不得有可见滑移现象。

4. 设计计算

（1）液压升降整体脚手架架体结构，附着支承结构，防倾、防坠装置的承载能力应根据其结构形式及实际受力状态进行下列设计计算：

1）竖向主框架的强度和压杆稳定及连接计算；

2）水平桁架的强度和压杆稳定及连接计算；

3）脚手架架体的强度和压杆稳定及连接计算；

4）附着支承的强度和稳定及连接计算；

5）防倾覆装置的强度和稳定及连接计算；

6）附着支承工作时对混凝土结构所产生的附加作用验算。

（2）附着支承的强度和稳定及连接计算应符合下列规定：

1）每一附着支承应承受该机位范围内的全部荷载标准值，并应乘以荷载不均匀系数及冲击系数，冲击系数取值应为 2；

2）应进行抗弯、抗压、抗剪、焊缝强度、稳定性、锚固螺栓强度计算和变形验算。

（3）防坠装置设计应符合下列规定：

1）荷载设计值应乘以相应的冲击系数 γ_s，系数取值应为 2；并应按升降工况一个机位范围内的荷载取值；

2）应依据实际情况分别进行强度和刚度验算；

3）吊杆式防坠装置的上吊点不得与液压升降装置的上吊点设置在同一附着支承上。

5. 检查与验收

（1）液压升降整体脚手架安装验收（表 2-16）

安装验收 表 2-16

工程名称		结构形式	
建筑面积		机位布置情况	
总包单位		安拆单位	
监理单位		验收日期	

序号	检查项目	标准	检查结果
1	安装平台支承(点)面平整度	≤20mm	
2	主桁架构件弯曲变形	≤20mm	
3	型钢构件局部压曲变形	≤2mm	
4	支座构件变形	≤10mm	
5	节点板的厚度	≥6mm	
6	架体宽度	≤1.2mm	
7	架体全高×支承跨度	≤110m²	
8	支承跨度直线形	≤7m	
9	支承跨度折线形或曲线形	≤5.4m	
10	水平悬挑长度	≤2m;且≤1/2跨度	
11★	相邻竖向主框架的高差	≤30mm	
12★	竖向主框架及导轨的垂直度偏差	≤0.5%且≤60mm	
13★	预埋锚固螺栓孔或预埋件中心的误差	≤15mm	
14★	架体底部脚手板与墙体间隙	≤50mm	
15	剪刀撑斜杆与地面的夹角	45°~60°	
16★	操作层脚手板应铺满、铺牢,孔洞直径	≤25mm	
17★	防松措施	弹性垫圈或双螺母	
18★	附着支承在建(构)筑物上连接处的混凝土强度	≥10MPa	
19	使用工况上端悬臂高度	≤2/5架体高度;且≤6m	
20	防坠装置制动距离	≤80mm	
21★	在竖向主框架位置的最上附着支承和最下附着支承之间的间距	不小于2倍楼层高度	
22	垫板尺寸	≥100mm×100mm×10mm	
23★	防倾覆装置与导轨之间的间隙	≤8mm	
24	额定工作压力下,保压30min,管路接头	滴漏不大于3滴油	
25	挡脚板高度	≥180mm	

检查结论			
检查人 签字	总包单位项目经理	安拆单位负责人	安全员	机械管理员

符合要求,同意使用(　)　　不符合要求,不同意使用(　　)

总监理工程师(签字):　　　　　　　　年　月　日

注:本表由安拆单位填报,总包单位、安拆单位、监理单位各存一份。本表带★检查项目为每月检查内容

(2) 液压升降整体脚手架升降前准备工作检查（表 2-17）

升降前准备工作检查表　　　　　　　　　　　表 2-17

工程名称		升降层次		
建筑面积		机位布置情况		
总包单位		安拆单位		
监理单位		日期		
序号	检查项目	标准		检查结果
1	安装最上附着支承处结构混凝土强度	≥10MPa		
2	液压动力系统的控制柜	设置在楼层上		
3	防坠吊杆与建筑结构连接	可靠		
4	防坠装置工作状态	正常		
5	在竖向主框架位置的最上附着支承和最下附着支承之间的间距	不小于 1 倍楼层高度或不小于 1/4 架体高度		
6	防倾覆装置与导轨之间的间隙	≤8mm		
7	架体的垂直度偏差	不大于 0.5% 架体全高，且不大于 60mm		
8	升降行程范围	无伸出墙面外的障碍物		
9	专业操作人员	持证上岗		
10	垂直立面与地面	进行警戒		
11	架体上	无杂物及人员		
检查结论				
检查人签字	安拆单位负责人	安全员	机械管理员	

符合要求，同意使用（　　）　不符合要求，不同意使用（　　）

项目经理（签字）　　　　　　　　　　　　　　　　年　　月　　日

注：本表由安拆单位填报，监理单位、施工单位、租赁单位、安拆单位各存一份

（3）液压升降整体脚手架升降后使用前安全检查（表 2-18）

升降后使用前安全检查表　　　　　　　　　表 2-18

工程名称		结构层次		
建筑面积		机位布置情况		
总包单位		安拆单位		
监理单位		日期		
序号	检查项目	标准		检查结果
1	整体脚手架的垂直荷载	建筑物受力		
2	液压升降装置	非工作状态		
3	防坠装置	工作状态		
4	最上一道防倾覆装置	可靠牢固		
5	架体底层脚手板与墙体间隙	≤100mm		
6	在竖向主框架位置的最上附着支承和最下附着支承之间的间距	不小于 2 倍楼层高度或不小于 1/2 架体高度		
检查结论				

序号	检查项目		标准	检查结果
检查人签字	安拆单位负责人	安全员	机械管理员	
	符合要求,同意使用（ ） 不符合要求,不同意使用（ ）			
项目经理(签字)				
			年 月 日	

注：本表由安拆单位填报，监理单位、施工单位、租赁单位、安拆单位各存一份。

2.3.3 《建筑施工门式钢管脚手架安全技术标准》JGJ/T 128—2019（节选）

1. 修订了构配件的技术要求

（1）门架与配件规格、型号应统一，应具有良好的互换性，应有生产厂商的标志，其外观质量应符合下列规定：

1）不得使用带有裂纹、折痕、表面明显凹陷、严重锈蚀的钢管；

2）冲压件不得有毛刺、裂纹、明显变形、氧化皮等缺陷；

3）焊接件的焊缝应饱满，焊渣应清除干净，不得有未焊透、夹渣、咬肉、裂纹等缺陷。

（2）当交叉支撑、锁臂、连接棒等配件与门架相连时，应有防止退出松脱的构造，当连接棒与锁臂一起应用时，连接棒可不受此限。水平架、脚手板、钢梯与门架的挂扣连接应有防止脱落的构造。

（3）底座和托座应经设计计算后加工制作，其材质应符合现行国家标准《碳素结构钢》GB/T 700 中 Q235 级钢或《低合金高强度结构钢》GB/T 1591 中 Q345 级钢的规定，并应符合下列规定：

1）底座和托座的承载力极限值不应小于 40kN；

2）底座的钢板厚度不应小于 6mm，托座 U 型钢板厚度不应小于 5mm，钢板与螺杆应采用环焊，焊缝高度不应小于钢板厚度，并宜设置加劲板；

3）可调底座和可调托座螺杆直径应与门架立杆钢管直径配套，插入门架立杆钢管内的间隙不应大于 2mm；

4）可调底座和可调托座螺杆与可调螺母啮合的承载力应高于可调底座和可调托座的承载力，螺母厚度不应小于 30mm，螺母与螺杆的啮合齿数不应少于 6 扣；

5）可调托座和可调底座螺杆宜采用实心螺杆；当采用空心螺杆时，壁厚不应小于 6mm，并应进行承载力试验。

2. 补充了门式脚手架的安全等级

门式脚手架结构设计应根据门式脚手架种类、搭设高度和荷载采用不同的安全等级。门式脚手架安全等级的划分应符合表 2-19 的规定。

3. 调整了作业脚手架及支撑架的设计计算

（1）门式作业脚手架应进行下列设计计算：

1）门架立杆稳定承载力及架体搭设高度；

2）脚手板的强度和挠度；

门式脚手架的安全等级　　表 2-19

落地作业脚手架		悬挑脚手架		满堂作业架		满堂支撑架		安全等级
搭设高度（m）	荷载标准值（kN）	搭设高度（m）	荷载标准值（kN）	搭设高度（m）	荷载标准值（kN）	搭设高度（m）	荷载标准值（kN）	
>40	—	>20	—	>16	—	>8	不满足Ⅱ级荷载条件	Ⅰ
≤40	—	≤20	—	≤16	—	≤8	≤15kN/m² 或≤20kN/m 或<7kN/点	Ⅱ

注：1 满堂支撑架的搭设高度、荷载中任一项不满足安全等级为Ⅱ级的条件时，其安全等级应划为Ⅰ级；
　　2 架上总荷载为荷载标准值

　　3）连墙件的强度、稳定承载力和连接强度；

　　4）门架立杆地基承载力验算；

　　5）悬挑脚手架的悬挑支承结构强度、稳定承载力及其锚固连接强度。

　　（2）门式支撑架应进行下列设计计算：

　　1）门架立杆稳定承载力；

　　2）水平杆强度、挠度；

　　3）抗倾覆验算（按需求）；

　　4）门架立杆地基承载力验算。

　　（3）当进行门式作业脚手架设计时，门架的稳定承载力应按下列公式计算：

　　1）无风环境时：

$$\frac{\gamma_0 N}{\varphi A} \leqslant f \tag{2-1}$$

　　2）有风环境时：

$$\frac{\gamma_0 N}{\varphi A} + \frac{\gamma_0 M_{\mathrm{w}}}{W} \leqslant f \tag{2-2}$$

式中：N——作用于一榀门架的轴向力设计值（N）；

　　　　M_{w}——风荷载作用于门架引起的立杆弯矩设计值（N·mm）；

　　　　W——门架单根主立杆毛截面模量（mm）。

　　（4）门式作业脚手架的搭设高度应按下列公式计算，并应取其计算结果的较小者：

　　无风环境时：

$$H^d = \frac{\varphi A f - 1.4\gamma_0 \sum N_{Qik}}{1.2\gamma_0 (N_{G1k} + N_{G2k})} \tag{2-3}$$

　　有风环境时：

$$H^d = \frac{\varphi A \left(f - \dfrac{\gamma_0 M_w}{W} \right) - 1.4\gamma_0 \sum N_{Qik}}{1.2\gamma_0 (N_{G1k} + N_{G2k})} \tag{2-4}$$

式中：H^d——门式作业脚手架搭设高度（m）。

　　（5）门式支撑架可根据建筑结构和荷载变化确定门架的布置方式，并应按门架的不同布置方式分别选取各自有代表性的最不利的门架为计算单元进行计算。

（6）用于建筑结构施工的满堂支撑架的一榀门架立杆稳定承载力计算，应符合下列规定：

1）无风环境时，满堂支撑架的一榀门架立杆稳定承载力，应按本标准式（2-1）计算，门架立杆的轴向力设计值应按 本标准第 5.4.8 条第 1 款的规定计算；

2）有风环境时，满堂支撑架的一榀门架立杆稳定承载力，应分别按本标准式（2-1）、式（2-2）计算。

4. 调整了构造要求，根据不同的门式脚手架类型和安全等级满足相应的构造要求

（1）门式作业脚手架应在门架的横杆上扣挂水平架，水平架设置应符合下列规定：

1）应在作业脚手架的顶层、连墙件设置层和洞口处顶部设置；

2）当作业脚手架安全等级为Ⅰ级时，应沿作业脚手架高度每步设置一道水平架；当作业脚手架安全等级为Ⅱ级时，应沿作业脚手架高度每两步设置一道水平架；

3）每道水平架均应连续设置。

（2）门式作业脚手架外侧立面上剪刀撑的设置应符合下列规定：

1）当作业脚手架安全等级为Ⅰ级时，剪刀撑应按下列要求设置：

① 宜在作业脚手架的转角处、开口型端部及中间间隔不超过 15m 的外侧立面上各设置一道剪刀撑（图 2-5）；

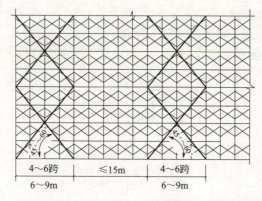

图 2-5　安全等级为Ⅰ级时的门式作业脚手架的剪刀撑构造要求

② 当在作业脚手架的外侧立面上不设剪刀撑时，应沿架体高度方向每间隔 2～3 步在门架内外立杆上分别设置一道水平加固杆。

2）当作业脚手架安全等级为Ⅱ级时，门式作业脚手架外侧立面可不设置剪刀撑。

（3）满堂支撑架的水平加固杆设置应符合下列规定：

1）安全等级为Ⅰ级的满堂支撑架，水平加固杆应按下列要求设置：

① 平行于门架平面的水平加固杆应在架体顶部和沿高度方向不大于 2 步、在架体外侧和水平方向间隔不大于 2 个跨距各设置一道；

② 垂直于门架平面的水平加固杆应在架体顶部和沿高度方向不大于 2 步、在架体外侧和水平方向间隔不大于 2 个列距各设置一道。

2）安全等级为Ⅱ级的满堂支撑架，水平加固杆应按本标准第 6.4.2 条的要求设置。

3）满堂支撑架水平加固杆的端部宜设置连墙件与建筑结构连接。

（4）满堂作业架剪刀撑的设置应符合下列规定（图 2-6）：

1）安全等级为Ⅰ级的满堂作业架，竖向剪刀撑应按下列要求设置：

① 平行于门架平面的竖向剪刀撑应在架体外侧和水平间隔不大于 4 个跨距各设

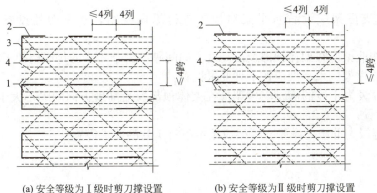

(a) 安全等级为 I 级时剪刀撑设置　　　　(b) 安全等级为 II 级时剪刀撑设置

图 2-6　满堂作业架剪刀撑设置示意图

1—门架；2—平行于门架平面的竖向剪刀撑；3—垂直于门架平面的竖向剪刀撑；4—水平剪刀撑

置一道，每道剪刀撑的宽度宜为 4 个列距，沿门架平面方向的间隔距离不宜大于 4 个列距；

②垂直于门架平面的竖向剪刀撑应在架体外侧每隔 4 个跨距各设置一道，每道剪刀撑的宽度宜为 4 个跨距。

2）安全等级为 II 级的满堂作业架，竖向剪刀撑应按本条第 1 款第 1 项的要求设置。

3）水平剪刀撑应在架体的顶部和沿高度方向间隔不大于 4 步连续设置，其相邻斜杆的水平距离宜为 10~12m。

（5）满堂支撑架剪刀撑的设置应符合下列规定：

1）安全等级为 I 级的满堂支撑架，竖向剪刀撑应按下列要求设置（图 2-7）：

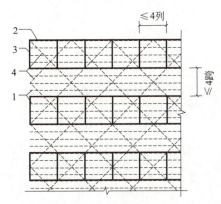

图 2-7　安全等级为 I 级的满堂支撑架剪刀撑设置示意图

1—门架；2—平行于门架平面的竖向剪刀撑；3—垂直于门架平面的竖向剪刀撑；4—水平剪刀撑

①平行于门架平面的竖向剪刀撑应在架体外侧和水平间隔不大于 4 个跨距各设置一道，每道竖向剪刀撑均应连续设置；

②垂直于门架平面的竖向剪刀撑应在架体外侧和水平间隔不大于 4 个列距各设置一道，每道竖向剪刀撑的宽度宜为 4 个跨距，沿垂直于门架平面方向的间隔距离不宜大于 4 个跨距。

2）安全等级为 II 级的满堂支撑架，竖向剪刀撑应按（4）第 1 款的要求设置。

3）水平剪刀撑应按本标准第 6.4.4 条第 3 款的要求设置，但其相邻斜杆的水平距离宜为 6～10m。

（6）门式支撑架应设置水平架对架体进行纵向拉结，水平架的设置应符合下列规定：

1）满堂作业架应在架体顶部及沿高度方向间隔不大于 4 步的每榀门架上连续设置。

2）满堂支撑架的水平架应按下列要求设置：

① 安全等级为Ⅰ级的满堂支撑架应在架体顶部及沿高度方向间隔不大于 2 步的每榀门架上连续设置；

② 安全等级为Ⅱ级的满堂支撑架应按本条第 1 款的要求设置。

第3章 城建档案管理、建设工程文件归档管理

第1节 城建档案的管理

3.1.1 城建档案的收集

3.1.1.1 城建档案收集工作的意义、内容和要求

1. 城建档案收集工作的意义

城建档案收集是指城建档案机构（包括城建档案馆、城建档案室和建设系统单位或部门档案室）按照国家有关法规、规范，通过接收和征集的手段，把分散的档案资料集中起来的一项专业性业务工作。

开展档案收集工作必须按照法规、规范的规定和要求进行。城建档案馆是一个城市集中保管城建档案的重要基地，在"统一领导、分级管理"的原则下，收集属于本地区收集范围内的城建档案和有关资料，不断丰富馆藏，完善馆藏结构。

城建档案收集工作的意义，主要体现在以下三个方面：

（1）城建档案收集工作是城建档案工作的基础。俗语说"巧妇难为无米之炊"。没有档案收集工作为前提，档案馆（室）就缺乏开展档案工作的基本条件，档案的整理、保管、鉴定、利用工作就无从谈起，档案工作就没有赖以存在的物质基础。因此，收集工作是档案工作诸环节中的首要环节，也是档案工作的起点。

（2）城建档案收集是实现城建档案集中统一管理的基本手段和具体措施。城建档案是国家重要的宝贵财富和重要的信息资源，对国家规定应该归档的各种重要城建档案，各单位不得分散保存，任何个人都不能据为己有。只有通过行之有效的档案收集工作，才能将分散的档案资料集中到城建档案馆，形成统一的档案信息保管基地。实行科学规范的管理，才能便于社会各方面的有效利用。

（3）城建档案收集是决定城建档案馆存在和发展的重要条件。收集工作的效果决定档案馆（室）藏档案的数量多少与质量高低。档案数量的多少决定档案工作规模的大小；档案质量的好坏决定档案业务工作水平的高低。收集工作的质量还直接影响到城建档案工作的其他业务环节，影响到整个档案馆的工作水平和质量。只有将档案收全、收好，才会有条件为社会各界提供良好的城建档案信息利用服务，满足社会对城建档案信息的需要，才能使城建档案馆真正成为保存重要城建档案资料的基地和开发利用城建档案信息的中心。因此，档案收集在整个档案工作中具有十分重要的地位。

2. 城建档案收集工作的内容

从广义上讲，城建档案收集工作的内容主要包括三个方面：

（1）对本单位形成的具有保存价值的各类城建业务文件和工程文件等接收归档。这是单位（部门）档案室收集档案工作的主要途径。

（2）对列入进馆范围的各类城建档案进行接收。这是城建档案馆档案收集工作的主要来源，也是城建档案馆收集工作的经常性任务。

（3）对城建历史档案、重要档案、珍贵档案等进行广泛征集。主要是采取有效措施，通过有关途径，将流散在社会上或个人手中的城建档案收集到城建档案馆来。

3. 城建档案收集工作的要求

（1）加强城建档案形成单位的调查和指导

收集工作是解决档案的集中问题，就是因为收集的对象本来是分散的，这就要求收集工作必须事先做好调查，掌握应集中进馆（室）的档案分散、流动、管理和使用等方面的信息。同时，要协助和指导城建档案移交单位做好移交准备工作，使之符合接收的要求。并根据城建档案分散的情况、使用情况和城建档案馆（室）的条件，制订计划统筹安排。

（2）保证进馆档案的完整、齐全和准确

保证档案在收集进馆时的完整、齐全和准确是贯穿收集工作始终的基本要求。在收集档案过程中，必须把一个建设工程项目档案或一个单位年度业务管理档案全部集中起来，保证收集进馆的档案完整无缺，系统齐全。不允许把成套和系统的档案人为地分割、抽走，分散保存在几个地方。同时，在收集时还要注意档案内容信息的完整性。

（3）积极推行进馆（室）档案的标准化

在档案收集工作中推行标准化，是城建档案工作现代化的要求。标准化是现代化的基础，现代化的程度越高，就越要求标准化。档案工作标准化，应从收集工作做起。如果接收进来的档案不标准，将给科学管理和实现档案工作现代化带来困难。在收集工作中，应当认真执行《建设工程文件归档整理规范》GB/T 50328—2014、《城市建设档案著录规范》GB/T 50323—2001、《建设电子文件与电子档案管理规范》CJJ/T 117—2017 及其他建设工程管理和档案管理方面的规范与技术标准，推行城建档案分类、案卷质量与格式、编目等方面的具体规范要求，大力提高收集城建档案的质量。

4. 城建档案收集工作的方式

城建档案馆和单位（部门）档案室的收集工作方式有所不同。

（1）城建档案馆的收集方式

按国家有关规定，各级城建档案馆属于国家专门档案机构，负责收集、保管具有本地方意义的与本馆专业对口的内容或载体形态的专门档案，工作内容是负责接收本城市规划区范围内的城建档案，收集有关城市建设的基础资料。

城建档案馆在确定收集范围时，应通过调查研究，根据档案的实际价值，确定收集对象和时间，并编制被收集单位的名册，建立科学的进馆顺序。

城建档案馆收集方式是以接收和征集两种方法为主。

（2）单位（部门）档案室的收集方式

按国家有关规定，单位（部门）档案室负责收集管理本单位（部门）及其所属单位形成的有关城建档案，非本单位（部门）及其所属单位产生和形成的城建档案不在其收集范围内。单位（部门）档案室收集工作的方式以接收为主。

档案室的档案收集工作的主要途径，是建立和健全单位文件的归档制度，加强归档工作。单位内各部门产生的文件，处理完毕后，经初步整理，定期移交给档案室集中保存。也称之为"归档"。

3.1.1.2　城建档案馆收集档案的范围

住房和城乡建设部《城市建设档案管理规定》中明确要求，城建档案馆重点管理下列档案资料：

1. 各类城市建设工程档案

（1）工业、民用建筑工程。

（2）市政基础设施工程。

（3）公用基础设施工程。

（4）交通基础设施工程。

（5）园林建设、风景名胜建设工程。

（6）市容环境卫生设施建设工程。

（7）城市防洪、抗震、人防工程。

（8）军事工程档案资料中，除军事禁区和军事管理区以外的穿越市区的地下管线走向和有关隐蔽工程的位置图。

2. 建设系统各专业管理部门（包括城市规划、勘测、设计、施工、监理、园林、风景名胜、环卫、市政、公用、房地产管理、人防等部门）形成的业务管理和业务技术档案。

3. 有关城市规划、建设及其管理的方针、政策、法规、计划方面的文件、科学研究成果和城市历史、自然、经济等方面的基础资料。

城建档案馆应当根据当地实际，制定城建档案收集范围细则，集中统一收集保管需要长期或永久保存的城建档案。

3.1.1.3　城建档案接收工作

城建档案接收就是城建档案馆按照规定，收存有关单位移交的城建档案和有价值的历史资料的过程，接收是城建档案馆的一项正常性业务工作，是收集工作的主要方式。接收工作是城建档案馆和档案形成单位（或个人）双方同时进行的，相对档案形成单位（或个人）这项工作称之为档案移交工作。

1. 城建档案接收的原则和要求

虽然城建档案馆和单位（部门）档案室的性质、任务、地域和所辖范围不同，馆藏档案的内容、成分、种类不同，接收档案的范围不同，但是接收档案的总原则和要求是一致的，就是遵循统一管理和分级、分类集中保管的原则。因此，凡是属于城建档案馆接收范围的所有档案均应该全部接收进馆，并妥善管理。接收工作应做到有计划、有步骤地进行，实行制度化管理。

接收进馆档案的质量要求应符合下列规定：

（1）归档文件的纸张应采用能够长期保存的韧性大、耐久性强的纸张。

（2）归档文件应采用耐久性强的书写材料，不得使用易褪色的书写材料。

（3）计算机输出文字和图件应使用激光打印机打印。不宜使用色带式打印机、水性墨打印机和热敏打印机。

（4）归档文件应字迹清楚，图样清晰，图表整洁，签字盖章手续完备。

（5）归档文件材料幅面尺寸规格宜为 A4 幅面，图纸宜采用国家标准图幅。

（6）归档文件必须经过分类整理，并组成符合要求的案卷（册、盒）。

同时，接收进馆的档案的时限要求应符合《城市建设档案管理规定》等国家有关法规。

2. 城建档案接收的方式

城建档案的接收方式有定期接收和随时接收两种。

（1）定期接收

城建档案馆（室）按照国家有关规定和制度对档案移交单位（或部门）的档案在规定保存期满后的接收工作。如：城建档案馆对建设系统单位档案室保存的业务技术和管理档案 1～5 年后统一接收进馆；单位档案室对本单位和下属单位的档案按年度统一接收等。

（2）随时接收

城建档案馆（室）对档案移交单位（或部门）形成的文件材料在完成现行使用价值后的及时接收归档。这种方法一般针对项目档案。如：城建档案馆（室）对建设工程在竣工验收后及时接收档案进馆，单位档案馆（室）对本单位进行的基建、科研、产品等项目结束后，对形成的档案及时接收归档。

3. 城建档案接收的步骤

根据城建档案的类别不同，城建档案接收的步骤有所不同，具体情况如下。

（1）城建档案机构对建设系统业务管理档案的接收

可按下列步骤进行：

1）拟定年度接收工作任务目标；

2）确定接收工作的重点及对象；

3）组织实施人员分工；

4）对拟接收档案的单位开展接收前的业务指导和服务；

5）审核准备移交的档案内容；

6）审核档案的内、外在质量；

7）核对移交清单与实物，填写建设系统业务管理档案接收和移交证明书、目录；

8）双方在建设系统业务管理档案接收和移交证明书上签名盖章。

（2）城建档案机构对建设工程档案的接收

应按下列步骤进行：

1）核对档案移交目录和档案实物，填写建设工程档案接收和移交证明书；

2）办理接收手续，双方在建设工程档案接收和移交证明书上签名盖章。

（3）城建档案形成单位移交档案的时间

应符合下列规定：

1）建设工程的勘测、设计、施工、监理等单位应在本单位承担的工程任务完成后，将本工程形成的文件立卷后向建设单位和本单位的档案机构移交。

2）建设单位对列入城建档案管理机构接收范围的工程，应在工程竣工验收后 3 个月内向当地城建档案馆移交。

3）地下管线工程档案应在工程竣工验收备案前向城建档案馆移交。

4）建设系统各行业管理部门形成的各种业务管理档案，应及时向本单位档案机构移交，并应在本单位保存使用 1～5 年后，将需要永久和长期保管的档案全部向城建档案馆移交。

5）城市地下管线普查和测绘形成的地下管线档案，应在普查、探测结束后 3 个月内向城建档案馆移交。

6）地下管线专业管理单位每年应向城建档案馆报送一次更改、报废、补测部分或修测的地下管线现状图和有关资料。

（4）双方交接手续

应符合下列规定：

1）交接双方必须根据档案移交目录进行核对，经核对无误后方可在移交书上签名盖章。

2）建设系统业务管理档案接收和移交证明书、工程档案接收和移交证明书一式两份，一份由移交单位保存，一份由接收单位保存。

3.1.1.4　城建档案征集工作

1. 征集工作的含义

征集就是城建档案管理机构对散存、散失的具有永久保存价值的城建档案采取应征性收集的行为。征集实际上是一种协商性的征收方式，是档案馆的一项经常性档案收集工作。档案征集工作只能由国家档案馆（如城建档案馆等）来进行。单位档案室没有此项职能。

2. 征集工作的重点与范围

征集工作的重点，是对社会组织和个人形成和保存的对本地区具有重要历史研究、学术研究价值和反映地方城市建设历史和发展的档案史料，包括照片、影片、录音、录像、图纸、画册、笔记、史志以及相关的实物等。

征集范围可包含下列内容：

（1）历代形成的反映本城市（镇）自然面貌、发展变迁，记录各项工程建设的档案史料，包括图纸、图表、图书、报刊、画册、文件、报表、照片、录像带、电影拷贝、模型等。

（2）对国家和社会具有保存价值或者应保密的档案。

（3）城市历史、自然、经济等方面的基础资料。

3. 征集工作的途径和对象

征集工作的途径主要从各个社会组织征集散存的历史档案，从个人手中征集珍贵的城建历史资料，从国内外图书馆、博物馆征集历史资料复制件等。

征集工作的对象可包括有关部门、大专院校、科研部门、图书馆、史志办等相关单位以及长期从事城乡规划、建设和管理活动的领导、专家、工程技术人员等。

4. 征集工作的方法

（1）无偿征集。就是档案馆经协商，与档案所有人达成一致，将档案资料无条件地征集进馆。无偿征集主要有捐赠、捐献等。

（2）有偿征集。就是档案馆经协商，与档案所有人达成一致，将档案资料有条件地征集进馆。有偿征集主要有补偿性、奖励性捐赠或捐献、过渡性寄存、复制副本、交换和交流等。

（3）购买。就是档案馆以货币的形式，直接向档案持有单位或个人征购。

（4）征收。就是档案馆或有关执法部门，依法采取强制手段将档案强行征集进馆的方法。

（5）交换。就是各档案馆之间或档案馆与图书馆、博物馆、纪念馆等机构之间交换各自应当保存的属于本地的档案资料。

5. 征集工作的要求

（1）征集工作应有 2 名以上工作人员共同进行。

（2）征集城建档案时，征集人员应主动出示表明身份和工作任务的证明文件。

（3）征集人员应自征集完成之日起 10 日内将征集到的城建档案交城建档案管理机构。

（4）城建档案机构应将征集的档案登记造册。

（5）对征集到的档案真伪或者价值有异议的，城建档案管理机构或者档案所有人可以提请城建档案鉴定组鉴定、评估。

（6）城建档案鉴定组由当地城建档案机构聘请具有相关知识的专家组成。鉴定、评估档案应有 3 名以上相关专家共同进行。

6. 城建档案征集工作的具体做法

（1）广泛宣传、增强意识、扩大影响

征集档案应通过电台、电视台、报纸、杂志、网络、微信等多种媒体以及会议、展览等场合，采取播放或刊登征集广告和发放文件的形式，向社会宣传征集工作的目的、范围和意义，宣传历史档案对编史修志、科学研究、学术研究中的作用，宣传捐赠历史档案就是保护国家历史文化财富的观念，宣传社会上捐赠历史档案的典型事例，从而使更多的人了解征集工作的意义，为征集工作提供更多的线索和支持。

（2）调查研究、摸清情况、有的放矢

征集工作应重视调查研究，要组织人员，有针对性地进行档案的征集。特别是对曾经在城市建设系统中工作过的老同志、老专家、老领导，要上门进行走访、了解，在基本摸清情况的基础上，进行有计划、有目的、有步骤地开展征集工作。

（3）健全组织、明确职责、注重实效

征集工作的开展涉及面广，政策性、专业性强，应注意方式方法。因此，必须建立一套征集工作的组织机构，配备合适的专业人员来进行。还可聘请熟悉档案工作、有责任心的社会人士担任义务征集员，建立起档案征集工作网络。并定期召集开会，了解情况，征求意见，掌握线索、明确分工，以便有效开展活动。

（4）依法收集、奖惩结合、长期任务

征集档案是《档案法》赋予档案馆的一项使命，城建档案馆应当积极采取措施，依法征集城建档案。同时，应采用精神鼓励和物质奖励相结合，实行国家接收，个人捐献或购买等多种方式，确保档案征集工作的效果，保证征集工作长期、稳定、有秩序地开展。城建档案馆应鼓励单位和个人捐赠城建档案。并对捐赠者颁发档案捐赠证明，明确捐赠者享有优先和无偿利用所捐赠档案的权利。如果捐赠者提出在一定的时间范围内限制他人利用的权利，城建档案馆应当给予尊重和保护。

3.1.2　城建档案的整理

3.1.2.1　城建档案整理的内容和意义

城建档案的整理就是对文件资料进行组卷、排列、编目、装订，使之有序化和系统化的过程。城建档案整理工作是城建档案归档工作的前提和基础，是城建档案馆（室）的一项基础业务性工作，也是城建档案人员的基本专业技能。

1. 城建档案整理的工作内容

从城建档案整理工作的步骤来看，主要包括两个方面的内容：城建档案的系统整理和科学编目。

（1）系统整理。是对城建档案进行合理分类、有序排列，使之条理化和系统化，从而反映城建档案的自然形成规律，保持城建档案内在的有机联系。其具体工作内容有：分类、组卷和排列。

（2）科学编目。就是通过一定的形式，按照一定的要求，正确地固定系统整理的成果，准确地提示城建档案的内容和成分。其具体工作内容有：卷内文件编目、案卷编目和编制案卷目录。

整理和编目是城建档案整个整理工作中相互联系、不可缺少的两个方面。

2. 城建档案整理工作的意义

城建档案整理工作是城建档案业务工作的中心环节，在城建档案整个管理工作中具有十分重要的意义。

数量庞大的城建档案资料，如不进行科学规范的整理，查找一份文件便如同"大海捞针"一样困难，而且不把文件材料联系组合起来，就不能充分体现城建档案的特点，就会影响以致失去城建档案的利用价值。只有把城建档案组成合理化的体系，才能客观地反映各种城建活动的本来面貌，便于系统地查考研究。所以，做好整理工作是城建档案利用、开放，发挥城建档案作用的一项重要而必需的前提条件。同时，优化城建档案整理工作，可以促进城建档案工作各个环节的良性运行和协调发展。通过档案的整理可以进一步了解和检验档案收集工作的质量，促进其改善和提高。城建档案经过整理，为全面鉴定档案的价值和建立计算机检索系统奠定科学基础，还能为档案的保护、统计、检查工作提供基本的单位和完整的体系，便于维护城建档案的完整和安全。所以，城建档案整理工作是开发城建档案信息资源的重要基础，整理工作科学化、标准化的提高，对于城建档案管理工作的总体优化具有直接和广泛的影响。

3.1.2.2　城建档案整理工作的原则

整理工作的原则，就是应当遵循城建档案的自然形成规律，充分尊重和利用原有的整理基础，最大程度地保持城建文件之间的有机联系，便于城建档案保管和利用。

1. 城建档案整理工作应当遵循城建档案的自然形成规律

城建档案是城市规划、建设和管理活动的伴生物，产生于城市规划、建设和管理活动的全过程，它伴随着城市规划、建设和管理活动的各个阶段、各个程序的运行而自然地逐步形成的。这就是城建档案的自然形成规律，这种规律表现为城建档案形成的过程性、阶段性、程序性的特点。城建档案的整理，必须遵循这个规律，这样才能保持城建档案内部固有的"过程性、阶段性、程序性"，才能真实反映城市建设的原貌，才是科学的整理。

2. 城建档案整理工作应当充分尊重和利用原有的整理基础

城建档案整理工作要尊重和利用所接手管理的档案原有的整理成果，吸收可取之处，不要动辄就推倒重来，这样有利于提高整理工作的质量和效率。

所谓充分尊重和利用原基础及原有整理结果，主要适用三种情况：

（1）在原有整理结果基本可用的情况下，基本维持原有秩序状态不动。

（2）若某些局部明显不合理、不可用，可在原基础框架内进行局部调整。在档案整理过程中，应该充分研究和利用原来整理的成果，不要轻易破坏以往整理和保存的历史状况。

（3）原有基础确实很混乱，无法有效管理，可重新整理，但重新整理，应尽可能保留或利用其原有基础中可取之处。

3. 城建档案整理工作应当最大限度地保持城建文件之间的有机联系

所谓城建文件之间的有机联系，就是城建文件在产生和处理过程中所形成的内部相互关系。这种关系主要表现在城建文件的来源、时间、内容和形式几个方面。

城建文件的来源关系，是指城建文件的产生和形成单位的关系。如建设单位、施工单位、监理单位、管理审批部门等。形成城建文件的这些单位，使城建文件构成了来源方面不可分割的内在联系，整理时必须保持这种来源方面的固有联系。

城建文件的时间关系，是指城建文件产生的一个阶段或一个年度的关系。整理这类文件时，应该在保持来源联系的同时，注意保持城建文件之间的时间联系。

城建文件的内容关系，是指城建文件形成单位的同一活动或同一个项目的文件之间在内容上具有密切的联系。这种联系，是城建档案整理工作中要考虑的最重要的一个方面。

城建文件的形式关系，是指城建文件的载体和记录方式方面的联系。由于城建文件载体、记录方式不同，整理工作的要求也有所不同，因此在整理工作中也要充分考虑城建文件的形式关系。

对于保持城建文件之间的联系，我们应该辩证地看待和处理。不能只要一看到城建文件之间存在某种联系，即随意整理，应该从档案的来源、内容、时间和形式等各方面进行分析，保持最主要的有机联系。同时，城建文件之间的内在联系是相对的，应该根据不同档案的特点及其不同的形成情况，而采取保持城建文件联系的不同方法。

总之，就是既要把握保持城建文件联系的客观限度，又要发挥主观能动性，从特定的整理对象出发，对整理方法进行优选，使城建文件之间的内在联系保持最合理的状态。

4. 城建档案整理工作应当便于城建档案保管和利用

保持城建文件之间的内在联系，不是整理城建档案的主要目的，所以不能"为联系而联系"。便于城建档案保管和利用，才是城建档案整理工作的基本出发点和最终要求。

总的来说，整理档案时，恰当地保持城建文件之间的有机联系，应当是便于保管和利用的，所以它们基本上是一致的。但是，保持城建文件的联系和便于保管利用，有时也不尽一致。如同一项目的会议记录、照片和录音磁带，就其内容而言，无疑是有相互重要的内在联系。但是把这些形式不同的材料全部混同进来进行整理，则显然不便于保管和利用。在整理档案时，特别是在保持城建文件之间的联系和便于保管利用发生矛盾的时候，不能机械地运用保持文件联系的原则，要充分考虑档案保管和利用的方便。因此，对于不同种类的城建档案，或记录方式、载体材料、机密程度、保管价值等显然不同的文件，应当根据情况分别整理，恰当地组合，而在相应的范围内要求保持文件最优化的联系。

3.1.2.3 城建档案的分类

城建档案的分类，就是把一个单位或一个项目的全部档案，按其来源、时间、内容和形式的不同，分成若干层次，使之构成一套有机的体系。

1. 城建档案分类的意义

档案的分类，对于整个档案整理工作的组织和质量以及日常的档案管理，都有重要意义。首先，档案不进行分类，显然仍是一堆杂乱无章的材料。只有对档案进行科学合理的分类，才能揭示出它们之间的内在联系，才能使这些档案资料成为一个有机整体，便于系统地提供利用。其次，档案不分类，立卷、排列、编目等工作就难以进行。只有经过一定的分类，其后的一系列环节才易于着手进行和逐步深入。

2. 城建档案分类的原则

（1）符合城建档案形成单位及其专业活动的性质和特点。

（2）根据文件材料的内容，选择和运用适当的分类方法。

（3）遵循文件材料的形成规律，保持文件材料的有机联系。

3. 城建档案分类的要求

（1）档案类目和档案材料的划分应该具有客观性

城建档案是城市建设各类活动的产物，有其自身的形成规律和内在联系，我们应该按照不同项目、不同专业档案的情况，科学地选择分类方法，合理地设置类目，准确地划分归类，客观地反映档案形成单位活动的面貌。

（2）档案分类体系应该具有逻辑性

档案分类体系的构成应该力求严密，必须遵循每次分类按照同一标准进行、子类外延之和等于母类外延、子类相互排斥等逻辑规则，尤其需要注意分类标准的一致性和类别体系中纵横关系的明确性。

（3）档案的分类应该注重实用性

在选择分类方法时，必须注重实用，尤其要考虑，档案的分类必须便于保管，便于检索和利用。

4. 城建档案分类大纲和分类方案的编制

城建档案分类大纲是依据城建档案分类原则编制的对城建档案进行科学分类的依据性文件。1984 年城乡建设环境保护部办公厅首次制定印发《城市建设档案分类大纲》（以下简称《分类大纲》），用于指导各地城建档案分类方案的编制。1993 年建设部办公厅对原《分类大纲》进行修订，并印发《城市建设档案分类大纲（修订稿）》（以下简称《分类大纲（修订稿）》），于 1994 年开始实行。城建档案馆（室）应根据全国统一的《分类大纲（修订稿）》，结合本馆（室）的具体情况，编制科学的、切实可行的城建档案分类方案。

城建档案分类方案不仅对指导城建档案分类工作具有实质性帮助，还可以借助它了解馆藏档案的内部结构和组织体系，便于对馆藏档案的利用和管理。因此，编制城建档案分类方案是城建档案分类工作的一项重要内容，也是城建档案业务建设的必要措施。

根据城建档案的特点、范围和形成过程等情况，《分类大纲（修订稿）》的编制可分两步进行。第一步可以根据城建档案的内容、形式特点等，将其划分为若干大类；第二步将每个大类的城建档案分成若干属类，在每个属类下再分成若干小类。根据目前城建档案与城建档案工作的实际情况，可以编制如下分类方案（表 3-1）：

表 3-1

A 综合类	C 城市规划类
1. 政策、法规	1. 国土规划
11. 国家级（部以上）	11. 全国性规划
12. 省级	12. 地区性规划
13. 市级	13. 行业性规划
2. 会议	2. 总体规划
21. 全国性	21. 现状图及规划依据资料（含规划用地示意图）
22. 省级	22. 总体规划
23. 市级	23. 总体规划调整
3. 计划、统计	24. 近期建设规划
31. 长远期工作计划	25. 专项规划
32. 近期工作目标	3. 分区规划
33. 综合性统计资料	按分区划分小类
34. 专业性统计资料	4. 详细规划
4. 外事	41. 居住小区规划
41. 出访	42. 控制性详细规划
42. 接待	43. 干道临街改建规划
5. 城建档案工作	44. 广场规划
51. 全市城建工作	45. 综合市场步行商业街规划
52. 城建档案馆工作	46. 园林规划
53. 城建档案学会工作	47. 老街改建规划
	48. 河道整治规划
	49. 其他
B 城市勘测类	5. 县镇规划
	51. 县城规划
	52. 县城总体规划
1. 工程地质	53. 建制镇规划（全镇域规划及镇区总体规划）
11. 工程地质勘察（岩土工程勘察）	6. 规划基础资料
12. 地质普查	61. 城市经济资料
2. 水文地质	62. 城市人口资料
21. 供水工程水文地质	63. 地形地貌资料
22. 水利工程水文地质	64. 水文地质资料及防洪资料
23. 特殊工程水文地质	65. 城市资源
3. 控制测量	66. 地震资料
31. 平面控制（三角测量）	67. 气象资料
32. 高程控制（精密水准）	68. 城市历史沿革
4. 地形测量	
41. 技术设计、总结	
42. 地形图	
5. 摄影测量	
51. 航测	
52. 遥感测量	
53. 航摄	
6. 地图	
61. 行政地图	
62. 专业地图	
63. 地籍测量成果	

D 城市建设管理类

1. 土地管理
　　11. 土地调查
　　12. 土地登记
　　13. 土地统计
2. 建设用地规划管理
　　21. 土地征用
　　22. 土地划拨
　　23. 土地出让
　　24. 土地复垦开发
　　25. 地籍管理
3. 建设工程规划管理
　　31. 工业建筑规划管理
　　　　以下按工业建筑类复分
　　　　如：化工企业建筑规划管理为 D31～H5
　　32. 民用建筑规划管理
　　　　按民用建筑Ⅰ类复分
　　33. 私房
　　331. 1～4 划(姓氏笔画,下同)
　　332. 5～6 划
　　333. 7 划
　　334. 8 划
　　335. 9～10 划
　　336. 11～12 划
　　337. 13 划及以上
4. 房产管理
　　41. 公有房产管理
　　42. 私有房产管理
　　43. 房屋拆迁
　　44. 房屋普查
5. 地名管理
　　51. 地名命名、更名
　　52. 标志建设
　　53. 地名沿革
　　54. 地名成果(含图、手册、志、录)

E 市政工程类

1. 道路、广场
　　11. 道路
　　12. 广场
　　13. 综合资料
2. 桥梁
　　21. 普通桥梁
　　22. 立交桥
　　23. 桥梁综合性资料(含桥梁卡等)
3. 涵洞(非铁道涵洞)
4. 隧道
5. 排水
　　51. 排水泵站、换水泵站、污水提升泵站

　　52. 污水处理厂
　　53. 其他
6. 环境卫生
　　61. 公共厕所
　　62. 垃圾中转站
　　63. 垃圾处理厂
　　64. 环境卫生综合资料

F 公用设施类

1. 给水
　　11. 水厂
　　12. 增压站
　　13. 其他
2. 供气
　　21. 制气工程(包括气源厂、调压站、储配站等)
　　22. 液化气站
　　23. 其他
3. 供热
　　31. 供热厂、站
　　32. 其他
4. 公共交通(含地铁)
　　41. 各个时期运行线路图
　　42. 公共交通站、场、厂(包括平面图及有关资料)
　　43. 出租汽车站、厂
　　44. 油库
　　45. 公交、出租统计资料
5. 供电
　　51. 发电厂
　　52. 变电站(所)
　　53. 10kV 以上线路(地上)
　　54. 35kV 以上线路(地上)
　　55. 其他
6. 电信(含邮政)
　　61. 邮政
　　62. 电信
　　63. 其他
7. 广播、电视
　　71. 广播
　　72. 电视

续表

G 交通运输工程类

1. 铁路
　11. 客运站
　12. 货运站
　13. 铁路专用线（亦可归入各相关企业中）
　14. 信号枢纽
　15. 铁路桥涵
　16. 铁路通信
2. 公路
　21. 公路工程
　22. 桥涵工程
　23. 附属建筑工程（长途汽车站、收费站）
3. 水运
　31. 航道整治工程
　32. 港口、码头
　33. 船闸
　34. 航运航道图
4. 航运
　41. 机场
　42. 主要运行线路

H 工业建筑类

1. 动力
2. 矿业
3. 冶金
4. 机械
5. 电子
6. 石油
7. 化工
8. 轻工
91. 纺织
92. 建材
93. 医药

I 民用建筑类

1. 住宅
　11. 小区住宅
　12. 其他住宅
2. 办公用房
　21. 行政
　22. 科研
　23. 其他
3. 文化
　31. 影剧院
　32. 文化宫、青少年宫
　33. 各类公共文化设施（如博物馆、图书馆、档案馆、美术馆、博览馆、艺术馆等）
　34. 娱乐设施
　35. 新闻出版机构

36. 其他
4. 教育
　41. 大学（含大专院校）
　42. 中学
　43. 小学
　44. 幼托
　45. 各类业务进修学校
5. 卫生
　51. 医院
　52. 防疫站
　53. 疗养院
　54. 养老、福利院
　55. 殡仪馆
　56. 其他
6. 体育
　61. 体育馆
　62. 体育场
　63. 游泳池
　64. 其他
7. 商业、金融、保险
　71. 商业（含服务业）
　72. 金融机构及下属单位
　73. 保险公司
8. 其他
　81. 各类仓库
　82. 加油站

J 名胜古迹、园林绿化类

1. 公园
　11. 市属公园
　12. 区属公园
2. 绿地、苗圃
　21. 公共绿地
　22. 苗圃
3. 名木古树（按植物科目分小类）
4. 纪念性建筑
　41. 纪念堂（馆）
　42. 烈士陵园
　43. 名人墓地
5. 名人故居
　51. 古代
　52. 近代
　53. 现代
6. 名胜古迹、古建筑
　61. 古建筑
　62. 古遗址
　63. 古墓葬
　64. 其他古迹

续表

J 名胜古迹、园林绿化类	2. 军事工程
7. 城市雕塑	21. 驻军
71. 纪念性雕塑	22. 军分区
72. 装饰性雕塑	23. 武警
K 环境保护类	O 水利、防灾类
1. 环境管理	1. 水利工程
11. 环境法规	11. 水库
12. 各项环境技术政策	12. 河道
13. 环境规划	2. 防洪、防汛工程
14. 污染源管理	21. 堤坝工程
15. 环境统计	22. 防洪泵站
2. 环境监测	23. 排涝工程
21. 水质污染监测	3. 防灾、抗震工程
22. 大气污染监测	31. 防火消防工程
23. 噪声污染监测	32. 防震抗灾工程
24. 放射性污染监测	33. 防地面沉降
25. 生物生态污染监测	34. 防其他自然灾害(风、雷、雪等)
26. 其他	P 工程设计类
3. 环境治理	
31. 环境保护规划	1. 工业建筑设计
32. 环境保护治理工程	2. 民用建筑设计
33. 环境保护科研	3. 市政工程设计
4. 自然保护	4. 军事工程设计
41. 资源保护	5. 交通运输设计
42. 生态保护	6. 环保环卫工程设计
43. 水资源保护	7. 园林工程设计
44. 自然景观保护	8. 其他设计
45. 其他	Q 地下管线类
L 城市建设科学研究类	
1. 城市规划设计	1. 地下管线综合
2. 城市建设	11. 城市各类管线总图
3. 城市建筑科学技术	12. 地下管线综合普查资料
4. 城市现代化管理	2. 给水管线
M 县(村)镇建设类	21. 给水管网总图
	22. 历年管线长度汇总
1. 县区	3. 排水管线
11. 县城	31. 排水管线总图
12. 其他	32. 污水管
2. 乡镇	33. 雨水管
21. 乡	4. 供气管线
22. 镇	41. 综合管网图
3. 村庄(含村镇建设统计年报)	42. 中压管道
N 人防、军事工程类	43. 民用户管道
	44. 工业用户管道
1. 人防工程	45. 公共用户管道
11. 城市防空总图	5. 供热管线
12. 市区指挥中心	城市供热管道总图
13. 防空地下室	6. 供电管线
14. 地道	

续表

Q 地下管线类	R 声像类
61. 10kV 以上配电网络地理分布图 62. 35kV 以上配电网络地理分布图 63. 地下电缆线路图 64. 35kV 以上城市电力系统图 65. 电厂地下电缆总布置图 7. 电讯管线 　71. 电讯管线总图 　72. 道路管线分布图及资料 　73. 小区管线分布图 　74. 过境管线分布图 8. 军事管线 9. 工业输送管线	1. 照片 　11. 黑白 　12. 彩色 2. 缩微片（卷） 　21. 16mm 胶片 　22. 35mm 胶片 3. 录像带 　31. 大 1/2 录像带 　32. 3/4 录像带 　33. 其他规格录像带 4. 录音带 5. 光盘与磁盘 　51. 光盘 　52. 磁盘

以上分类方案以建设部《分类大纲（修订稿）》设定的 18 个大类和 102 个属类为基础。小类应根据本城市的实际情况设置。在分类方案中，大类用英文字母表示，属类、小类、案卷号用阿拉伯数字表示。属类超过 10 个同位类目时，采用八分制，即同一级类目的号码由 1 用到 8，以后用"91"、"92"、"93"直到"98"。

5. 档案编号举例

档案编号（图 3-1）。

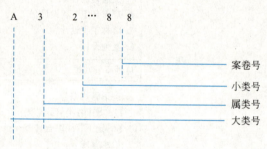

图 3-1　档案编号

6. 城建档案分类的一般方法

在实际的分类过程中，可以根据档案的属性和特点、档案的社会利用需要等方面的因素，确定所采用的分类标准及其运用的先后次序。分类方法一般有以下几种。

（1）年度分类法

年度分类法是档案分类时经常采用的分类方法。按照文件的形成年度进行分类。主要是业务管理类档案，如建设工程规划许可证、建设工程施工许可证、竣工备案等项目审批档案。

（2）来源分类法

来源分类法是按照文件的产生形成单位来分类。如按建设单位、施工单位、监理单位、管理部门等分类。

（3）专业分类法

专业分类法是根据城建档案内容所反映的不同专业性质来分类。如按非工程档案分为城市勘测、城市规划、城市建设管理、环境保护等大类，在属类和小类的划分中也可以根据档案的实际情况按专业设类。如民用建筑按专业可分为土建、电气、给排水等按专业分类，能将同一专业性质的档案集中在一起，便于查找利用。

（4）载体分类法

载体分类法是按照文件的载体介质形式、记录方式来分类。如按照片、录音、录像、光盘、磁盘等非一般传统载体，这种分类有利于按载体的不同性质，便于科学保管。

（5）工程（项目）分类法

工程（项目）分类法是按建设工程项目的每个单项工程来进行分类。如一个学校的教学楼、实验楼、办公楼、体育馆、图书馆等。

（6）程序分类法

程序分类法是按工程前期准备（又分立项、用地拆迁、勘察设计、招投标、开工审批）、施工建设、竣工验收等工程建设程序分类。

（7）问题分类法

问题分类法是按文件的主题内容进行分类，如建设用地审批、拆迁许可、工程竣工备案、房屋权属登记等。

（8）权属分类法

权属分类法就是按照档案所阐述对象的权属进行分类。这种分类法一般适用于产权产籍管理、土地管理等档案的分类。

上述分类方法在实际应用时，应根据具体情况并结合其他特征综合运用。当文件材料较多时，应将年度、来源、专业、工程（项目）、程序等分类方法结合运用。可将年度、专业、工程相结合，形成"年度—专业—工程（项目）"分类法，也可将工程（项目）—程序—专业相结合，形成"工程（项目）—程序—专业"分类法。

业务管理档案宜采用"年度—专业—工程（项目）"分类法，或"年度—工程（项目）""年度—问题"分类法。

建设工程档案宜采用"工程（项目）—程序—专业"分类法。

3.1.2.4　城建文件的立卷

立卷，就是按照整理工作的原则和方法，将文件材料分门别类、排列有序、编制卷内文件目录，整理成案卷，也称组卷。

1. 立卷应遵循下列原则

（1）遵循城建文件材料的形成规律，最大程度地保持卷内文件材料的完整、准确和系统。

（2）遵循案卷内文件材料保存价值及密级大体相同的原则。

（3）案卷不宜过厚，文字材料卷厚度不宜超过 20mm，图纸卷厚度不宜超过 50mm。

（4）案卷内不应有重份文件，不同载体的文件应分别组卷。

2. 立卷应按下列程序进行

（1）根据立卷原则，确定归入案卷的文件材料。

（2）排列卷内文件材料。

（3）卷内文件编目。

（4）案卷编目。

3. 卷内文件材料的排列可采用下列方法

（1）按重要程度排列。

（2）按时间先后顺序排列。

（3）按文件材料之间的逻辑关系排列。

（4）按文件材料的客观形成过程排列。

（5）按文件材料所反映的对象在工程程序上的衔接关系排列。

4. 卷内图纸的排列可采用下列方法

（1）按专业排列，同专业图纸按图号顺序排列。

（2）按总体和局部的关系排列，反映总体、全局、系统的图纸在前，反映局部、单项的在后。

（3）按比例尺排列。

5. 卷内材料排列顺序

一个保管单位内，文字图纸混合组成的，文字材料应排列在前，图纸应排列在后。

6. 案卷编目

案卷的编目包括卷内文件页号、卷内目录、卷内备考表、案卷封面的编制等内容。具体编目方法应按现行国家标准《建设工程文件归档整理规范》GB/T 50328—2014 的要求进行。

3.1.2.5　城建档案的案卷排列

案卷排列是指一套完整齐全的城建档案组成若干案卷后，每个案卷之间按照一定的原则进行排序的过程。

案卷排列应遵循采用一定的方法确定顺序，保持案卷联系，构成具有内在联系的案卷序列的原则。案卷排列的具体方法有：

1. 一个建设工程项目的案卷，按照主体（或主要）工程、附属（次要）工程或工程编号进行案卷排序。

2. 单位工程的案卷，文件卷应排在前面，图纸卷排在后面；文件材料卷按问题、时间或重要程度排列；图纸卷按单位工程、分部工程和专业排列。

3. 业务管理案卷可按文号（项目号）、程序、时间等排列。

3.1.2.6　非建设工程类档案整理

［例］征收拆迁文件排列和整理规范

1. 分类

拆迁文件资料以政府征收决定书（或拆迁许可证）文号为标准进行分类，不同征收决定书范围内征收拆迁形成的文件资料要分别整理立卷，不能混淆一起。

同一征收决定书范围内征收拆迁形成的文件资料按拆迁综合资料、拆迁户资料、声像资料、电子文件分开立卷，组成案卷。不同载体的文件资料应当分开。

拆迁户资料以户为单位进行立卷，一户一档。

2. 排列

综合资料、户资料、声像资料、电子文件各自都按时间先后顺序将文件进行排列。文件具体排列如下：

（1）综合资料

1）房屋征收决定形成的文件

市政府关于国有土地上房屋征收决定；

国有土地上房屋征收申请书（含具体门牌号清单）；

项目批准文件；

建设用地规划许可证（或规划意见）及规划红线图；

国有土地性质证明材料；

房屋征收范围查勘意见书；

房屋征收申请受理通知书；

关于房屋征收暂停办理相关手续的通知（含邮寄凭证）；

房屋委托征收合同；

未经登记的建筑认定和处理移送函（含汇总表）；

规划对未经登记建筑的认定和处理意见函；

房屋调查结果的公示（含房屋调查结果汇总表，附照片）；

委托采样评估合同；

采样评估报告；

定销商品房房源申请书；

定销房面积核定审批表及明细；

房屋征收项目安置房源计划供应方案；

政府关于项目房屋征收补偿方案论证会议纪要；

关于上报项目征收补偿方案的请示；

房屋征收补偿方案并征求意见通告（附照片）；

关于公布项目征收补偿方案并征求意见的请示；

对补偿方案举行听证会的资料；

房屋征收补偿方案征求意见情况及根据公众意见修改情况通告；

关于公布项目征收补偿方案征求意见及修改情况的请示；

风险评估报告（附风险评估会专题会议纪要）；

建设单位存款证明；

征收实施单位项目专户证明；

政府关于国有土地上房屋征收决定的公告（含报纸、现场照片）；

关于发布项目征收决定及公告的请示。

2）房屋征收补偿形成的文件

被征收人选择房屋征收评估机构的公告；

关于公布项目房屋征收评估机构选定结果的公告（附投票或抽签的相关材料）；

房屋征收评估委托书和合同；

评估单位营业执照；

评估单位资质证书；

评估人员评估资格证；

初评结果公示的公告（含公示照片）；

委托拆房合同；

拆房企业营业执照；

建筑企业资质证书及安全生产许可证；

直管公房征收补偿协议；

直管公房拆除注销通知书；

征收项目人员变更审批表；

征收补偿方案变更审批表；

征收房屋安置补偿汇总表；

城市房屋征收项目完成验收单；

分户补偿情况公示；

项目审计报告；

审计公示。

（2）被征收人（户）补偿安置资料

房屋征收补偿安置协议书；

入户调套表；

房屋登记信息查询资料；

户籍证明；

身份证复印件；

私房有关房屋、土地证明资料；

公房有关房屋证明资料；

营业执照复印件；

税务登记证及纳税情况；

未经登记房屋性质认定书；

评估机构投票选择表；

房屋征收分户评估表；

房屋装修评估表；

复核评估报告；

房屋征收复核评估申请书；

房地产评估专家委员会鉴定结果；

申请评估鉴定申请书；

享受基本居住需求保障申请及公示；

住房调查表；

被征收人补助申报表；

房屋征收补偿方案变更情况审批表及相关材料；

有线电视、电话、燃气等各种凭证、单据；

公房退租回执；

验房单；

挂牌通知回执；

具结书、委托书；

征收告知书、评估表等相关材料送达回执；

补偿决定、法院判决、司法强拆相关材料；

信访材料。

（3）照片及录像资料

（4）电子文件

3. 组卷

将排列好的资料，在保持文件之间的有机联系和完整性原则的前提下，按一个案卷15～25mm 的厚度，组成若干的案卷。同一文件材料不能分别组合在不同的案卷中。不同载体的文件资料要严格区分，单独组卷，不能混合组卷。

4. 编目

对每个案卷进行编目。包括编制文件页号、卷内目录、卷内备考表、案卷封面等内容。

（1）编制案卷内文件页号。案卷内文件材料均按有书写内容的页面编写页号，每卷页号从"1"开始，卷与卷之间页号不能连续。页号编写位置：单面书写的文件材料在右下角编写页号；两面书写的文件材料，正面在右下角，背面在左下角编写页号。案卷封面、卷内目录、备考表不编写页号。

（2）案卷封面。主要由案卷题名、编制单位、编制日期、保管期限、密级等组成。案卷封面排列在卷内目录之前。

1）案卷题名：应简明、准确地揭示卷内文件的内容。综合资料卷由建设项目名称、拆迁阶段名称、卷内文件材料名称三部分组成。例如：××市环古城风貌改造项目一期拆迁综合文件。拆迁户资料卷由建设项目名称、拆迁阶段名称、地址及姓名、卷内文件材料名称四部分组成。例如：××市环古城风貌改造项目一期沿河路 115 号李××拆迁户文件。

2）编制单位：填写拆迁实施单位名称。如：××市建设拆迁有限公司。

3）编制日期：案卷内全部文件形成的起止日期。如：2002 年 06 月 01 日～2006 年08 月 31 日。

4）保管期限：填写"永久"。

5）密级：填写"内部"。

（3）卷内目录。由序号、文件编号、责任者、文件材料题名、日期、页次和备注组成。卷内目录排列在卷内文件材料的首页之前。

1）序号：以一份文件为单位，用阿拉伯数字从"1"依次标注。

2）文件编号：填写文件材料的文号。

3）责任者：填写文件材料的直接形成单位。如征收决定书，填写××市人民政府。

4）文件材料题名：填写文件材料标题的全称。

5）日期：填写文件材料的形成日期。

6）页次：填写文件在卷内所排的起始页号，最后一份文件填写终止页号。

（4）备考表。主要标明卷内文件的总页数、各类文件页数以及立卷单位对案卷情况的说明，立卷人、审核人签名。备考表排列在卷内文件的尾页之后。

5. 装订

案卷装订应采用线绳三孔左侧装订法，要整齐、牢固，便于保管和利用。案卷装订时必须去除金属物件。也可以根据实际情况不装订放入档案盒内。

6. 照片、录像、电子文件的整理

照片、录像、电子文件分贝贮存在不同的只读式光盘内进行归档保存。每个光盘上标注建设项目名称、拆迁阶段名称、光盘内文件内容，如：××市环古城风貌改造项目一期拆迁照片，形成时间：2004 年 5 月～2005 年 12 月。

3.1.3　城建档案的编目

3.1.3.1　城建档案编目工作的含义和内容

城建档案的编目是指城建档案馆（室）对城建档案进行著录、标引和组织、制作目录的工作，是城建档案管理中的一项重要内容。

城建档案编目分为两个阶段：一是在城建档案整理过程中进行的初步编目，包括案卷封面编目（拟定案卷标题、确定和填写卷内文件起止日期等），编制案卷目录和卷内文件目录，以固定整理工作的成果。二是在初步编目的基础上编制案卷（文件）目录、总目录、分类目录、计算机机读目录、缩微目录、专题目录等，以提供各类档案检索工具和报道目录。

城建档案编目的内容主要包括城建档案著录、标引、目录组织等。

3.1.3.2　城建档案著录

1. 城建档案著录的含义

城建档案著录是指在编制城建档案目录时，为提取城建档案信息，对城建档案内容和形式特征进行分析、选择和记录的过程。内容特征，就是对城建档案主题的揭示，包括城建档案分类号、主题词、摘要等。形式特征，包括城建档案的题名、责任者，形成时间、地点、档案号、载体等。

2. 城建档案著录的作用和意义

城建档案著录工作具有登记、介绍、报道、交流和检索的作用，其中最主要的是检索作用。

无论是组织手工检索工具体系，还是建立计算机数据库，都必须通过著录工作，对纳入检索系统的每一个文件给出检索标识。没有检索标识的文件不能存储在检索系统中，当然也就不可能对其进行检索。因此，城建档案著录是进行档案检索，尤其是计算机检索的必不可少的前处理工作。

同时，档案著录的质量对于档案的检索效率具有重大影响。如果著录中主题分析不准确，给出的主题与档案实际内容不相符合，就会造成漏检或误检。如果著录人员不熟悉检索语言，给出的检索标识与档案主题概念不符，也会造成漏检或误检。因此，档案著录工作是一项要求较高的工作，而且，工作量也相当大。档案著录工作的质量，直接影响到城建档案现代化管理的成效。

3. 城建档案著录项目划分

城建档案著录项目，是揭示城建档案内容和形式特征的记录事项，分大项、小项和单元。大项主要包括题名与责任者、稿本与文种，密级与保管期限、时间、载体与数量、专业记载、附注与提要、排检与编号 8 项。各大项下又分若干小项，小项下又分若干单元

（表 3-2）。

城建档案著录项目划分　　　　　　　表 3-2

序号	著录项目名称	
	大项	小项
1	题名与责任者	题名
		文件编号
		工程（项目）地址
		责任者
		附件
2	稿本与文种	稿本
		文种
3	密级与保管期限	密级
		保管期限
4	时间	
5	载体与数量	载体类型
		数量与单位
		规格
6	专业记载	
7	附注与提要	附注
		提要
8	排检与编号	档号
		档案馆代号
		缩微号
		存放地址号
		电子文档号
		主题词

4. 城建档案著录项目细则

（1）城建档案著录单（表 3-3～表 3-7）

（2）著录的具体项目

1）题名。又称标题、题目。是直接表达档案中心内容、形式特征的名称，一般指单份文件文首的题目名称和案卷封面上的题目名称。工程（项目）级的题名指工程或项目的名称。

2）文件编号。是文件制发机关、团体或个人编写的顺序号，包括发文字号、图号等，按照原文字和符号著录。

3）工程（项目）地址。指工程项目的建设地点或征地地址。本市工程著录区（县）、街道（乡、路）、门牌号（村、队），外地工程著录省、市（县）、街道（路）名。

4）责任者。指文件材料的形成单位或个人。

房屋建筑工程（项目）级著录单 表 3-3

	工程名称				
	工程地点				
责任者	建设单位		文号项	立项批准文号	
	立项批准单位			规划许可证号	
	设计单位			用地规划许可证号	
	勘察单位			用地许可证号	
	监理单位			施工许可证号	

专业记载

单项工程名称	施工单位	建筑面积(m²)	高度(m)	层数（层）		结构类型	开工时间	竣工时间
				地下	地上			

总用地面积			总建筑面积		幢数	
工程造价			工程结算		

档案状况

总卷数		文字(卷)		图纸	卷	底图(张)		照片(张)		底片(张)	
					张						

录音带(盒)		录像带(盒)		光盘(盘)		计算机	磁带(盘)		缩微片	盘		其他	
							磁盘(盘)			张			

保管日期		密级		进馆日期	
移交单位					

排检与编号

档号		缩微号	
存放位置起始号			
附注			

市政基础设施工程（项目）级著录单　　　　　　表 3-4

工程名称										
工程地点										

责任者	建设单位		文号项	立项批准文号	
	立项批准单位			规划许可证号	
	设计单位			用地规划许可证号	
	勘察单位			用地许可证号	
	监理单位			施工许可证号	

专业记载

单项工程名称	施工单位	结构类型	长度(m)	宽度(m)	高度(m)	跨径	孔数	级别	荷载	净空

总用地面积		总建筑面积		总长度(m)	
开工时间		竣工时间	工程造价	工程结算	

档案状况

总卷数		文字(卷)		图纸	底图(张)		照片(张)		底片(张)	
录音带(盒)		录像带(盒)		光盘(盘)	计算机	磁带(盘)	缩微片	盘	其他	
						磁盘(盘)		张		
保管日期			密级			进馆日期				
移交单位										

排检与编号

档号		缩微号	
存放位置起始号			
附注			

城市管线工程（项目）级著录单   表 3-5

	工程名称				
	工程地点				

责任者	建设单位		文号项	立项批准文号	
	立项批准单位			规划许可证号	
	设计单位			用地规划许可证号	
	监理单位			用地许可证号	
	施工测量单位			施工许可证号	

专业记载

单项工程名称	施工单位	地形图号	长度(m)	规格	材质	荷载

起点		止点		总长度(m)	
开工时间		竣工时间	工程造价	工程结算	

档案状况

总卷数	文字(卷)	图纸	卷	底图(张)	照片(张)	底片(张)
			张			
录音带(盒)	录像带(盒)	光盘(盘)	计算机	磁带(盘)	缩微片 盘	其他
				磁盘(盘)	张	
保管日期		密级		进馆日期		
移交单位						

排检与编号

档号			缩微号	
存放位置起始号				
附注				

建设工程规划管理档案项目级著录单　　　　　　　　　　表 3-6

	工程名称				
	工程地点				
责任者	建设单位		文号项	立项批准文号	
	立项批准单位			规划许可证号	
	设计单位			用地规划许可证号	
	施工单位			用地许可证号	
				地形图号	

专业记载							
建筑面积		幢数		长度		规格	
高度		层数		宽度		级别	
跨度		净空		荷载			
申请时间				工程造价			
批准时间				结构类型			

档案状况							
文字(页)		图纸(张)		光盘		磁盘	
保管期限			密级		进馆日期		
移交单位							

排检与编号			
档号		缩微号	
存放位置起始号			
附注			

建设用地规划管理档案项目级著录单　　　　　　　　　　表 3-7

	用地项目名称				
	征地位置				
责任者	用地单位		文号项	立项批准文号	
	立项批准单位			规划许可证号	
	被征单位			用地规划许可证号	
	规划批准单位			用地许可证号	
				地形图号	

专业记载			
用地分类		征拨时间	
原土地分类		批准时间	

档案状况							
文字(页)		图纸(张)		光盘		磁盘	
保管期限			密级		进馆日期		
移交单位							

排检与编号			
档号		缩微号	
存放位置起始号			
附注			

5）附件。是指文件正文后的附加材料。

6）稿本。是指档案的文稿、文本和版本。依实际情况著录为正本、副本、草稿、定稿、手稿、草图、原图、底图、蓝图、试行本、修订本、复印件等。

7）文种。是指文件种类的名称，依实际情况著录为命令、决议、指示、通知、报告、批复、函、会议纪要、协议书、任务书、施工图、竣工图、鉴定书等。

8）密级。是指文件保密程度的等级，一般按文件形成时所定密级著录，对已升、降、解密的，应著录新密级。密级分为秘密、机密、绝密三种。

9）保管期限。是指根据档案价值确定的档案应该保存的时间，一般分为短期、长期、永久三种。

10）时间项。对文件级著录，时间项著录文件形成时间；对案卷级著录，时间项著录案卷内文件起止时间；对工程级著录，时间项著录工程开、竣工时间或建设工程规划许可证及建设用地规划许可证的批准时间。

11）载体类型项。是著录档案载体的物质形态特征。载体类型分为底图、缩微片、照片、底片、录音带、录像带、光盘、计算机磁盘、计算机磁带、电影胶片、唱片等。

12）数量及单位。数量用阿拉伯数字，单位用档案物质形态的统计单位，如"页""张""卷""册""袋""盒"等。

13）规格。是指档案载体的尺寸及型号。

14）专业记载项。本项是城建档案的专业特征记载项，根据著录对象的不同分为房屋建筑工程专业记载项（含房屋建筑工程规划管理档案）、市政基础设施工程专业记载项（含市政基础设施规划管理档案）、城市管线工程专业记载项、建设用地规划管理专业记载项。主要著录：建筑面积、高度、层数、结构类型、开工时间、竣工时间、总用地面积、总建筑面积、幢数、工程预算、工程决算等。

15）附注项。著录各个项目中需要解释和补充的事项。

16）提要项。是对档案内容的简介和评述，应力求反映其主题内容、重要数据（包括技术参数）。

17）档号。是档案馆（室）在档案整理过程中对档案的编号。档号包括分类号、项目号、案卷号、件号或页号。

18）档案馆（室）代号。按照国家统一规定填写。尚无代号的，暂时不填，但应留出位置，以备将来填写。

19）缩微号。是档案馆（室）赋予档案缩微品的编号。

20）电子文档号。是档案馆（室）管理电子文件的一组符号代码。

21）存在地址号。是著录档案存放处的编号。一般包括库号、列（排）号、节（柜）号、层号。

22）主题词。是揭示档案内容的规范化的词或词组。主题词按照《档案主题标引规则》《中国档案主题词表》《城建档案主题词表》等进行标引。

5. 城建档案著录的基本规定

（1）著录级别。依据著录对象的不同，可将档案著录划分为工程（项目）级、案卷、文件级三级。

工程（项目）级著录是对一个工程（项目）的所有档案的内容及形式特征进行分析、记录（表3-8）。

工程（项目）级通用著录单　　　　　　　　　　　　　　表 3-8

工程名称					
工程地点					
责任者			文号项		

专业记载

档案状况

总卷数	文字(卷)	图纸	卷	底图(张)	照片(张)	底片(张)
			张			

录音带(盒)	录像带(盒)	光盘(盘)	计算机	磁带(盘)	缩微片	盘	其他
				磁盘(盘)		张	

保管日期		密级		进馆日期	
移交单位					

排检与编号

档号		缩微号	
存放位置起始号			
附注			

案卷级著录是对一个案卷的档案内容和形式特征进行分析、记录（表 3-9）。

文件级著录是对一份文件的内容和形式特征进行分析、记录（表 3-10）。

（2）著录详简级次。著录详简级次指著录的详简程度，分为简要级次和详细级次。

条目仅著录必要项目的称简要级次。必要项目包括：正题名、文件编号、工程（项目）地址、第一责任者、时间、专业记载、档号、缩微号、存放地址号、主题词。

工程（项目）案卷级通用著录单　　　　　　　　表 3-9

档号			缩微号		
存放地址					
案卷题名					
编制单位					
载体类型			数量/单位		规格
卷内文件起始时间			卷内文件起始时间		
保管期限			密级		
主题词					
附注					

文件级通用著录单　　　　　　　　表 3-10

档号		缩微号	
存放处		库列节(柜)层	
文件题名			
责任者			
文(图)号		文本	
保管期限		密级	
形成时间		载体类型	
数量/单位		规格	
提要			
主题词			
附注			

　　条目除著录必要项目外，还著录部分或全部选择项目的称详细级次。选择项目包括：并列题名、副题名及说明题名文字、其他责任者、附件、稿本与文种、密级、保管期限、

载体与数量、附注、提要、档案馆代号、电子文档号。

（3）著录文字要求。著录用文字必须规范化。文件编号、时间项、载体与数量项、专业记载项、排检与编号项中的数字一律用阿拉伯数字。其他语种文字档案著录时必须依照其语种文字书写规则。

（4）著录信息源。著录信息来源于被著录的档案。单份文件著录时，主要依据文头、文尾。一个案卷著录时，主要依据案卷封面、卷内文件目录、备考表等。被著录的档案信息不足时，参考其他有关的档案、资料。

3.1.3.3　城建档案标引

1. 档案标引的定义

在城建档案著录中，对档案内容进行分析和选择，并赋予其规范化检索标识的过程，称之为档案标引。其中赋予其分类号标识的过程称之为分类标引，赋予其主题词标识的过程称之为主题标引。

2. 分类标引应遵循的原则

（1）以国家机构、社会组织从事社会实践活动的职能分工为基础，结合档案记述和反映的事物属性关系，并兼顾档案的其他特征。

（2）城建档案管理机构应以城市建设档案分类大纲为依据，编制科学、切实可行的分类法则。

（3）建设系统业务管理档案以及工程建设、勘测、设计、施工、监理等单位管理的城建档案分类由形成单位按照本单位制定的分类体系进行。

（4）档案分类标引应充分考虑实际的检索需求和检索方式，根据档案的具体内容和社会需求，选定适当的标引深度。

（5）档案分类标引必须按专指性的要求，分入恰当的类目，不得分入较宽的上位类或较窄的下位类。

（6）档案分类标引应保持一致性。

3. 主题标引应遵循的规则

（1）应以现行国家标准《文献主题标引规则》GB/T 3860—2009 为依据，以《中国分类主题词表》为补充。

（2）标引深度不宜超过 10 个主题词。

（3）城建档案的主题标引对象应分为工程（项目）、案卷和文件三个层次。

（4）主题标引应客观地揭示出城建档案所记载或论述的对象的主题概念。

（5）城建档案的主题概念，是标引的主要概念和主要对象。

（6）应采取概括的整体标引和重点性的分析标引相结合的原则，进行适度标引。

（7）应尽可能保持中心主题标引与该档案主要分类标引的匹配。

（8）使用关键词标引应严格控制。

4. 标引的步骤和方法

标引的步骤主要包括主题分析和概念转换两个方面。具体地说就是通过对档案内容进行分析，明确档案中所记述的主要内容，然后用检索语言将其充分、准确、简明地表达出来。档案分类标引和主题标引都离不开这两个步骤。在主题分析方面，分类标引和主题标引的方法大体一致，只是根据标引方针不同对主题的确认程度不同而已，但在概念转换方面二者有所不同。

（1）主题分析

主题分析是确定被标引档案主题概念的过程。主题分析的主要内容有两个方面：一是分析主题的类型；二是分析主题的构成因素，也称主题因素。

主题的类型依据档案内容可分为单主题和多主题。单主题是指一件（卷）档案只表达一个问题；多主题是指一件（卷）档案表达两个以上的问题。

主题因素分为五种：

1）主体因素。即反映文件主题内容的关键性概念。

2）通用因素。即对主体因素起补充和限定作用的通用概念。

3）位置因素。即文件所记述对象的空间和地理位置概念。

4）时间因素，即文件所论述对象存在的时间概念。

5）文件类型因素。即文件类型和形式方面的概念。在档案标引中，主体因素是最重要的，必须标出。

主题分析时，可通过审读档案、阅读题名、浏览正文、查阅档案的外部特征等方法进行。

（2）概念转换

指将主题分析过程中获得的主题概念转换（翻译）成为检索语言中的检索标的过程。它不是字面上的转换，而是根据概念的含义来进行转换。正确的主题分析是概念转换的可靠基础。概念转换的正确与否，又直接关系到标引结果的正确性。

分类标引概念转换的基本方法：根据主题分析的结果，查找档案分类表，将其相应类目的分类号作为检索标识赋予被标引文件。

主题标引概念转换的基本方法：根据主题分析的结果，查找档案主题词表，将其相应的主题词作为检索标识赋予被标引文件。

对于单主题文件的概念转换，只要赋予相应的一个分类号或一个至若干个体主题标识即可；对多主题文件则需要分解为单主题，分别赋予其分类号和主题词。

3.1.3.4　城建档案目录的编制与组织

档案目录是档案检索工具的一种类型，与"索引""指南"相对。是指由城建档案馆（室）编制的，将档案的著录条目按照一定次序编排而成的检索工具。在计算机编目中，是指将一批记录按照一定次序组织排列而成的一种揭示、报道和检索档案信息的工具，即机读目录。

档案目录组织是将条目按一定的体系组织成目录，使之成为有密切联系的整体的过程。其主要工作是目录内各种条目的排列。

1. 档案目录的种类

（1）按检索工具的载体形式分，档案目录可分为书本式目录、卡片式目录、缩微目录、机读目录。

（2）按检索工具的功能分，档案目录可分为馆藏类目录（如案卷目录）、查找类目录（如分类目录、主题目录、专题目录）。

（3）按检索工具的管理要求分，档案目录可分为公开目录、内部目录、必备目录、一般目录。

2. 档案目录的编制方法

（1）案卷目录。它是以案卷为单位，依据档案整理顺序组织起来的，并按案卷号次序编排而成的一种馆藏类检索工具。其主要作用是固定档案的分类体系和案卷的排列次序，又是统计和检查案卷数量的依据和查找利用档案的基本工具，也是向档案馆（室）移交档案的交接凭证。

（2）分类目录。它是依据档案分类表，按照分类标识以一定次序编排而成的一种查找类检索工具。分类目录的主要特点是系统地揭示档案的主题内容，具有较强的族性检索功能。分类目录一般采用卡片式，即分类卡片。分类卡片就是将档案馆（室）永久和长期保存的文件或案卷，逐一制成卡片，按照档案分类体系进行分类排列。

（3）专题目录。它是揭示档案馆（室）内有关某一专门题目档案内容和成分编制的一种检索工具。如工程项目目录、责任者目录。一般采用卡片式和机读式。专题目录的编制主要是根据检索工作的需要，对馆藏档案内容中利用效率高的同一专题档案的内容和形式特征进行著录标引，以方便利用者的利用。编制方法是选题、制定计划、筛选专题档案、著录标引等。

3. 必备目录

必备目录是为确保在脱离计算机状况下仍能查找、检索档案，是城建档案机构必须具备的档案目录。必备目录必须打印成册，妥善保管，并应及时更新。城建档案必备目录应包括城建档案总目录和城建档案分类目录。

（1）城建档案总目录应按档案接收进城建档案馆或城建档案室的先后顺序，以工程（项目）或案卷为单位进行编制。城建档案总目录包括工程（项目）级总目录和案卷总目录两种，编制单位可根据实际情况选择其中一种。工程（项目）级总目录应按《城建档案业务管理规范》CJJ/T 158—2011 的附录 F 编制（表 3-11）。

城建档案工程（项目）级总目录　　　　表 3-11

第___页

年		总登记号	档号	工程(项目)名称	档案数量			移交单位	移交日期	存放地址	备注
月	日				纸质(卷)	电子(M)	声像(盒)				

案卷总目录应按《城建档案业务管理规范》CJJ/T 158—2011 的附录 G 编制（表 3-12）。

城建档案案卷总目录 表 3-12

第___页

年		总登记号	档号	案卷名称	卷内数量			编制单位	编制日期	保管期限	密级	备注
月	日				文字(页)	图纸(张)	声像(盒)					

（2）城建档案分类目录应包括工程（项目）级分类目录和案卷级分类目录两种，编制单位可根据实际情况选择其中一种。工程（项目）级分类目录应按《城建档案业务管理规范》CJJ/T 158—2011 附录 H 编制（表 3-13）。

城建档案工程（项目）级分类目录 表 3-13

类别： 第___页

序号	档号	工程(项目)题名	档案数量			移交单位	移交日期	存放地址	备注
			纸质(卷)	电子(M)	声像(盒)				

案卷分类目录应按《城建档案业务管理规范》CJJ/T 158—2011 附录 J 编制（表 3-14）。

工程档案形成单位和建设系统各行业主管部门的分类目录应根据国家和本单位有关规定编制；城建档案管理机构的分类目录应按城市建设档案分类大纲编制。

城建档案案卷分类目录　　　　　　　　　　　　表 3-14

类别：　　　　　　　　　　　　　　　　　　　　　　　　第＿＿页

序号	档号	案卷题名	卷内数量			编制单位	编制日期	保管期限	密级
			文字(页)	图纸(张)	声像(盒)				

3.1.4　城建档案的统计

3.1.4.1　统计工作的内容

城建档案统计工作，是以数字和报表的形式，揭示城建档案的库藏和城建档案管理状况的一项基础工作。统计工作是城建档案事业建设的一项重要的基础工作，是对城建档案业务和城建档案事业管理实行监督的有效手段，一般每年至少进行一次。统计工作包括下列主要内容：

1. 城建档案统计调查。即在确定城建档案统计任务和方案后，根据研究的目的，搜集各种城建档案统计资料。

2. 城建档案统计整理。即对调查取得的城建档案统计资料，进行汇总、整理、分组、计算，得出所需要的档案统计指标。

3. 城建档案统计分析。即对经过整理的城建档案统计资料，结合实际情况，进行分析研究，发现问题，提出意见。

4. 统计年报。为了解城建档案工作的规模、结构和发展水平，全面、及时、准确地反映各地区城建档案工作基本情况，为制定发展规划和进行科学管理提供依据而制定的统计报表制度。

3.1.4.2　统计工作的基本任务

统计工作的基本任务是对城建档案和城建档案工作的开展情况进行及时的统计调查、整理、分析，提供准确的统计数据和全面的分析资料。

3.1.4.3　统计工作的要求

1. 城建档案统计要坚持实事求是，如实反映情况，确保统计数据的真实、准确，这是统计工作的基本要求。

2. 城建档案统计工作应建立健全工作制度，指派专人从事城建档案统计工作。

3. 统计时间要及时，数据和情况要按时更新，以确保统计数据的时效性。

4. 统计工作要持续不间断地进行，以获取连续性强的统计数字，这样才能比较客观地反映统计对象发展、变化的规律性。

5. 统计工作应按照上级部门规定的统一方法、计量单位、报表格式进行。

6. 统计报表应字迹工整、清晰，并应按上级部门规定的时间要求及时报送。

7. 填写统计报表应认真、严谨，不得伪造。

8. 各类档案统计报表及综合统计报表，除报上级部门外，本单位应自留一份存档备查。

3.1.4.4　统计工作的步骤和方法

1. 统计工作的步骤

统计工作应按照统计调查，统计资料整理、统计分析、汇总上报四个步骤进行。

（1）统计调查。统计调查既包括对原始资料的收集，也包括对已经加工的资料的搜集。按照收集档案统计案的组织方式的不同，分为常规统计和专门组织的统计。专门组织的统计常用的方法有普查和抽样调查。

常规性统计，即对城建档案的构成数量、保管状况、鉴定情况、利用情况及机构队伍等基本情况进行的定期统计调查。

专门组织的统计，是为完成某种调查任务的需要而专门组织的一次性全面调查统计。

（2）统计资料整理。城建档案统计资料整理是对档案统计调查所获取的大量的、个别单位的统计资料加以系统化，使之成为能够反映城建档案工作整体现象的统计资料的工作。统计资料整理应包括下列内容：

1）城建档案统计分组，将被研究的城建档案工作现象总体按照一定的标志划分为若干个不同类型的组进行整理；

2）形成城建档案统计表。

（3）统计分析。城建档案统计分析是在大量统计资料、数字和数据的基础上，经过统合加工，分析而产生一种颇有说服力的档案统计信息，它融合数据、情况、问题、建议为一体，既有定量信息，又有定性信息，体现城建档案统计工作活动的最终成果，是实现城建档案统计工作对整个城建档案工作服务和监督的主要形式。

（4）统计材料的汇总上报。统计材料的汇总上报可根据要求采取下列方法：

1）逐级汇总上报，即按隶属关系逐级上报；

2）集中汇总上报，在一定的范围内将统计资料先进行集中归类，然后再汇总上报；

3）越级汇总上报，不是按级上报，而是根据要求直接向上一级汇报。

2. 统计工作方法

统计工作及分析可采用专题分析、综合分析、对比分析、分组分析等方法。根据统计分析的结果撰写统计分析报告。

3.1.4.5　主要统计报表

（1）统计报表应包括城建档案工作基本情况统计报表，馆藏档案分类统计表，城建档案接收、移出、销毁统计表，城建档案鉴定情况统计表，城建档案整理情况统计表，城建档案利用情况统计表等。各城建档案机构、建设工程档案形成单位档案室、建设系统行业（专业）管理部门档案室可根据工作需要选用。

（2）城建档案工作基本情况统计 3 报表内容应包括组织机构、人员状况、馆库面积、馆藏等情况统计（表 3-15～表 3-18）。

城建档案工作基本情况统计报表（一）　　　　　　　表 3-15

____年度

机构名称	机构行政类别									机构规模类别					机构性质	
	副省级以上城建档案馆	地级市城建档案馆	地级市城建档案室	县级市城建档案馆	县级市城建档案室	县城建档案馆	县城建档案室	区城建档案馆	区城建档案室	大城市城建档案馆	中等城市城建档案馆	中等城市城建档案室	小城市城建档案馆	小城市城建档案室	独立法人单位	非独立法人单位

（3）馆藏档案分类统计表内容应包括各类档案、资料的数量（表 3-19）。

（4）城建档案接收、移出、销毁、现存情况统计表内容应包括各类城建档案的接收、移出、销毁、现存等数量的统计（表 3-20）。

（5）城建档案鉴定情况统计表内容应包括各类城建档案的鉴定时间、划定的保管期限和密级、现有档案数量、已鉴定数量、未鉴定数量和销毁档案等（表 3-21）。

（6）城建档案整理情况统计表内容应包括各类馆藏档案的数量及整理、鉴定情况（表 3-22）。

（7）城建档案利用情况统计表内容应包括查档数量、查档单位分类、查档人员分类、查档用途分类等情况，以及出具证明、复制数量等情况（表 3-23）。

表 3-16

城建档案工作基本情况统计报表（二）

机构名称	机构情况				现有人员情况																	经费来源		
	机构总数	直接归口情况			有建设信息中心一馆合一机构	现有人数		年龄			文化程度					专业机构			专业技术服务				全额拨款	差额拨款	自收自支
		建设局（委）	规划局	其他		定编	现有人数（女性）	50岁以上	35岁至50岁	35岁以下	本科以上	大专	中专	高中	初中及以下	档案专业	工程专业	其他	高级	中级	初级				

表 3-17

城建档案工作基本情况统计表（三）

机构名称	达标升级情况		举办培训情况		馆房面积		库藏档案与资料情况												
	国家级馆	省级馆（室）	期数	人数	库房	办公及技术用房	案卷总数	案卷排架长度	年增卷数	历史档案	底图	照片	录像带	录音带	电子文件	光盘	缩微Ｖ胶片	城建资料	其他
	个	个	次	人	m²	m²	卷	m	卷	卷	张	张	盘	盘	盘	盘	张	册	

表 3-18

城建档案工作基本情况统计表（四）

机构名称	现代化管理情况			本年度利用档案情况					本年度编研成果			
	已实现计算机目录检索的机构	已实现档案数字化管理的机构	已实现地下管线档案信息化管理的机构	利用档案		利用资料	产生经济效益		公开出版		内部参考	
	个	个	个	卷次	人次	册次	人次	万元	种	万字	种	万字

表 3-19

城建档案工作基本情况统计表

分类　数量　年度	A（卷）	B（卷）	C（卷）	D（卷）	E（卷）	F（卷）	G（卷）	H（卷）	I（卷）	J（卷）	K（卷）	L（卷）	M（卷）	N（卷）	O（卷）	P（卷）	Q（卷）	R					图书资料（册）	模型（个）	其他
																		照片（张）	缩微片（卷）	录音带（盒）	录像带（盒）	光盘（张）			

表 3-20

城建档案接收、移出、现存情况统计表

城建档案管理机构

时间	经办人	接收				移出				现存				备注
		案卷（卷）	电子文件	声像（盒）	其他	案卷（卷）	电子文件	声像（盒）	其他	案卷（卷）	电子文件	声像（盒）	其他	

表 3-21

城建档案鉴定情况统计表

项目　数量　类别	总计						永久						长期						短期						备注
	案卷（卷）	底图（张）	照片（张）	录像片（盘）	电子文件	其他	案卷（卷）	底图（张）	照片（张）	录像片（盘）	电子文件	其他	案卷（卷）	底图（张）	照片（张）	录像片（盘）	电子文件	其他	案卷（卷）	底图（张）	照片（张）	录像片（盘）	电子文件	其他	

城建档案整理情况统计表

表 3-22　年度____

分类 数量 状况	A (卷)	B (卷)	C (卷)	D (卷)	E (卷)	F (卷)	G (卷)	H (卷)	I (卷)	J (卷)	K (卷)	L (卷)	M (卷)	N (卷)	O (卷)	P (卷)	Q (卷)	R					图书 资料 (册)	模型 (个)	模型 (个)	其他
																		照片 (张)	缩微片 (卷)	录音带 (盒)	录像带 (盒)	光盘 (张)				
总数																										
已整理数																										
未整理数																										

城建档案馆档案利用情况统计表

表 3-23　年度____

季度	查档数量		查档单位分类(个)							查档人员分类(个)					
	查档人次	查档卷次	规划部门	设计部门	科研部门	施工部门	建设部门	管理部门	其他	工程人员	设计人员	科研人员	编史人员	管理人员	其他
一季度															
二季度															
三季度															
四季度															
总计															

季度	查档用途分类(卷)									出具证明				复制		备注
	办理 产权	规划 设计	工程 设计	施工	科研	编史 修志	解决 纠纷	工作 查考	其他	其中			合计 (页)	图纸	文字 材料	
										建筑 面积 (m²)	土地 面积 (m²)	管线 长度 (m)				
一季度																
二季度																
三季度																
四季度																
总计																

统计人：　　　　统计日期：

审核人：

3.1.5 城建档案的鉴定

3.1.5.1 城建档案鉴定的内容、任务和意义

1. 城建档案鉴定工作的内容

城建档案鉴定是城建档案机构按照一定的原则、标准和方法，判别城建档案的真伪和价值，决定城建档案存毁的工作。

城建档案鉴定工作的基本内容包括五个方面：

（1）制定城建档案价值鉴定的有关标准及各类城建档案的保管期限表。

（2）具体分析城建档案的价值，划分和确定档案的保管期限。

（3）将无保存价值和保管期满的城建档案，按规定对其进行销毁或作相应的处理。

（4）确定城建档案的密级。

（5）定期对所保管的城建档案进行降密与解密。

2. 城建档案鉴定工作的任务

包括两个方面：

（1）通过鉴定城建档案的保存价值，划分保管期限，确定馆藏成分，优化馆藏城建档案的质量；

（2）通过确定城建档案的保存价值，为城建档案馆的收集和保管工作奠定基础。

3. 城建档案鉴定工作的意义

（1）城建档案鉴定是"去粗取精"，提高管理效益的科学措施

随着时间的推移，城市建设各项工作快速发展，城建档案的数量不断增多，如果"玉石不分"地全部保存，致使库存城建档案显得庞杂而不精炼，同时也势必影响对有价值城建档案的管理和利用。城建档案的鉴定在某种意义上讲，就是解决庞杂与精炼的矛盾，是对城建档案材料进行"去粗取精"的工作。城建档案鉴定工作有助于集中人力、物力，使有价值城建档案能得到更妥善的保管，有利于城建档案信息价值的充分发挥。

（2）城建档案鉴定是关系"档案存亡"的一项非常严肃性的工作

鉴定实质上是对档案材料的命运选择，它决定了档案的"去留""存毁"。涉及城建档案馆藏的质量。如果错误地销毁了有价值的城建档案，会造成无可挽回的损失；反之，保存大量无价值的城建文件材料而使"档案膨胀"，也有碍于城建档案的科学管理和利用。因此，开展城建档案鉴定工作必须严肃认真，而且要求具备较高的专门知识和业务水平，以最大程度地保证鉴定的准确性。

3.1.5.2 城建档案鉴定的原则和标准

1. 决定城建档案保存价值的因素

城建档案鉴定工作的主要着眼点，是挑选和确定哪些城建档案需要保存以及保存多长时间。因此，鉴定城建档案价值，更确切地说，是鉴定城建档案的保存价值。

鉴定城建档案是否具有保存价值和具有怎样的保存价值，取决于两个方面的因素：城建档案自身的特点和社会利用的需要。

（1）城建档案自身的特点和状况是决定城建档案保存价值的基础

城建档案的内容、来源、形式以及其他各种情况，影响着城建档案是否具有保存价值、有什么样的保存价值。

（2）社会利用需要是决定城建档案保存价值的社会因素

城市规划、建设、管理工作和社会各界对城建档案的利用需要，影响着城建档案的保存价值。库藏的各种城建档案是否需要利用、怎样利用，都直接影响着城建档案是否具有保存价值、有什么样的保存价值。

上述决定城建档案保存价值的两个方面的因素，是相互作用、辩证统一的，两方面的因素都是客观存在的。为使分析和预测的档案保存价值符合或接近客观实际，必须以辩证唯物主义和历史唯物主义为指导，不能认为城建档案价值难以完全预测准确而随意进行。因此，制定和遵循鉴定城建档案价值的原则至关重要。

2. 鉴定城建档案的原则

城建档案鉴定工作的原则，就是必须从国家和社会的整体利益出发，用全面的、历史的、发展的观点来判定档案的价值，城建档案的存、毁，应遵循谨慎、认真的原则。

全面的观点。就是全方位地、多层次地预测城建档案利用的需要，估计和判断城建档案的潜在价值，全面分析和衡量城建档案的作用，要多角度全面地审视城建档案的内部特征和外部特征，切忌孤立地、简单地判定城建档案的保存价值。

历史的观点。就是尊重历史，根据城建档案形成的时代背景、历史条件，具体分析城建档案的内容和形式，以及城建档案文件之间的相互关系，从而衡量、判定城建档案价值功能。

发展的观点。就是以发展的眼光去认识和估量城建档案的价值，预测城建档案的长远历史意义。既要分析城建档案在当代的现实作用，又要充分推测判断城建档案为后人发挥的历史作用。

3. 鉴定城建档案价值的标准

城建档案价值鉴定标准主要有城建档案来源标准、城建档案内容标准、城建档案形式特征标准。

（1）城建档案来源标准

城建档案的来源是指城建档案的形成者。城建档案形成者在社会上的地位、作用和职能可影响和决定城建档案的价值。

（2）城建档案内容标准

城建档案内容是决定城建档案价值最重要、最本质的因素。当城建档案的内容能够为利用者解决疑难，满足利用者的信息需要，便体现出城建档案内容的潜在价值。对城建档案内容的分析可着眼于四个方面：

1）城建档案内容的重要性。城建档案是对历史活动的记载，而这些活动本身的重要程度直接影响城建档案的价值。同时，在维护国家、集体、个人利益，在科学研究、总结经验等方面具有证据性、查考性作用的城建档案都具有较高的价值。

2）城建档案内容的独特性。城建档案形成是城建历史活动的原始记录，以孤本而稀有，其内容的"独一无二"等特点，是决定城建档案特有价值的重要因素。

3）城建档案内容的时效性。城建文件作为处理城建事务、记录城建时事、传递城建信息的手段，在行政上、业务上、法律上具有一定的时效性。城建文件的时效性也对城建档案的价值发生直接影响。

4）城建档案内容的真实性、完备性也要加以考察，以准确把握城建档案内容的价值。

（3）城建档案形式特征标准

城建档案的形式特征是指城建文件的名称、责任者、形成时间、载体形式、记录方式等。在某种情况下，这些形式特征也可能对城建档案的价值发生影响。

在根据上述标准分析城建档案价值时，要始终坚持辩证的思维方式，切忌机械、片面地强调某一方面而忽略其他。因此，必须综合地考察城建文件各方面的特点和作用，全面把握城建档案的内在价值。

3.1.5.3　城建档案鉴定工作的类型

从城建档案管理流程分析，城建档案鉴定工作的类型有两种：进馆鉴定和管理鉴定。

（1）进馆鉴定。城建档案接收进城建档案馆前的鉴定，主要是对移交来的城建档案进行筛选，对原有的鉴定结果进行审核把关，按照馆藏建设的要求决定城建档案是否接收进馆，起到优化馆藏的作用。这项鉴定工作的内容一般包含在城建档案馆（室）的城建档案接收归档等前期工作中。

（2）管理鉴定。城建档案在进馆后管理过程中进行的一种价值鉴定，包括定期鉴定、到期鉴定、开放鉴定和销毁鉴定等。

1）定期鉴定，就是定期对馆藏城建档案保存价值进行复查。

2）到期鉴定，就是对保管期限到期的城建档案进行再鉴定，将确无保存价值的城建档案剔除，仍需继续保存的城建档案重新划定保管期限。

3）开放鉴定，就是按照国家有关规定，对应当向社会开放的城建档案进行甄别，决定是否开放。

4）销毁鉴定，就是在准备销毁城建档案之前，对经鉴定后欲销毁的城建档案进行最后的复查，避免错误销毁城建档案。

1. 城建档案鉴定的基本方法

城建档案的鉴定宜采用直接鉴定法，即城建档案的鉴定人员通过直接审查城建档案材料的内容及各种特征来鉴定其保存价值和密级。

城建档案鉴定应根据城建档案保管期限表、档案密级及控制利用范围的规定，结合城建档案自身特点和状况，以及社会利用的需要等进行。

城建档案的价值可从档案的内容；档案的来源、时间和形式；档案的完整程度等方面进行分析。

2. 城建档案馆的鉴定工作

（1）城建档案馆进馆档案鉴定的内容

包括对档案的密级，保管期限等进行审核鉴定。

（2）城建档案馆的馆藏档案鉴定工作的组织

应成立鉴定工作组，具体组织实施；成立鉴定委员会进行审查等。

（3）鉴定工作组的组成及主要任务

城建档案鉴定工作组应由城建档案馆业务骨干组成，其主要任务应包括下列内容：

1）根据城建档案保管期限表和有关法律、法规、规章和标准，制定详细的鉴定标准和工作方案。

2）对馆藏档案进行具体的鉴定工作。

　　3）列具拟降密、解密档案清册、拟销毁档案清册、拟开放档案目录、拟划控使用档案目录等。

　　4）撰写鉴定工作报告，写明鉴定工作过程、鉴定工作标准、拟降密解密档案内容分析、拟销毁档案内容分析、拟开放档案内容分析、拟划控使用档案内容分析，以及对重点、难点问题的处理意见等。

　　（4）鉴定委员会组成及主要任务

　　城建档案鉴定委员会应由城建档案馆馆长、馆内有关业务人员、相关专业管理部门的代表以及与被鉴定档案有关的单位负责人（或代表）、有关专家组成，其主要工作应包括下列内容：

　　1）讨论、审查鉴定工作标准和工作方案。

　　2）讨论、审查鉴定工作报告和拟降密、解密档案清册、拟销毁档案清册、拟开放档案目录、拟划控使用档案目录等，必要时还应直接审查或抽查有关档案。

　　3）形成鉴定委员会审查意见。

　　（5）鉴定结果及处理

　　城建档案馆应将鉴定委员会审查意见、鉴定工作报告、拟降密或解密档案清册、拟销毁档案清册、拟开放档案目录、拟划控使用档案目录等，送交城建档案形成单位征求意见。

　　城建档案形成单位反馈意见后，形成鉴定结果。根据鉴定结果，对拟降密、解密、销毁的档案必须编制拟降密、解密、销毁档案报告和销毁清册，并应报有关部门审查。档案的降密、解密或销毁必须得到有关部门的批准。

　　3.1.5.4　城建档案室的鉴定工作

1. 城建档案室鉴定工作的内容

　　（1）建设系统各行业（专业）管理部门档案室、建设工程档案形成单位档案室的鉴定工作包括归档时对文件材料的鉴定和对所保管档案的鉴定两种工作。

　　（2）档案室应会同本单位技术负责部门、业务部门制定本单位文件材料归档范围、档案密级与保管期限表，经单位领导人批准后执行，并据此进行档案鉴定工作。

　　（3）档案室在检查归档案卷质量时，应检查其密级与保管期限的准确性。

　　（4）档案室应根据保管期限规定，每年或按规定时间将保管期满的档案调出，经本单位技术负责部门、业务部门、主管领导审阅，认定无须继续保管的，方能销毁。

　　（5）档案室应根据保密规定，每3～5年对档案密级进行一次鉴定。根据经济社会和科技发展形势，将可解密或降低密级的档案拣出，经主管部门和保密部门审阅批准后，方可解密或降密。

2. 城建档案室鉴定工作的组织

　　档案鉴定工作由档案室组织实施，并会同本单位技术负责部门、业务部门共同进行。

　　3.1.5.5　城建档案的保管期限

1. 城建档案的保管期限

　　2014年，住房和城乡建设部发布的国家标准（公告第 491 号）《建设工程文件归档管理规范》，规定建设工程文件保管期限分为永久、长期、短期三种，永久是指工程档案无限地尽可能长远地保存下去。长期是指工程档案保存到该工程被彻底拆除；短期是指工程档案保存 10 年以下。同一案卷不同保管期限的文件，该案卷保管期限应从长。

2. 城建档案的密级

按照党和国家有关保密的规定，凡涉及党和国家安危和利益的，尚未公布或不准公布的事项，都属于保密的范围。

1989 年，建设部、国家保密局制定《建设工作中国家秘密及其密级具体范围的规定》，对建设工作中有关文件资料列入国家秘密的具体范围、等级范围作了规定。

国家标准《建设工程文件归档整理规范》GB/T 50328—2014，将建设工程文件的密级分为绝密、机密、秘密三种。同一案卷内有不同密级的文件时，应以高密级为本卷密级。

绝密级是最重要的国家秘密，泄露会使国家安全和利益遭受特别严重的损害；机密级是重要的国家秘密，泄露会使国家安全和利益遭受严重的损害；秘密级是一般的国家秘密，泄露会使国家安全和利益遭受损害。

国家秘密的保密期限，除另有规定外，绝密级不超过 30 年，机密级不超过 20 年，秘密级不超过 10 年。

国家秘密的保密期限已满的，自行解密，但也可以根据需要提前或延后解密。

机关、单位应当定期审核所确定的国家秘密。对在保密期内因保密事项范围调整不再作为国家秘密事项，或者公开后不会损害国家安全和利益，不需要继续保密的，应当及时解密；对需要延长保密期限的，应当在原保密期限届满前重新确定保密期限。提前解密，由原定密机关、单位决定，也可以由上级机关决定。

机关、单位应当根据工作需要，确定具体的保密期限、解密时间或者解密条件。

机关、单位对在决定和处理有关事项工作过程中确定需要保密的事项，根据工作需要决定公开的，正式公布时即视为解密。

3.1.5.6　城建档案的降密、解密与销毁

降密、解密、销毁和保管期限变更档案清册批准后，应在相应的案卷封面上重新标注新的保管期限和密级，并应更改相应的各种目录、数据库记录等，使其与鉴定结果相一致。对确定失去保存价值的城建档案，按规定程序报批后，可提出销毁。降密、解密、销毁和保管期限变更的档案清册应一式两份，一份留在城建档案机构永久保存，一份报上级主管机关及业务主管机关。

销毁是指经过鉴定，对失去价值的城建档案作毁灭性处置的过程。销毁前，必须严格履行手续，编制销毁清册，做好登记台账。准备销毁的档案在未批准前，应单独保管，以便审批时检查。销毁清册应包括清册名称、单位、鉴定小组负责人姓名、鉴定时间、销毁审批人姓名、销毁人姓名、监销人姓名、档案号、案卷题名、数量等。城建档案馆对确定销毁的城建档案应设定 1～2 年的待销期，以免误销。具体销毁工作由城建档案管理部门执行。销毁时应在 2 名及以上监销人监督下，送指定单位销毁。销毁工作应注意保密与安全。销毁完毕后，监销人应在销毁报告上签字。

城建档案销毁后，应将销毁的城建档案从各种目录及数据库中注销，包括撤掉有关的卡片（图 3-2）。

城建档案鉴定、销毁清册表样式（表 3-24、表 3-25）。

城建档案鉴定表　　　　　　　　　　　　　　　　　　　　　　　表 3-24

编号：_____

案卷名称			档号	
项目名称			归档时间	
原保管期限		原密级	张数	

鉴定意见	
	鉴定人：_____ 鉴定时间：_____
鉴定意见	
	鉴定人：_____ 鉴定时间：_____
备注	

城建档案销毁清册

单位名称：

鉴定组负责人：　　　　　　　　　　鉴定时间：

销毁审批人：　　　　　　　　　　　监销人：

销毁人：　　　　　　　　　　　　　销毁时间：

图 3-2　城建档案销毁清册式样图

城建档案销毁清册　　　　　　　　　　　　　　　　　　　　　　表 3-25

序号	案卷或文件题名	形成时间	档案号	文号	数量	原期限	销毁原因	备注

3.1.6 城建档案的保管与保护

3.1.6.1 城建档案保管与保护工作的含义和内容

城建档案的保管与保护是指根据城建档案的成分和状况，所采取的存放和安全防护措施的一项经常性业务工作。维护城建档案的完整与安全是城建档案工作基本原则和基本要求，而城建档案保管和保护工作是实现维护档案的完整与安全的重要环节和直接手段。实现维护档案的完整与安全就是城建档案的保管与保护工作最基本的、平常的任务。

城建档案保管与保护工作是城建档案管理部门的一项经常性业务工作。主要包括三个方面：第一，城建档案的库房管理，主要指库房内城建档案科学管理日常的工作；第二，城建档案流动过程中的保护，是指城建档案在各个管理环节中一般的安全防护；第三，保护城建档案的专门措施，指为延长城建档案的寿命而采取的诸如复制和修补等专门的技术处理。

这三方面的工作，有的要与收集、整理和利用等工作同时结合进行，有的则需单独组织进行。

3.1.6.2 城建档案保管与保护工作的任务和意义

1. 城建档案保管与保护工作的任务

城建档案保管与保护工作是城建档案工作的重要环节，其基本任务是：了解和掌握城建档案损坏规律，通过经常性工作，采取专门的技术措施，最大程度地防止和减少对城建档案造成危害的不利因素，延长城建档案的寿命，维护城建档案的系统性和完整性，保证城建档案的安全。

城建档案损坏和遭受破坏的因素有两种：人为因素和自然因素。

（1）人为因素

1）出于某种不良动机，故意对某些档案文件进行有目的、有意识地破坏。

2）由于档案工作人员或整理、保管、利用档案时接触档案的有关人员麻痹大意，或玩忽职守，或不遵守规章制度，以及缺乏城建档案业务经验等，导致管理和使用上的不善而造成城建档案的丢失、损坏或档案系统的紊乱。

3）在城建档案管理和利用过程中，难以避免地发生档案的老化。如频繁使用、复印等造成的磨损、老化等。

（2）自然因素

1）内因，档案本身。主要是指档案文件的制成材料、字迹材料，如纸张、胶片、磁带等载体材料，墨水、油墨等书写、印刷及其他附着材料，这些材料本身的耐久性及其变化直接影响到档案本身的寿命。

2）外因，档案所处的环境和保管档案的条件。如不适宜的温湿度、光线、灰尘、虫、鼠、水、火、机械磨损、腐蚀性气体、强磁场以及人为污损等因素对城建档案的损害。

因此，城建档案保管和保护工作的实质就是档案人员向一切可能损害档案的自然的、人为的因素进行科学的挑战。

2. 城建档案保管与保护工作的意义

城建档案保管与保护工作在整个城建档案工作中具有重要意义。

做好城建档案保管与保护工作是集中统一管理城建档案、维护城建档案的完整与安全的重要措施，也是不断丰富城建档案馆藏的重要条件。如果城建档案的完整与安全得不到保证，集中统一管理城建档案就失去了意义，城建档案其他业务工作的开展也就失去了物质基础，丰富馆藏也就无从谈起。

城建档案保管与保护工作质量的高低，对提高城建档案管理水平具有重大的影响，甚至在一定条件下具有决定性的影响。城建档案保管得好，就为整个城建档案工作的进行提供了物质对象，提供了一个最起码、最基本的前提。反之，如果不能有效地延长其寿命，甚至损毁殆尽，那就会使整个城建档案工作丧失最起码、最基本的物质前提。如果保管马虎，杂乱无章，造成失密、泄密，都会严重影响整个城建档案工作的秩序。

3.1.6.3　城建档案保管与保护工作的要求和原则

（1）具备符合专门要求的库房和设备。这是做好城建档案保管工作的最基本的物质条件。

（2）城建档案管理人员的素质要求，城建档案管理人员应具备相应的专业知识，且具有强烈事业心和高度责任感。在同等条件下，人的因素往往比物质因素更重要。物质因素是基础，人的因素是关键。

（3）经常检查观察是做好保管与保护工作的重要保证。保管人员要经常性地分析和观察城建档案的安全情况以及造成城建档案损毁的因素，及时采取合适的方法和措施，不断地改善保管条件，改进保管方法，针对性地解决好城建档案保管工作中出现的各种问题。

（4）保管与保护工作的原则，保管与保护工作一定要贯彻"以防为主，以防为先，防治结合"的原则，确保档案的长久与安全。

3.1.6.4　城建档案的异地安全保管

1. 异地安全保管的内容

异地安全保管，就是指对列入重点保管范围的重要城建档案实行多套留存或备份，分别保存在不同的相对安全的地方。

异地安全保管工作的主要内容有：制作副本、电子文件备份、异地存放。

制作副本，就是对重点保管的城建档案进行复制或数字化扫描，制作成副本，原件封闭式保存，副本留存供平时利用。

电子文件备份，就是对电子文件建立多文件夹，供平时查档利用和数据备份。

异地存放，就是指多套重要的城建档案存放在不同的地方。重要的电子档案必须在不同的载体（光盘、磁盘、硬盘、服务器等）上进行备份。

2. 异地安全保管的作用

对重要的、价值较大的城建档案实行异地安全保管的作用有以下几个方面：

（1）可以延长重要城建档案的寿命，使其能够发挥更长更大的作用。

（2）可以避免由于管理不当或者意外突发事件对城建档案造成无法弥补的损害，从而更好地维护城建档案完整与安全。

（3）可以提高城建档案管理人员的防护意识，培养他们的社会责任感。

3.1.6.5　档案室库房要求

（1）建立专门档案库房。建设系统各专业（档案）管理部门档案室应设有档案库房，库房面积满足档案存贮的需求，库房与办公、查阅等用房分置。

（2）具有良好的档案保管环境和条件。库房应有良好的适宜保管档案的环境和条件，符合防火、防水、防盗、防震、防高温、防潮、防霉、防鼠、防虫、防尘、防光、防磁、防有害气体、防有害生物等要求。

（3）库房配置足够数量的档案装具。库房应配置足够数量的档案柜、档案架。档案装具符合现行国家规定标准《档案装具》DA/T 6—1992 的相关规定。

（4）库房应配置必要的保管设备。保管设备如：吸尘器、温湿度测量仪、去湿机、空调、应急照明灯以及消防灭火设备等。

3.1.6.6　城建档案馆库房管理

1. 库房管理一般要求

（1）库房管理工作应有专人或设专职人员负责。

（2）库房应采取防火、防盗、防潮、防高温、防虫、防光、防磁、防鼠、防有害气体等防护措施，应当配备如下设备：

1）通风、去湿和空调设备。

2）温湿度自动记录仪及相关的监控设备。

3）烟火传感报警装置、干粉灭火机或气体灭火机。

4）防盗报警装置、防盗门窗。

5）除尘器。

6）消毒机或消毒箱以及防虫防霉药剂。

城建档案馆应编制档案存放位置索引，把每个库房档案柜、档案架内档案存放的实际情况绘成平面示意图，供保管和调卷人员使用。

2. 库内的排放与编号

库房内档案架、档案柜的排放与编号应符合下列规定：

（1）应根据档案库房大小、形状、朝向合理排放和布置档案架、档案柜，并方便档案的存取、便于通风和自然采光。

（2）档案架、档案柜排列应与窗户垂直，架侧、柜侧与墙壁间距应不小于 60cm，架背、柜背与墙壁之间的距离应不小于 10cm，前排与后排间距应保持在 1～1.2m 之间。

（3）库内的档案架、档案柜应统一编号。编号宜自门口起从左至右流水编号，每个档案架、档案柜的栏也宜从左向右编号，每栏的格宜自上而下编号，并以标签的形式在架、柜上标出编号。

（4）城建档案装入档案柜或密集架时均应采用分类排列法或顺序排列法进行。

（5）有两个及以上库房的城建档案管理机构应进行库房编号，编号应采用流水号顺序编排。

（6）绝密、重要以及珍贵的档案应与其他档案分开存放；不同载体形式的档案应分库存放；底图、地形图等应采用平放方式保存，板图可装在袋内或保护夹内，竖立放置或平放在柜架上；录音录像、磁盘等磁性载体的档案应放入专门的档案柜中保管。

（7）档案的摆放可分别采用竖放、平放、卷放等方法。

3.1.6.7　城建档案保护工作

1. 库房温湿度控制要求

（1）不同载体档案的库房温湿度应符合表 3-26 的规定。

档案库房温湿度控制标准　　　　　　　　　　　　　　表 3-26

档案类型	温度（℃）	相对湿度（%）	昼夜温度变化（℃）	昼夜相对湿度变化（%）
纸质档案	14～24	45～60	±2	±5
底片档案	13～15	35～45	±3	±5
照片档案	14～24	45～60	±3	±5
磁性载体档案	17～20	35～45	±3	±5
光盘档案	14～24	45～60	±2	±5

（2）库房应进行不间断的温湿度测量、记录，按规范记录温湿度情况。

（3）控制档案库房温度、湿度，可分别采取下列措施：

1）当库内温度、湿度高于控制标准而库外温湿度较低时，应开窗通风，或使用通风机、风扇等进行通风。

2）当库内温度、湿度符合控制标准而库外温湿度较高时，应密闭窗门。

3）当库内湿度大于控制标准时，应采取通风、开启去湿机等方式减湿。

4）当库内湿度小于控制标准时，应使用加湿器、地面洒水等方式增湿。

5）当库内温度高于控制标准时，应使用空调设备降温。

6）当库内温度低于控制标准时，应使用空调设备增温。

（4）库房温湿度调控的方法

1）密闭。档案库应严密封闭，以减少库外不良气候对库内的影响。库区或库房入口处应设缓冲间或安装气幕装置。每逢梅雨、高温、潮湿季节严禁随意开启库房门窗。

2）通风。档案库应根据空气流动规律，利用库外温、湿度的有利条件，合理地使库内外的空气进行自然交换，科学地进行通风。通风口应该设有一定的防护装置，以防灰尘和飞虫等进入。通风时要注意观察，防止产生结露现象。要避免有害气体进入库内。通风后应立即密闭有关设施。

3）减湿。库房应采用空气冷冻去湿机或吸湿剂降低湿度。

4）增湿。当库内湿度低于规定要求时，可采用蒸汽加湿或水蒸发加湿适当增加库内湿度。

5）降温、增温。可采用空调措施增温或降温，也可采用暖气设备增温，且以气暖为宜。

6）通过库房温湿度测量、记录和分析，掌握档案库房温湿度的变化规律，在没有空调设备的情况下，可采取通风与密闭的措施以达到改善库房温湿度的目的（表 3-27）。

7）新建档案库房竣工后不宜立即投入使用，一般要经半年以上的通风干燥后方能使用。

2. 库房防光要求及相关措施

（1）在档案的整理、保管和利用过程中应采取防光措施，减小光辐射的强度和辐照时间，以避光保存为宜，严禁将档案放在阳光下暴晒。

（2）档案库房宜使用乳白色的带防爆灯罩的白炽灯，照度般在 30～50lx 为宜。阅览室照度一般在 75～100lx 为宜。当采用荧光灯时，应有过滤紫外线和安全防火措施。

（3）库房的窗洞面积应符合现行行业标准《档案馆建筑设计规范》JGJ 25—2010 的

要求，窗户应采取不透光的窗帘、遮阳板、防紫外线玻璃等遮阳措施。

(4) 不宜在强光下长时间利用档案，珍贵档案原件复印次数不宜过多。

3. 库房防尘、防空气污染要求及相关措施

(1) 新建库房选址时，应远离锅炉房、厨房、有污染的车间等场所，并应提高档案库房周围的绿化覆盖率。档案库房所处地区及周围环境空气的质量，不应低于二级质量标准。

(2) 档案库房门窗应加装密封条，库房进风口处应设置净化空气装置和阻隔性质的微粒过滤器，净化和过滤库房空气。

(3) 库房维护结构的内层应选用质地坚硬耐磨的材料，或采用高分子涂料喷刷库房地面和墙面。

(4) 档案入库前应进行除尘和消毒处理。工作人员入库应更换工作服。

(5) 应制定卫生清洁制度。清洁库房卫生应使用吸尘器，先吸门窗、地板，后吸柜架。

4. 库房防虫、防霉和防鼠害要求及相关措施

(1) 档案入库前应进行灭菌消毒，防止带菌的档案入库污染其他档案。库房内严禁堆放杂物，严禁把食物带入库房内。新库房和新柜架启用前，应先使用药物进行密闭消毒。

(2) 加强库房温、湿度的控制和调节。库房温度、湿度应控制在档案《库房温湿度控制标准》规定的范围。

(3) 库房和办公用房应分设，避免人为因素使档案感染、滋生虫害。

(4) 库房应使用防霉剂等药剂防霉。

(5) 库房应经常放置和定期更换防虫药物，防止害虫的发生。

(6) 库房门窗应严密，并安装纱门、纱窗。

(7) 应做好库房虫情、鼠情观察记录工作，并采取适当的消杀措施。特别是在害虫高发季节，应根据害虫活动规律翻检档案架的角落、缝隙处及案卷的角落及装订处有无微生物滋生及害虫活动的痕迹，记录虫种、虫态及危害情况，以便采取适当措施。

5. 库房防火、防盗要求及相关措施

(1) 应加强防火意识教育，使每一位工作人员熟练掌握防火、灭火的相关知识和技术。

(2) 应制定防火、防盗制度，配备足够有效的灭火装置，安装防盗门和防盗栏，安装自动防火防盗报警监控系统。

(3) 库房内外严禁堆放易燃易爆等危险物品与杂物，库房、整理室、阅档室以及相关的工作用房严禁吸烟，严禁无关人员进入库房。

(4) 应定期检查库内电器和电线老化程度，防止电器、电线老化引起火灾。严禁超负荷使用电器设备。

(5) 城建档案机构应对地震、水灾、火灾、偷窃、破坏等突发事件制定应急预案。应急预案。应急预案应包括领导小组及其职责、应急队伍及任务、应变程序启动及组织、抢救档案的先后顺序、搬运路径、安全护运、转移存放地点、转移后在非常态情况下的管理及保护等内容。

档案库房温湿度记录表　　　　　　　　　　　表 3-27

_____号库房_____　　　　　　　　　　　_____年_____月

日期	天气情况	上午		下午		措施	效果	备注
		温度	湿度	温度	湿度			

第 2 节　建设工程文件归档管理

3.2.1　建设工程文件归档的基本规定

3.2.1.1　建设工程归档文件

建设工程归档文件是指在工程建设过程中形成的各种形式的信息记录，包括工程准备阶段文件、监理文件、施工文件、竣工图和竣工验收文件。

（1）工程准备阶段文件是建设单位在工程开工以前，在立项、审批、用地、勘察、设计、招投标等工程准备阶段形成的文件。

（2）监理文件是监理单位在工程设计、施工等监理过程中形成的文件。

（3）施工文件是施工单位在工程施工过程中形成的文件。

（4）竣工图是竣工图编制单位（建设单位与勘察、设计、监理、施工单位签订合同时确认）在工程竣工验收后，真实反映建设工程施工结果的图样。

（5）竣工验收文件是建设单位在建设工程项目竣工验收活动中形成的文件。

3.2.1.2　建设工程文件管理职责

《建设工程文件归档规范》GB/T 50328—2014 中明确规定：建设工程文件管理职责包括建设单位、监理单位、施工单位、城建档案馆在内的全部工程文件的编制和管理。工程文件不仅由施工单位提供，而且参与工程建设的建设单位、承担监理任务的监理或咨询单位，都负有收集、整理、签署、核查工程文件的责任。建设、勘察、设计、施工、监理等单位应将工程文件的形成和积累纳入工程建设管理的各个环节和相关人员的职责范围。

（1）建设单位应按下列流程开展工程文件的整理、归档、验收、移交等工作：

1）在工程招标及与勘察、设计、施工、监理等单位签订协议、合同时，应明确竣工图的编制单位、工程档案的编制套数、编制费用及承担单位、工程档案的质量要求和移交时间等内容；

2）收集和整理工程准备阶段形成的文件，并进行立卷归档；

3）组织、监督和检查勘察、设计、施工、监理等单位的工程文件的形成、积累和立卷归档工作；

4）收集和汇总勘察、设计、施工、监理等单位立卷归档的工程档案；

5）收集整理竣工验收文件，并进行立卷归档；

6）在组织工程竣工验收前，提请当地的城建档案管理机构对工程档案进行预验收；未取得工程档案验收认可文件，不得组织工程竣工验收；

7）对列入城建档案管理机构接收范围的工程，工程竣工验收后 3 个月内，应向当地城建档案管理机构移交一套符合规定的工程档案。

（2）勘察、设计、施工、监理等单位应将本单位形成的工程文件立卷后向建设单位移交。

（3）建设工程项目实行总承包管理的，总包单位负责收集、汇总各分包单位形成的工程档案，并应及时向建设单位移交；各分包单位应将本单位形成的工程文件整理、立卷后及时移交总包单位。建设工程项目由几个单位承包的，各承包单位应负责收集、整理立卷其承包项目的工程文件，并应及时向建设单位移交。

（4）城建档案管理机构应对工程文件的立卷归档工作进行监督、检查、指导。在工程竣工验收前，应对工程档案进行预验收，验收合格后，必须出具工程档案认可文件。

（5）工程资料管理人员应经过工程文件归档整理的专业培训。

3.2.2 建设工程文件归档范围及质量要求

3.2.2.1 建设工程文件归档范围

《建设工程文件归档规范》GB/T 50328—2014 规定建设工程参建各方应将工程资料归档保存。工程资料的具体归档范围应符合规定，见表 3-28。

工程文件归档范围和资料类别、来源及保存要求　　　　　　表 3-28

类别	归档文件	资料来源	保存单位				
			建设单位	设计单位	施工单位	监理单位	城建档案馆
工程准备阶段文件（A 类）							
A1	**立项文件**						
1	项目建议书的批复文件及项目建议书	建设单位	▲				▲
2	可行性研究报告批复文件及可行性研究报告	建设行政管理部门	▲				▲
3	专家论证意见、项目评估文件	建设单位	▲				▲
4	关于立项的会议纪要、领导批示	建设单位	▲				▲
A2	**建设用地、拆迁文件**						
1	选址申请及选址规划意见通知书	建设单位规划部门	▲				▲

续表

类别	归档文件	资料来源	保存单位				
			建设单位	设计单位	施工单位	监理单位	城建档案馆
2	建设用地批准文件	土地行政管理部门	▲				▲
3	拆迁安置意见、协议、方案等	建设单位	▲				△
4	建设用地规划许可证及其附件	规划行政管理部门	▲				▲
5	土地使用证明文件及其附件	土地行政管理部门	▲				▲
6	建设用地钉桩通知单	规划行政管理部门	▲				▲
A3	**勘察、设计文件**						
1	工程地质勘察报告	勘察单位	▲	▲			▲
2	水文地质勘察报告	勘察单位	▲	▲			▲
3	初步设计文件（说明书）	设计单位	▲	▲			
4	设计方案审查意见	规划行政管理部门	▲	▲			▲
5	人防、环保、消防等有关主管部门（对设计方案）审查意见	人防、环保、消防主管部门	▲	▲			▲
6	设计计算书	设计单位	▲	▲			△
7	施工图设计文件审查意见	施工图审查机构	▲	▲			▲
8	节能设计备案文件	设计单位	▲				▲
A4	**招投标文件**						
1	勘察、设计招投标文件	建设单位勘察单位	▲	▲			
2	勘察、设计合同		▲	▲			▲
3	施工招投标文件	建设单位施工单位	▲		▲	△	
4	施工合同		▲		▲	△	▲
5	工程监理招投标文件	建设单位监理单位	▲			▲	
6	监理合同		▲			▲	▲
A5	**开工审批文件**						
1	建设工程规划许可证及其附件	规划部门	▲		△	△	▲
2	建设工程施工许可证	建设行政管理部门	▲		▲	▲	▲
A6	**工程造价文件**						
1	工程投资估算材料	建设单位	▲				

续表

类别	归档文件	资料来源	保存单位				
			建设单位	设计单位	施工单位	监理单位	城建档案馆
2	工程设计概算材料	建设单位	▲				
3	招标控制价格文件	建设单位	▲				
4	合同价格文件	建设单位	▲		▲		△
5	结算价格文件	建设单位	▲		▲		△
A7	**工程建设基本信息**						
1	工程概况信息表	建设单位	▲		△		▲
2	建设单位工程项目负责人及现场管理人员名册	建设单位	▲				▲
3	监理单位工程项目总监及监理人员名册	监理单位	▲			▲	▲
4	施工单位工程项目经理及质量管理人员名册	施工单位	▲		▲		▲
监理文件（B类）							
B1	**监理管理文件**						
1	监理规划	监理单位	▲			▲	▲
2	监理实施细则	监理单位	▲		△	▲	▲
3	监理月报	监理单位	△			▲	
4	监理会议纪要	监理单位	▲		△	▲	
5	监理工作日志	监理单位				▲	
6	监理工作总结	监理单位				▲	▲
7	工作联系单	监理单位 施工单位	▲		△	△	
8	监理工程师通知	监理单位	▲		△	△	△
9	监理工程师通知回复单	施工单位	▲		△	△	△
10	工程暂停令	监理单位	▲		△	△	▲
11	工程复工报审表	施工单位	▲		▲	▲	▲
B2	**进度控制文件**						
1	工程开工报审表	施工单位	▲		▲	▲	▲
2	施工进度计划报审表	施工单位	▲		△	△	
B3	**质量控制文件**						
1	质量事故报告及处理资料	施工单位	▲		▲	▲	▲
2	旁站监理记录	监理单位	△		△	▲	
3	见证取样和送检人员备案表	监理单位或建设单位	▲		▲	▲	
4	见证记录	监理单位	▲		▲	▲	
5	工程技术文件报审表	施工单位			△		

续表

类别	归档文件	资料来源	保存单位				
			建设单位	设计单位	施工单位	监理单位	城建档案馆
B4	**造价控制文件**						
1	工程款支付	施工单位	▲		△	△	
2	工程款支付证书	施工单位	▲		△	△	
3	工程变更费用报审表	监理单位	▲		△	△	
4	费用索赔申请表	施工单位	▲		△	△	
5	费用索赔审批表	监理单位	▲		△	△	
B5	**工期管理文件**						
1	工程延期申请表	施工单位	▲		▲	▲	▲
2	工程延期审批表	监理单位	▲		▲	▲	▲
B6	**监理验收文件**						
1	竣工移交证书	监理单位	▲		▲	▲	▲
2	监理资料移交书	监理单位	▲			▲	
	施工文件(C类)						
C1	**施工管理文件**						
1	工程概况表	施工单位	▲		▲	▲	△
2	施工现场质量管理检查记录	施工单位			△	△	
3	企业资质证书及相关专业人员岗位证书	施工单位	△		△	△	△
4	分包单位资质报审表	施工单位	▲		▲	▲	
5	建设单位质量事故勘查记录	调查单位	▲		▲	▲	▲
6	建设工程质量事故报告书	调查单位	▲		▲	▲	▲
7	施工检测计划	施工单位	△		△	△	
8	见证试验检测汇总表	施工单位	▲		▲		▲
9	施工日志	施工单位			▲		
C2	**施工技术文件**						
1	工程技术文件报审表	施工单位	△		△	△	
2	施工组织设计及施工方案	施工单位	△		△	△	△
3	危险性较大分部分项工程施工方案	施工单位	△		△	△	△
4	技术交底记录	施工单位	△		△		
5	图纸会审记录	施工单位	▲	▲	▲	▲	▲
6	设计变更通知单	设计单位	▲	▲	▲	▲	▲
7	工程洽商记录(技术核定单)	施工单位	▲	▲	▲	▲	▲
C3	**进度造价文件**						
1	工程开工报审表	施工单位	▲	▲	▲	▲	▲
2	工程复工报审表	施工单位	▲	▲	▲	▲	▲

续表

类别	归档文件	资料来源	保存单位				
			建设单位	设计单位	施工单位	监理单位	城建档案馆
3	施工进度计划报审表	施工单位			△	△	
4	施工进度计划	施工单位			△	△	
5	人、机、料动态表	施工单位			△	△	
6	工程延期申请表	施工单位	▲		▲	▲	▲
7	工程款支付申请表	施工单位	▲		△	△	
8	工程变更费用报审表	施工单位	▲		△	△	
9	费用索赔申请表	施工单位	▲		△	△	
C4	**施工物质出厂质量证明及进场检测文件**						
	出厂质量证明文件及检测报告						
1	砂、石、砖、水泥、钢筋、隔热保温、防腐材料、轻骨料出厂质量证明文件	施工单位	▲		▲	▲	△
2	其他物资出厂合格证、质量保证书、检测报告和报关单或商检证等	施工单位	△		▲	▲	
3	材料、设备的相关检验报告、型式检测报告、3C强制认证合格证书或3C标志	检测单位	△		▲	▲	
4	主要设备、器具的安装使用说明书	检测单位	▲		▲	△	
5	进口的主要材料设备的商检证明文件	检测单位	△		▲		
6	涉及消防、安全、卫生、环保、节能的材料、设备的检测报告或法定机构出具的有效证明文件	检测单位	▲		▲	▲	△
7	其他施工物资产品合格证、出厂检验报告	供货单位					
	进场检验通用表格						
1	材料、构配件进场检验记录	施工单位			△	△	
2	设备开箱检验记录	施工单位			△	△	
3	设备及管道附件试验记录	施工单位	▲		▲	△	
	进场复试报告						
1	钢材试验报告	检测单位	▲		▲	▲	▲
2	水泥试验报告	检测单位	▲		▲	▲	▲
3	砂试验报告	检测单位	▲		▲	▲	▲
4	碎(卵)石试验报告	检测单位	▲		▲	▲	▲
5	外加剂试验报告	检测单位	△		▲	▲	▲
6	防水涂料试验报告	检测单位	▲		▲	△	
7	防水卷材试验报告	检测单位	▲		▲	△	
8	砖(砌块)试验报告	检测单位	▲		▲	▲	▲
9	预应力筋复试报告	检测单位	▲		▲	▲	▲

续表

类别	归档文件	资料来源	保存单位				
			建设单位	设计单位	施工单位	监理单位	城建档案馆
10	预应力锚具、夹具和连接器复试报告	检测单位	▲		▲	▲	▲
11	装饰装修用门窗复试报告	检测单位	▲		▲	△	
12	装饰装修用人造木板复试报告	检测单位	▲		▲	△	
13	装饰装修用花岗石复试报告	检测单位	▲		▲	△	
14	装饰装修用安全玻璃复试报告	检测单位	▲		▲	△	
15	装饰装修用外墙面砖复试报告	检测单位	▲		▲	△	
16	钢结构用钢材复试报告	检测单位	▲		▲	▲	▲
17	钢结构用防火涂料复试报告	检测单位	▲		▲	▲	
18	钢结构用焊接材料复试报告	检测单位	▲		▲	▲	
19	钢结构用高强度大六角头螺栓连接副复试报告	检测单位	▲		▲	▲	
20	钢结构用扭剪型高强度螺栓连接副复试报告	检测单位	▲		▲	▲	
21	幕墙用铝塑板、石材、玻璃、结构胶复试报告	检测单位	▲		▲	▲	▲
22	散热器、供暖系统保温材料、通风与空调工程绝热材料、风机盘管机组、低压配电系统电缆的见证取样复试报告	检测单位	▲		▲	▲	▲
23	节能工程材料复试报告	检测单位	▲		▲	▲	▲
24	其他物资进场复试报告	检测单位	▲				
C5	**施工记录文件**						
	通用表格						
1	隐蔽工程验收记录	施工单位	▲		▲	▲	▲
2	施工检查记录	施工单位			△		
3	交接检查记录	施工单位			△		
4	工程定位测量记录	施工单位	▲		▲	▲	
5	基槽验线记录	施工单位	▲		▲	▲	▲
6	楼层平面放线记录	施工单位			△	△	△
7	楼层标高抄测记录	施工单位			△	△	△
8	建筑物垂直度、标高观测记录	施工单位	▲		▲	△	
9	沉降观测记录	建设单位委托测量单位提供	▲		▲	△	▲
10	基坑支护水平位移监测记录	施工单位			△	△	
11	桩基、支护测量放线记录	施工单位			△	△	
12	地基验槽记录	施工单位	▲	▲	▲	▲	▲
13	地基钎探记录	施工单位	▲		△	△	▲
14	混凝土浇灌申请书	施工单位			△	△	

续表

类别	归档文件	资料来源	保存单位				
			建设单位	设计单位	施工单位	监理单位	城建档案馆
15	预拌混凝土运输单	施工单位			△		
16	混凝土开盘鉴定	施工单位			△	△	
17	混凝土拆模申请单	施工单位			△	△	
18	混凝土预拌测温记录	施工单位			△		
19	混凝土养护测温记录	施工单位			△		
20	大体积混凝土养护测温记录	施工单位			△		
21	大型构件吊装记录	施工单位	▲		△	△	▲
22	焊接材料烘焙记录	施工单位			△		
23	地下工程防水效果检查记录	施工单位	▲		△	△	
24	防水工程试水检查记录	施工单位	▲		△	△	
25	通风(烟)道、垃圾道检查记录	施工单位			△		
26	预应力筋张拉记录	施工单位	▲		▲	△	▲
27	有粘结预应力结构灌浆记录	施工单位	▲		▲	△	
28	钢结构施工记录	施工单位	▲		▲	△	
29	网架(索膜)施工记录	施工单位	▲		▲	△	▲
30	木结构施工记录	施工单位	▲		▲	△	
31	幕墙注胶检查记录	施工单位	▲		▲	△	
32	自动扶梯、自动人行道的相邻区域检查记录	施工单位	▲		▲	△	
33	电梯电气装置安装检查记录	施工单位	▲		▲	△	
34	自动扶梯、自动人行道电气装置检查记录	施工单位	▲		▲	△	
35	自动扶梯、自动人行道整机安装质量检查记录	施工单位	▲		▲	△	
36	其他施工记录文件	施工单位					
C6	施工试验记录及检测文件						
	通用表格						
1	设备单机试运转记录	施工单位	▲		▲	△	△
2	系统试运转调试记录	施工单位	▲		▲	△	
3	接地电阻测试记录	施工单位	▲		▲	△	△
4	绝缘电阻测试记录	施工单位	▲		▲	△	△
	建筑与结构工程						
1	锚杆试验报告	检测单位	▲		▲	△	▲
2	地基承载力检验报告	检测单位	▲		▲	△	▲
3	桩基检测报告	检测单位	▲		▲	△	▲
4	土工击实试验报告	检测单位	▲		▲	△	▲
5	回填土试验报告(应附图)	检测单位	▲		▲	△	▲

续表

类别	归档文件	资料来源	保存单位				
			建设单位	设计单位	施工单位	监理单位	城建档案馆
6	钢筋机械连接试验报告	检测单位	▲		▲	△	△
7	钢筋焊接连接试验报告	检测单位	▲		▲	△	△
8	砂浆配合比申请书、通知单	施工单位			△	△	△
9	砂浆抗压强度试验报告	检测单位	▲		▲	△	▲
10	砌筑砂浆试块强度统计、评定记录	施工单位	▲		▲	▲	△
11	混凝土配合比申请书、通知单	施工单位	▲		▲	△	△
12	混凝土抗压强度试验报告	检测单位	▲		▲	△	▲
13	混凝土试块强度统计、评定记录	施工单位	▲		▲	▲	△
14	混凝土抗渗试验报告	检测单位	▲		▲	▲	△
15	砂、石、水泥放射性指标报告	施工单位	▲		▲	▲	△
16	混凝土碱总量计算书	施工单位	▲		▲	△	△
17	外墙饰面砖样板粘结强度试验报告	检测单位	▲		▲	△	△
18	后置埋件抗拔试验报告	检测单位	▲		▲	△	△
19	超声波探伤报告、探伤记录	检测单位	▲		▲	△	△
20	钢构件射线探伤报告	检测单位	▲		▲	△	△
21	磁粉探伤报告	检测单位	▲		▲	△	△
22	高强度螺栓抗滑移系数检测报告	检测单位	▲		▲	△	△
23	钢结构焊接工艺评定	检测单位	▲		▲	△	△
24	网架节点承载力试验报告	检测单位	▲		▲	△	△
25	钢结构防腐、防火涂料厚度检测报告	检测单位	▲		▲	△	△
26	木结构胶缝试验报告	检测单位			▲	△	△
27	木结构构件力学性能试验报告	检测单位	▲		▲	△	
28	木结构防护剂试验报告	检测单位	▲		▲	△	△
29	幕墙双组分硅酮结构胶混匀性及拉断试验报告	检测单位	▲		▲	△	△
30	幕墙的抗风压性能、空气渗透性能、雨水渗透性能及平面内变形性能检测报告		▲		▲	△	△
31	外门窗的抗风压性能、空气渗透性能和雨水渗透性能检测报告	检测单位	▲		▲	△	△
32	墙体节能工程保温板材与基层粘结强度现场拉拔试验	检测单位	▲		▲	△	△
33	外墙保温浆料同条件养护试件试验报告	检测单位	▲		▲	△	△
34	结构实体混凝土强度验收记录	检测单位	▲		▲	△	△
35	结构实体钢筋保护层厚度验收记录	施工单位			▲	△	△
36	围护结构现场实体检验	施工单位	▲		▲	△	△

类别	归档文件	资料来源	保存单位				
			建设单位	设计单位	施工单位	监理单位	城建档案馆
37	室内环境检测报告	检测单位	▲		▲	△	△
38	节能性能检测报告	检测单位	▲		▲	△	▲
39	其他建筑与结构施工试验记录与检测文件	检测单位					
	给水排水及供暖工程						
1	灌(满)水试验记录	施工单位	▲		△	△	
2	强度严密性试验记录	施工单位	▲		▲	△	
3	通水试验记录	施工单位	▲		△	△	
4	冲(吹)洗试验记录	施工单位	▲		▲	△	
5	通球试验记录	施工单位	▲		△	△	
6	补偿器安装记录	施工单位			△	△	
7	消火栓试射记录	施工单位	▲		▲	△	
8	安全附件安装检查记录	施工单位			▲	△	
9	锅炉烘炉试验记录	施工单位			▲	△	
10	锅炉煮炉试验记录	施工单位			▲	△	
11	锅炉试运行记录	施工单位	▲		▲	△	
12	安全阀定压合格证书	检测单位	▲		▲	△	
13	自动喷水灭火系统联动试验记录	施工单位	▲		▲	△	△
14	其他给水排水及供暖施工试验记录与检测文件	检测单位					
	建筑电气工程						
1	电气接地装置平面示意图表	施工单位	▲		▲	△	△
2	电气器具通电安全检查记录	施工单位	▲		△	△	
3	电气设备空载试运行记录	施工单位	▲		▲	△	△
4	建筑物照明通电试运行记录	施工单位	▲		▲	△	△
5	大型照明灯具承载试验记录	施工单位	▲		▲	△	
6	漏电开关模拟试验记录	施工单位	▲		▲	△	
7	大容量电气线路结点测温记录	施工单位	▲		▲	△	
8	低压配电电源质量测试记录	施工单位	▲		▲	△	
9	建筑物照明系统照度测试记录	施工单位	▲		△	△	
10	其他建筑电气施工试验记录与检测文件	施工单位					
	智能建筑工程						
1	综合布线测试记录	施工单位	▲		▲	△	△
2	光纤损耗测试记录	施工单位	▲		▲	△	△
3	视频系统末端测试记录	施工单位	▲		▲	△	△
4	子系统检测记录	施工单位	▲		▲	△	△

类别	归档文件	资料来源	保存单位				
			建设单位	设计单位	施工单位	监理单位	城建档案馆
5	系统试运行记录	施工单位	▲		▲	△	△
6	其他智能建筑施工试验记录与检测文件	施工单位					
	通风与空调工程						
1	风管漏光检测记录	施工单位	▲		△	△	
2	风管漏风检测记录	施工单位	▲		▲	△	
3	现场组装除尘器、空调机漏风检测记录	施工单位			△	△	
4	各房间室内风量测量记录	施工单位	▲		△	△	
5	管网风量平衡记录	施工单位	▲		△	△	
6	空调系统试运转调试记录	施工单位	▲		▲	△	△
7	空调水系统试运转调试记录	施工单位	▲		▲	△	
8	制冷系统气密性试验记录	施工单位	▲		▲	△	
9	净化空调系统检测记录	施工单位	▲		▲	△	
10	防排烟系统联合试运行记录	施工单位	▲		▲	△	△
11	其他通风与空调施工试验记录与检测文件	施工单位					
	电梯工程						
1	轿厢平层准确度测量记录	施工单位	▲		△	△	
2	电梯层门安全装置检测记录	施工单位	▲		▲	△	
3	电梯电气安全装置检测记录	施工单位	▲		▲	△	
4	电梯整机功能检测记录	施工单位	▲		▲	△	
5	电梯主要功能检测记录	施工单位	▲		▲	△	
6	电梯负荷运行试验记录	施工单位	▲		▲	△	△
7	电梯负荷运行试验曲线图表	施工单位	▲		▲	△	
8	电梯噪声测试记录	施工单位	△		△	△	
9	自动扶梯、自动人行道安全装置检测记录	施工单位	▲		▲	△	
10	自动扶梯、自动人行道整机性能、运行试验记录	施工单位	▲		▲	△	△
11	其他电梯施工试验记录与检测文件	施工单位					
C7	**施工质量验收文件**						
1	检验批质量验收记录	施工单位	▲		△	△	
2	分项工程质量验收记录	施工单位	▲		▲	▲	
3	分部(子分部)工程质量验收记录	施工单位	▲		▲	▲	▲
4	建筑节能分部工程质量验收记录	施工单位	▲		▲	▲	▲
5	自动喷水系统验收缺陷项目划分记录	施工单位	▲		△	△	
6	程控电话交换系统分项工程质量验收记录	施工单位	▲		▲	△	
7	会议电视系统分项工程质量验收记录	施工单位	▲		▲	△	

类别	归档文件	资料来源	保存单位				
			建设单位	设计单位	施工单位	监理单位	城建档案馆
8	卫星数字电视系统分项工程质量验收记录	施工单位	▲		▲	△	
9	有线电视系统分项工程质量验收记录	施工单位	▲		▲	△	
10	公共广播与紧急广播系统分项工程质量验收记录	施工单位	▲		▲	△	
11	计算机网络系统分项工程质量验收记录	施工单位	▲		▲	△	
12	应用软件系统分项工程质量验收记录	施工单位	▲		▲	△	
13	网络安全系统分项工程质量验收记录	施工单位	▲		▲	△	
14	空调与通风系统分项工程质量验收记录	施工单位	▲		▲	△	
15	变配电系统分项工程质量验收记录	施工单位	▲		▲	△	
16	公共照明系统分项工程质量验收记录	施工单位	▲		▲	△	
17	给水排水系统分项工程质量验收记录	施工单位	▲		▲	△	
18	热源和热交换系统分项工程质量验收记录	施工单位	▲		▲	△	
19	冷冻和冷却水系统分项工程质量验收记录	施工单位	▲		▲	△	
20	电梯和自动扶梯系统分项工程质量验收记录	施工单位	▲		▲	△	
21	数据通信接口分项工程质量验收记录	施工单位	▲		▲	△	
22	中央管理工作站及操作分站分项工程质量验收记录	施工单位	▲		▲	△	
23	系统实时性、可维护性、可靠性分项工程质量验收记录	施工单位	▲		▲	△	
24	现场设备安装及检测分项工程质量验收记录	施工单位	▲		▲	△	
25	火灾自动报警及消防联动系统分项工程质量验收记录	施工单位	▲		▲	△	
26	综合防范功能分项工程质量验收记录	施工单位	▲		▲	△	
27	视频安防监控系统分项工程质量验收记录	施工单位	▲		▲	△	
28	入侵报警系统分项工程质量验收记录	施工单位	▲		▲	△	
29	出入口控制(门禁)系统分项工程质量验收记录	施工单位	▲		▲	△	
30	巡更管理系统分项工程质量验收记录	施工单位	▲		▲	△	
31	停车场(库)管理系统分项工程质量验收记录	施工单位	▲		▲	△	
32	安全防范综合管理系统分项工程质量验收记录	施工单位	▲		▲	△	
33	综合布线系统安装分项工程质量验收记录	施工单位	▲		▲	△	
34	综合布线系统性能检测分项工程质量验收记录	施工单位	▲		▲	△	
35	系统集成网络连接分项工程质量验收记录	施工单位	▲		▲	△	
36	系统数据集成分项工程质量验收记录	施工单位	▲		▲	△	
37	系统集成整体协调分项工程质量验收记录	施工单位					

续表

类别	归档文件	资料来源	保存单位				
			建设单位	设计单位	施工单位	监理单位	城建档案馆
38	系统集成综合管理及冗余功能分项工程质量验收记录	施工单位	▲		▲	△	
39	系统集成可维护性和安全性分项工程质量验收记录	施工单位	▲		▲	△	
40	电源系统分项工程质量验收记录	施工单位	▲		▲	△	
41	其他施工质量验收文件	施工单位					
C8	**施工验收文件**						
1	单位(子单位)工程竣工预验收报验表	施工单位	▲		▲		▲
2	单位(子单位)工程质量竣工验收记录	施工单位	▲	△	▲		▲
3	单位(子单位)工程质量控制资料核查记录	施工单位	▲		▲		▲
4	单位(子单位)工程安全和功能检验资料核查及主要功能抽查记录	施工单位	▲		▲		▲
5	单位(子单位)工程观感质量检查记录	施工单位	▲		▲		▲
6	施工资料移交书	施工单位	▲		▲		
7	其他施工验收文件	施工单位					
竣工图(D 类)							
1	建筑竣工图	编制单位	▲		▲		▲
2	结构竣工图	编制单位	▲		▲		▲
3	钢结构竣工图	编制单位	▲		▲		▲
4	幕墙竣工图	编制单位	▲		▲		▲
5	室内装饰竣工图	编制单位	▲		▲		▲
6	建筑给水排水与采暖竣工图	编制单位	▲		▲		▲
7	建筑电气竣工图	编制单位	▲		▲		▲
8	智能建筑竣工图	编制单位	▲		▲		▲
9	通风与空调竣工图	编制单位	▲		▲		▲
10	室外工程竣工图	编制单位	▲		▲		▲
11	规划红线内室外给水、排水、供热、供电、照明管线等竣工图	编制单位	▲		▲		▲
12	规划红线内道路、园林绿化、喷灌设施等竣工图	编制单位	▲		▲		▲
工程竣工验收文件(E 类)							
E1	**竣工验收与备案文件**						
1	勘察单位工程质量检查报告	勘察单位	▲		△	△	▲
2	设计单位工程质量检查报告	设计单位	▲	▲	△	△	▲
3	施工单位工程竣工报告	施工单位	▲		▲	△	▲

续表

类别	归档文件	资料来源	保存单位				
			建设单位	设计单位	施工单位	监理单位	城建档案馆
4	监理单位工程质量评估报告	监理单位	▲		△	▲	▲
5	工程竣工验收报告	建设单位	▲	▲	▲	▲	▲
6	工程竣工验收会议纪要	建设单位	▲	▲	▲	▲	▲
7	专家组竣工验收意见	建设单位	▲	▲	▲	▲	▲
8	工程竣工验收证书	建设单位	▲	▲	▲	▲	▲
9	规划、消防、环保、民防、防雷等部门出具的认可文件或准许使用文件	政府主管部门	▲	▲	▲	▲	▲
10	房屋建筑工程质量保修书	施工单位	▲		▲		▲
11	住宅质量保证书、住宅使用说明书	建设单位	▲		▲		▲
12	建设工程竣工验收备案表	建设单位	▲	▲	▲	▲	▲
13	建设工程档案预验收意见	建设单位	▲		△		▲
14	城市建设档案移交书	建设单位	▲				▲
E2	**竣工决算文件**						
1	施工决算资料	施工单位	▲		▲		△
2	监理决算资料	监理单位	▲			▲	△
E3	**工程声像资料**						
	开工前原貌、施工阶段、竣工新貌照片	建设单位	▲		△	△	▲
	工程建设过程的录音、录像资料(重大工程)	建设单位	▲		△	△	▲
E4	**其他工程文件**						

注：表中符号"▲"表示必须归档保存；"△"表示选择性归档保存

移交城建档案的工程资料分为工程准备阶段文件、监理文件、施工文件、竣工图和工程竣工验收文件五类，在项目实施过程中归档文件分别由建设单位、监理单位、施工单位负责收集管理。项目竣工后勘察、设计、施工、监理等单位应将本单位形成的工程文件立卷后向建设单位移交（建设单位可委托相关单位实施），最终建设单位向城建档案馆移交。

3.2.2.2　建设工程文件归档的质量要求

根据《建设工程文件归档整理规范》GB/T 50328—2014 的规定，建设工程文件在归档时应满足以下质量要求：

（1）归档的纸质文件应为原件。

（2）工程文件的内容及其深度必须符合国家现行有关工程勘察、设计、施工、监理等标准的规定。

（3）工程文件的内容必须真实、准确，应与工程实际相符合。

（4）计算机输出文字、图件以及手工书写材料，其字迹的耐久性和耐用性应符合现行国家标准《信息与文献纸张上书写、打印和复印字迹的耐久性和耐用性要求与测试方法》GB/T 32004 的规定。

（5）工程文件应字迹清楚，图样清晰，图表整洁，签字盖章手续完备。

（6）工程文件文字材料幅面尺寸规格宜为 A4 幅面（297mm×210mm），图纸宜采用国家标准图幅。

（7）工程文件的纸张，其耐久性和耐用性应符合现行国家标准《信息与文献　档案纸　耐久性和耐用性要求》GB/T 24422 的规定。

（8）所有竣工图均应加盖竣工图章，如图 3-3 所示，并应符合下列规定：

1）竣工图章的基本内容应包括："竣工图"字样、施工单位、编制人、审核人、技术负责人、编制日期、监理单位、现场监理、总监理工程师。

2）竣工图章尺寸为：50mm×80mm，如图 3-3 所示，具体尺寸详见《建设工程文件归档整理规范》GB/T 50328—2014 的竣工图章示例。

3）竣工图章应使用不易褪色的印泥，应盖在图标栏上方空白处。

竣工图			
施工单位			
编制人		审核人	
技术负责人		编制日期	
监理单位			
总监理工程师		监理工程师	

图 3-3　竣工图章示例

（9）竣工图的绘制与改绘应符合国家现行有关制图标准的规定。

（10）归档的建设工程文件应采用电子表或转换为表 3-29 所列文件格式。

工程电子文件存储格式表　　　　　　　　　　表 3-29

文件类别	格式
文本（表格）文件	OFD、DOC、DOCX、XLS、XLSX、PDF/A、XML、TXT、RTF
图像文件	JPEG、TIFF
图形文件	DWG、PDF/A、SVG
视频文件	AVS、AVI、MPEG2、MPEG4
音频文件	AVS、WAV、AIF、MID、MP3
数据库文件	SQL、DDL、DBF、MDB、ORA
虚拟现实/3D 图像文件	WRL、3DS、VRML、X3D、IFC、RVT、DGN
地理信息数据文件	DXF、SHP、SDB

（11）归档的建设工程电子文件应包含元数据，保证文件的完整性和有效性。元数据应符合现行行业标准《建设电子档案元数据标准》CJJ/T 187 的规定。

（12）归档的建设工程电子文件应采用电子签名等手段，所载内容应真实和可靠。

（13）归档的建设工程电子文件的内容必须与其纸质档案一致。

（14）建设工程电子文件离线归档的存储媒体，而采用移动硬盘、闪存盘、光盘、磁带等。

（15）存储移交电子档案的载体应经过检测，应无病毒、无数据读写故障，并应确保接收方能通过适当设备读出数据。

3.2.3 建设工程文件立卷及归档

3.2.3.1 建设工程文件立卷

立卷是指按照一定的原则和方法，将有保存价值的文件分门别类整理成案卷，亦称组卷。案卷是指由互相有联系的若干文件组成的档案保管单位。

1. 立卷的流程、原则和方法

（1）立卷的流程

1）对归档范围的工程文件进行分类，确定归入案卷的文件资料；

2）对卷内文件材料进行排列、编目、装订（或装盒）；

3）排列所有案卷，形成案卷目录。

（2）立卷的原则

1）立卷应遵循工程文件的自然形成规律和工程专业特点，保持卷内文件之间的有机联系，便于档案资料的保管和利用；

2）工程文件应按不同的形成、整理单位及建设程序，按工程准备阶段文件、监理文件、施工文件、竣工图、竣工验收文件分别进行立卷，并可根据数量多少组成一卷或多卷；

3）一个建设工程由多个单位工程组成时，工程文件按单位工程立卷；

4）不同载体的文件应分别立卷；

5）工程文件资料应根据工程资料的分类和"专业工程分类编码参考表"进行立卷；

6）卷内资料排列顺序要依据卷内的资料构成而定，一般顺序为封面、目录、文件部分、备考表、封底。组成的案卷力求美观、整齐；

7）卷内资料若有多种资料时，同类资料按日期顺序排列，不同资料之间的排列顺序应按日期的编号顺序排列。

（3）立卷的方法

1）工程准备阶段文件应按建设程序、形成单位进行立卷；

2）监理文件应按单位工程、分部工程或专业、阶段等进行立卷；

3）施工文件应按单位工程、分部（分项）工程进行立卷；

4）竣工图应按单位工程分专业进行立卷；

5）竣工验收文件应按单位工程分专业进行立卷；

6）电子文件立卷时，每个工程（项目）应建立多级文件夹，应与纸质文件在案卷设置上一致，并应建立相应的标识关系；

7）声像资料应按建设工程各阶段立卷，重大事件及重要活动的声像资料应按专题立卷，声像档案与纸质档案应建立相应的标识关系。

2. 施工文件立卷的要求

施工文件立卷的要求：

（1）专业承（分）包施工的分部、子分部（分项）工程应分别单独立卷；

（2）室外工程应按室外建筑环境和室外安装工程单独立卷；

（3）当施工文件中部分内容不能按一个单位工程分类立卷时，可按建设工程立卷。

3. 工程图纸折叠要求

不同幅面的工程图纸，应统一折叠成 A4 幅面（297mm×210mm）。应图面朝内，首先沿标题栏短边方向以 W 形折叠，然后再沿标题栏的长边方向以 W 形折叠，并使标题栏露在外面。图纸按专业排列，同专业图纸按图号顺序排列。

4. 案卷组成要求

案卷不宜过厚，文字材料卷厚度不宜超过 20mm，图纸卷厚度不宜超过 50mm。案卷内不应有重份文件，印刷成册的工程文件宜保持原装。

建设工程电子文件的组织和排序可按纸质文件进行。

5. 卷内文件的排列要求

（1）卷内文件应按《建设工程文件归档规范》GB/T 50328—2014 的规定的类别和顺序排列，即按照工程准备阶段文件、监理文件、施工文件、竣工图和工程竣工验收文件等五类顺序排列。

1）工程准备阶段文件的排列顺序（A1～A7）

立项文件（A1）、建设用地拆迁文件（A2）、勘察、设计文件（A3）、招投标文件（A4）、开工审批文件（A5）、工程造价文件（A6）、工程建设基本信息（A7）。

2）监理文件排列顺序（B1～B6）

监理管理文件（B1）、进度控制文件（B2）、质量控制文件（B3）、造价控制文件（B4）、工期管理文件（B5）、监理验收文件（B6）。

3）施工文件排列顺序（C1～C8）

施工管理文件（C1）、施工技术文件（C2）、进度造价文件（C3）、施工物资出厂质量证明及进场检测文件（C4）、施工记录文件（C5）、施工试验记录及检测文件（C6）、施工质量验收文件（C7）、施工验收文件（C8）。

4）工程竣工验收文件排列顺序（E1～E4）

竣工验收与备案文件（E1）、竣工决算文件（E2）、工程声像资料（E3）、其他工程文件（E4）。

（2）文字材料按事项、专业顺序排列。同一事项的请示与批复、同一文件的印本与定稿、主件与附件不能分开，并应按批复在前、请示在后，印本在前、定稿在后，主件在前、附件在后的顺序排列。

（3）图纸按专业排列，同专业图纸按图号顺序排列。既有文字材料又有图纸的案卷，文字材料应排前面，图纸应排在后面。

6. 案卷的编目

（1）卷内文件页号编制规定：

1）卷内文件均按有书写内容的页面编号。每卷单独编号，页号从"1"开始。

2）页号编写位置：单面书写的文件在右下角；双面书写的文件，正面在右下角。背面在左下角。折叠后的图纸一律写在右下角。

3）成套图纸或印刷成册的文件材料，自成一卷的，原目录可代替卷内目录，不必重新编写页号。

4）案卷封面、卷内目录、卷内备考表不编写页号。

（2）卷内目录的编制规定：

1）卷内目录排列在卷内文件首页之前。式样宜符合《建设工程文件归档规范》GB/T 50328—2014 附录 C 的要求，如图 3-4 所示；

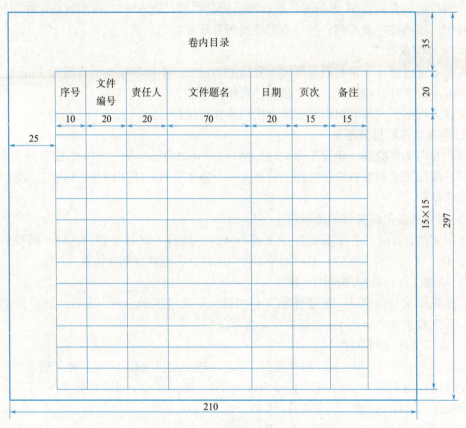

图 3-4　卷内目录式样

注：1. 尺寸单位统一为：mm；2. 比例 1∶2。

2）序号应以一份文件为单位编写，用阿拉伯数字从 1 依次标注；

3）文件编号应填写文件形成单位的发文号或图纸的图号，或设备、项目代号；

4）责任者应填写文件的直接形成单位和个人。有多个责任者时，应选择两个主要责任者，其余用"等"代替；

5）文件题名应填写文件标题的全称。当文件无标题时，应根据内容拟写标题，拟写标题外应加"〔〕"符号；

6）日期应填写文件形成的日期或文件的起止日期，竣工图应填写编制日期。日期中"年"应用四位数字表示，"月"和"日"应分别用两位数字表示；

7）页次应填写文件在卷内所排的起始页号，最后一份文件应填写起止页号；

8）备注应填写需要说明的问题。

（3）卷内备考表的编制规定：

1）卷内备考表应排列在卷内文件的尾页之后，式样宜符合《建设工程文件归档规范》GB/T 50328—2014 附录 D 的要求，如图 3-5 所示；

2）卷内备考表应标明卷内文件的总页数、各类文件页数或照片张数及立卷单位对案

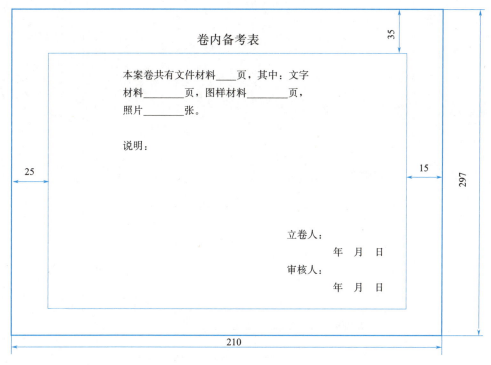

图 3-5　案卷备考表式样

注：1. 尺寸单位统一为：mm；2. 比例 1∶2。

卷情况说明；

3）立卷单位的立卷人和审核人应在卷内备考表上签名，年、月、日应按立卷、审核时间填写。

（4）案卷封面的编制规定：

1）案卷封面印刷在卷盒、卷夹的正表面，也可采用内封面形式。案卷封面的式样宜符合《建设工程文件归档规范》GB/T 50328—2014 附录 E 的要求，如图 3-6 所示。

2）案卷封面的内容应包括档号、案卷题名、编制单位、起止日期、密级、保管期限、本案卷所属工程的案卷总量、本案卷在该工程案卷总量中的排序。

3）档号应由分类号、项目号和案卷号组成。档号由档案保管单位填写。

4）案卷题名应简明、准确地揭示卷内文件的内容。

5）编制单位应填写案卷内文件的形成单位或主要责任者。

6）起止日期应填写案卷内全部文件形成的起止日期。

7）保管期限应根据卷内文件的保存价值在永久保管、长期保管、短期保管三种保管期限中选择划定。同一案卷内有不同保管期限的文件，该案卷保管期限应从长。

8）密级应在绝密、机密、秘密三个级别中选择划定。当同一案卷内有不同密级的文件，应以高密级为本卷密级。

（5）编写案卷题名规定

1）建筑工程案卷题名应包括工程名称（含单位工程名称）、分部工程或专业名称及卷

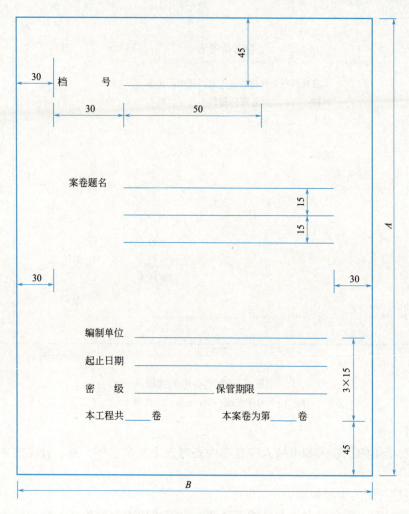

图 3-6　案卷封面式样

注：1. 卷盒、卷夹封面 $A \times B = 310 \times 220$；2. 案卷封面 $A \times B = 297 \times 210$；3. 尺寸单位统一为：mm，比例 1：2。

内文件概要等内容；当房屋建筑有地名管理机构批准的名称或正式名称时，应以正式名称为工程名称，建设单位名称可省略；必要时可增加工程地址内容；

　　2）道路、桥梁工程案卷题名应包括工程名称（含单位工程名称）、专业管线名称和卷内文件概要等内容；必要时可增加工程地址内容；

　　3）地下管线工程案卷题名应包括工程名称（含单位工程名称）、分部工程或专业名称及卷内文件概要等内容；必要时可增加工程地址内容；

　　4）卷内文件概要应符合《建设工程文件归档规范》GB/T 50328—2014 附录 A 中所列案卷内容（标题）的要求。

　　（6）卷内目录、卷内备考表、案卷内封面应采用 70g 以上白色书写纸制作，幅面统一采用 A4 幅面。

7. 案卷装订与装具

　　（1）案卷可采用装订与不装订两种形式。文字材料必须装订。装订时不应破坏文件的内容，并应保持整齐、牢固，便于保管和利用。

（2）案卷装具可采用卷盒、卷夹两种形式，并应符合下列规定：

1）卷盒的外表尺寸为 310mm × 220mm，厚度分别为 20mm、30mm、40mm、50mm；

2）卷夹的外表尺寸为 310mm×220mm，厚度一般为 20mm、30mm；

3）卷盒、卷夹应采用无酸纸制作。

（3）案卷脊背的内容包括档号、案卷题名。式样宜符合《建设工程文件归档规范》GB/T 50328—2014 附录 E 的要求。

3.2.3.2　建设工程文件的归档

归档指文件形成单位完成其工作任务后，将形成的文件整理立卷后，按规定向本单位档案室或向城建档案管理机构移交的过程。

1. 施工文件的归档范围

对与工程建设有关的重要活动、记载工程建设主要过程和现状、具有保存价值的各种载体文件，均应收集齐全，整理立卷后归档。工程文件的具体的归档范围详见《建设工程文件归档规范》GB/T 50328—2014 的要求。声像资料的归档范围和质量要求应符合现行行业标准《城建档案业务管理规范》CJJ/T 158 的要求。此外，不属于归档范围、没有保存价值的工程文件，文件形成单位可自行组织销毁。

2. 工程资料归档的规定

（1）归档文件范围和质量应符合《建设工程文件归档规范》GB/T 50328—2014 的要求；

（2）归档文件必须经过分类整理，并应符合《建设工程文件归档规范》GB/T 50328—2014 工程文件立卷的要求；

（3）电子文件归档应包括在线式归档和离线式归档两种方式。可根据实际情况选择其中一种或两种方式进行归档。

3. 工程资料归档时间规定

（1）根据建设程序和工程特点，归档可分阶段分期进行，也可在单位或分部工程通过竣工验收后进行；

（2）勘察、设计单位应在任务完成后，施工、监理单位应在工程竣工验收前，将各自形成的有关工程档案向建设单位归档。

4. 工程档案移交的规定

（1）勘察、设计、施工单位在收齐工程文件并整理立卷后，建设单位、监理单位应根据城建档案管理机构的要求，对归档文件完整、准确、系统情况和案卷质量进行审查。审查合格后方可向建设单位移交；

（2）工程档案的编制不得少于两套，一套应由建设单位保管，一套（原件）应移交当地城建档案管理机构保存；

（3）勘察、设计、施工、监理等单位向建设单位移交档案时，应编制移交清单，双方签字、盖章后方可交接；

（4）设计、施工及监理单位需向本单位归档的文件，应按国家有关规定和《建设工程文件归档规范》GB/T 50328—2014 的要求立卷归档。

3.2.4 建设工程档案的验收与移交

3.2.4.1 建设工程档案验收

建设工程档案验收时，应查验下列主要内容：

（1）工程档案齐全、系统、完整，全面反映工程建设活动和工程实际状况；

（2）工程档案已整理立卷，立卷符合《建设工程文件归档规范》GB/T 50328—2014 的规定；

（3）竣工图的绘制方法、图式及规格等符合专业技术要求，图面整洁，盖有竣工图章；

（4）文件的形成、来源符合实际，要求单位或个人签章的文件，其签章手续完备；

（5）文件的材质、幅面、书写、绘图、用墨、托裱等符合要求；

（6）电子档案格式、载体等符合要求；

（7）声像档案内容、质量、格式符合要求。

3.2.4.2 建设工程档案移交

建设工程档案移交应符合下列规定：

（1）列入城建档案管理机构接收范围的工程，建设单位在工程竣工验收备案前，必须向城建档案管理机构移交一套符合规定的工程档案；

（2）停建、缓建建设工程的档案，可暂由建设单位保管；

（3）对改建、扩建和维修工程，建设单位应组织设计、施工单位对改变部位据实编制新的工程档案，并应在工程竣工验收后备案前向城建档案管理机构移交；

（4）当建设单位向城建档案管理机构移交工程档案时，应提交移交案卷目录，办理移交手续，双方签字、盖章后方可交接。

第4章 施工文件档案资料管理

第1节 施工文件的分类

施工文件是施工单位在施工过程中形成的文件。在工程施工阶段，工序质量验收中形成的施工质量验收文件，应符合《建筑工程施工质量验收统一标准》GB 50300—2013 规定，以满足建筑工程施工质量验收的要求。在工程竣工验收后，需在 3 个月内向城建档案管理机构移交施工文件，应符合《建设工程文件归档规范》GB/T 50328—2014 规定，以满足施工文件档案归档验收要求。施工单位需及时收集、分类、整理和保管各类施工文件，以满足施工质量验收、竣工验收和归档等对施工文件的需求。

4.1.1 施工质量验收文件分类

建筑工程施工质量验收文件，宜按照《建筑工程施工质量验收统一标准》GB 50300—2013 规定分类，将其分为施工现场质量管理检查记录、建筑工程施工质量验收记录、单位工程质量竣工验收记录 3 大类。

（1）施工现场质量管理检查记录，包括：现场质量管理制度，质量责任制，主要专业工程操作上岗证书，地质勘察资料，施工组织设计、施工方案及审批和施工技术标准等内容。

（2）建筑工程施工质量验收记录，包括：检验批质量验收记录、分项工程质量验收记录、分部工程质量验收记录等记录。

（3）单位工程质量竣工验收记录，包括：单位工程质量竣工验收记录、单位工程质量控制资料核查记录、单位工程安全和功能（安全功能和使用功能）检验资料核查及主要功能（节能、环境保护、耐久性）抽查记录、单位工程观感质量检查记录等记录。

4.1.2 施工归档文件分类

施工归档文件（C 类），按《建设工程文件归档规范》GB/T 50328—2014，依据资料的属性划分为施工管理文件（C1 类）、施工技术文件（C2 类）、进度造价文件（C3 类）、施工物资出场质量证明及进场检测文件（C4 类）、施工记录文件（C5 类）、施工试验记录及检测文件（C6 类）、施工质量验收文件（C7 类）、施工验收文件（C8 类）等 8 小类。每一小类，又可进一步细分为若干种文件、资料或表格，示例：《系统试运转调试记录》应归档分类为施工记录（C6）中的通用表格类，见表 4-1。

建设工程文件归档范围（节选）　　　　　　　　　　　　　表 4-1

类别	归档文件	保存单位				
		建设单位	设计单位	施工单位	监理单位	城建档案馆
C1	施工管理文件（以下略）					

类别	归档文件	保存单位				
		建设单位	设计单位	施工单位	监理单位	城建档案馆
C2	**施工技术文件**(以下略)					
C3	**进度造价文件**(以下略)					
C4	**施工物资出场质量证明及进场检测文件**(以下略)					
C5	**施工记录文件**					
1	隐蔽工程验收记录	▲		▲	▲	▲
2	施工检查记录			△		
3	交接检查记录			△		
	以下略					
C6	**施工试验记录及检测文件**					
	通用表格					
1	设备单机试运转记录	▲		▲	△	△
2	系统试运转调试记录	▲		▲	△	△
	以下略					
	建筑与结构工程					
1	锚杆试验报告	▲		▲	△	△
2	地基承载力检验报告	▲		▲	△	▲
	以下略					
C7	**施工质量验收文件**(以下略)					
C8	**施工验收文件**(以下略)					

注:1. 本表节选自《建设工程文件归档规范》GB/T 50328—2014;
　　2. 表中符号"▲"表示必须归档保存;"△"表示选择性归档保存

第2节　施工文件编号

　　施工单位对收集的施工文件资料,应及时编号,编号的填写位置需符合要求。采用专用表格的施工文件,编号应填写在表格右上角的编号栏中;采用非专用表格的施工文件,编号应在资料右上角的适当位置。施工文件资料的编号宜按《建筑工程资料管理规程》JGJ/T 185—2009 的规定执行。

4.2.1　施工资料编号

　　施工资料（C类）编号宜由分部、子分部、类别、顺序号 4 组代号组成,组与组之间应用横线隔开（图 4-1）。

$$\underset{①}{\times\times}-\underset{②}{\times\times}-\underset{③}{\times\times}-\underset{④}{\times\times\times}$$

其中:①为分部工程代号,可按表 4-3 的规定执行。
　　　②为子分部工程代号,可按表 4-3 的规定执行。
　　　③为资料的类别编号,可按表 4-1 的规定执行。
　　　④为顺序号,可根据相同表格、相同检查项目,按形成时间顺序填写。

图 4-1　施工资料编号

例如：表 4-2 中"隐蔽工程验收记录"施工资料编号 06 为通风与空调分部工程代号；04 为除尘系统子分部工程代号；C5 为施工记录文件资料的类别编号；001 为顺序号，可按表 4-2 的规定执行，即可根据相同表格、相同检查项目，按形成时间顺序填写。

隐蔽工程验收记录（C.5.1）　　　　　　　　　　　　　　　　表 4-2

工程名称	××市××局办公楼	编号	06-04-C5-001

分部、子分部工程的编号应按表 4-3 填写，表中未明确的分部、子分部工程代号可依据相关标准自行确定。

建筑工程的分部工程、分项工程、检验批划分及代号索引　　　　表 4-3

分部工程代号	分部工程名称	子分部工程代号	子分部工程名称	分项工程	
01	地基与基础	01	地基	素土(天然地基)；灰土地基，砂和砂石地基，土工合成材料地基，粉煤灰地基，强夯地基，注浆地基，预压地基(人工地基)；砂石桩复合地基，高压旋喷注浆地基，水泥土搅拌桩地基，土和灰土挤密桩复合地基，水泥粉煤灰碎石桩复合地基，夯实水泥土桩复合地基(复合桩地基)	
		02	基础	无筋扩展基础(素混凝土、砖、石等基础，又称刚性基础)；钢筋混凝土扩展基础，筏形与箱形基础，钢结构基础，钢管混凝土结构基础，型钢混凝土结构基础(又称柔性基础)；钢筋混凝土预制桩基础，泥浆护壁成孔灌注桩基础，干作业成孔桩基础，长螺旋钻孔压灌桩基础，沉管灌注桩基础，钢桩基础，锚杆静压桩基础(称为桩基础)；岩石锚杆基础，沉井与沉箱基础(又称其他基础)	
		03	基坑支护	灌注桩排桩围护墙，板桩围护墙，咬合桩围护墙，型钢水泥土搅拌墙，土钉墙，地下连续墙，水泥土重力式挡墙，内支撑，锚杆，与主体结构相结合的基坑支护	
		04	地下水控制	降水与排水、回灌	
		05	土方	土方开挖，土方回填，场地平整(开工前、台阶散水施工前并应按计算规则划分)	
		06	边坡	喷锚支护、挡土墙、边坡开挖	
		07	地下防水	结构防水(主体结构防水应参照 03 装饰装修分部相应防水分项)	防水混凝土，水泥砂浆防水层，卷材防水层，涂料防水层，塑料防水板防水层，金属板防水层，膨润土防水材料防水层
				细部构造防水	施工缝，变形缝，后浇带，穿墙管，埋设件，预留通道接头，桩头，孔口，坑，池
				特殊施工法结构防水	喷锚支护，地下连续墙，盾构隧道，沉井，逆筑结构
				排水	渗排水，盲沟排水，隧道排水，坑道排水，塑料排水板排水
				注浆	预注浆，后注浆，结构裂缝注浆

续表

分部工程代号	分部工程名称	子分部工程代号	子分部工程名称	分项工程
01	地基与基础		地下防水工程检验批划分规定	1. 主体结构防水工程和细部构造防水工程应按结构标高、变形缝或后浇带等施工段划分检验批； 2. 特殊施工法结构防水工程应按隧道区间、变形缝等施工段划分检验批； 3. 排水工程和注浆工程各为一个检验批
			地基与基础其他分部工程检验批划分规定	1. 原材料、构配件、设备按批次、批量报验送检； 2. 施工检验批按各工种、专业、标高、施工段和变形缝划分； 3. 每个分项工程可以划分 $1\sim n$ 个检验批； 4. 有不同标高的地基按不同标高划分； 5. 同一标高按变形缝、区段和施工班组综合考虑划分
02	主体结构	01	混凝土结构	模板，钢筋，混凝土，预应力，现浇结构，装配式结构
			混凝土结构检验批划分规定	各分项工程可根据与施工方式相一致且便于控制施工质量的原则，按工作班、楼层、结构缝或施工段划分为若干个检验批
		02	砌体结构	砖砌体，混凝土小型空心砌块砌体，石砌体，配筋砌体，填充墙砌体
			砌体结构检验批划分规定	1. 所用材料类型及同类材料的强度等级相同； 2. 不超过 $250\mathrm{m}^3$ 砌体； 3. 主体结构砌体一个楼层（地下室砌体可按一个楼层计）；填充墙砌体量少时可多个楼层合并
		03	钢结构（单独组卷）	钢结构焊接，紧固件连接，钢零部件加工，钢构件组装及预拼装，单层钢结构安装，多层及高层钢结构安装，钢管结构安装，预应力钢索和膜结构，压型金属板，防腐涂料涂装，防火涂料涂装
		04	钢管混凝土结构	构件现场拼装，构件安装，钢管焊接，构件连接，钢管内钢筋骨架，混凝土
		05	型钢混凝土结构	型钢焊接，紧固件连接，型钢与钢筋连接，型钢构件组装及预拼装，型钢安装，模板，混凝土
		06	铝合金结构	铝合金焊接，紧固件连接，铝合金零部件加工，铝合金构件组装，铝合金构件预拼装，铝合金框架结构安装，铝合金空间网格结构安装，铝合金面板，铝合金幕墙结构安装，防腐处理
		07	木结构（单独组卷）	方木和原木结构，胶合木结构，轻型木结构，木结构的防护
			主体结构其他分部工程检验批划分规定	1. 原材料、构配件、设备按批量报验送检； 2. 施工检验批按各工种、专业、楼层、施工段和变形缝划分； 3. 每个分项工程可以划分 $1\sim n$ 个检验批； 4. 有不同层楼面的按不同检验批划分； 5. 同一层按变形缝、区段和施工班组综合考虑划分； 6. 小型工程一般按楼层划分

分部工程代号	分部工程名称	子分部工程代号	子分部工程名称	分项工程
03	建筑装饰装修	01	建筑地面	基层铺设(包括填充层、隔离层、绝热层、找平层、垫层、基土),整体面层铺设,板块面层铺设,木、竹面层铺设
			地面子分部检验批划分规定	基层(各构造层)和各类面层的分项工程的施工质量验收应按每一层次或每层施工段(或变形缝)作为检验批,高层建筑的标准层可按每三层(不足三层按三层计)作为检验批
		02	抹灰	一般抹灰,保温层薄抹灰,装饰抹灰,清水砌体勾缝
			抹灰子分部检验批划分规定	相同材料、工艺和施工条件的室外抹灰工程每 500～1000m² 应划为一个检验批,不足 500m² 也应划为一个检验批。相同材料、工艺和施工条件的室内抹灰工程每 50 个自然间(大面积房间和走廊按抹灰面积 30m² 为一间)应划分为一个检验批,不足 50 间也应划分为一个检验批
		03	(内)外墙防水	(内)外墙砂浆防水,涂膜防水,透气膜防水
		04	门窗	木门窗安装,金属门窗安装,塑料门窗安装,特种门安装,门窗玻璃安装
			门窗子分部检验批划分规定	同一品种、类型和规格的木门窗、金属门窗、塑料门窗及门窗玻璃每 100 樘应划分为一个检验批,不足 100 樘也应划分为一个检验批。同一品种、类型和规格的特种门每 50 樘应划分为一个检验批,不足 50 樘也应划分为一个检验批
		05	吊顶	整体面层吊顶,板块面层吊顶,格栅吊顶
		06	轻质隔墙	板材隔墙,骨架隔墙,活动隔墙,玻璃隔墙
			吊顶、轻质隔墙子分部检验批划分规定	同一品种的吊顶(轻质隔墙)工程每 50 间(大面积房间和走廊按吊顶面积 30m² 为一间或轻质隔墙的墙面 30m² 为一间)应划分为一个检验批,不足 50 间也应划分为一个检验批
		07	饰面板	石板安装,陶瓷板安装,木板安装,金属板安装,塑料板安装
		08	饰面砖	外墙饰面砖粘贴,内墙饰面砖粘贴
			饰面板(砖)子分部检验批划分规定	相同材料、工艺和施工条件的室内饰面板(砖)工程每 50 间(大面积房间和走廊按施工面积 30m² 为一间)应划分为一个检验批,不足 50 间也应划分为一个检验批。相同材料、工艺和施工条件的室外饰面板(砖)工程每 500～1000m² 应划分为一个检验批,不足 500m² 也应划分为一个检验批
		09	幕墙(单独组卷)	玻璃幕墙安装,金属幕墙安装,石材幕墙安装,陶板幕墙安装
			幕墙子分部检验批划分规定	相同设计、材料、工艺和施工条件的幕墙工程每 500～1000m² 应划分为一个检验批,不足 500m² 也应划分为一个检验批。同一单位工程的不连续的幕墙工程应单独划分检验批。对于异型或有特殊要求的幕墙,检验批的划分应根据幕墙的结构、工艺特点及幕墙工程规模,由监理单位(或建设单位)和施工单位协商确定

分部工程代号	分部工程名称	子分部工程代号	子分部工程名称	分项工程
03	建筑装饰装修	10	涂饰	水性涂料涂饰,溶剂型涂料涂饰,美术涂饰
			涂饰子分部检验批划分规定	室外涂饰工程每一栋楼的同类涂料涂饰的墙面每500~1000m² 应划分为一个检验批,不足500m² 也应划分为一个检验批。室内涂饰工程同类涂料涂饰墙面每50间(大面积房间和走廊按涂饰面积30m² 为一间)应划分为一个检验批,不足50间也应划分为一个检验批
		11	裱糊与软包	裱糊、软包
			裱糊与软包子分部检验批划分规定	同一品种的裱糊或软包工程每50间(大面积房间和走廊按施工面积30m² 为一间)应划分为一个检验批,不足50间也应划分为一个检验批
		12	细部	橱柜制作与安装,窗帘盒和窗台板制作与安装,门窗套制作与安装,护栏和扶手制作与安装,花饰制作与安装
			细部子分部检验批划分规定	同类制品每50间(处)应划分为一个检验批,不足50间(处)也应划分为一个检验批。每部楼梯应划分为一个检验批
04	建筑屋面	01	基层与保护	找坡层、找平层、隔气层、隔离层、保护层
		02	保温与隔热	板状材料保温层、纤维材料保温层、喷涂硬泡聚氨酯保温层、现浇泡沫混凝土保温层、种植隔热层、架空隔热层、蓄水隔热层
		03	防水与密封	卷材防水层、涂膜防水层、复合防水层、接缝密封防水
		04	瓦面与板面	烧结瓦和混凝土瓦铺装、沥青瓦铺装、金属板铺装、玻璃采光顶铺装
		05	细部构造	檐口、檐沟和天沟、女儿墙和山墙、水落口、变形缝、伸出屋面管道、屋面出入口、反梁过水孔、设施基座、屋脊、屋顶窗
			建筑屋面分部工程检验批划分规定	屋面工程各分项工程宜按屋面面积每500~1000m² 划分一个检验批,不足500m² 应按一个检验批
05	建筑给水排水及采暖	01	室内给水系统	给水管道及配件安装,给水设备安装、室内消火栓系统安装,消防喷淋系统安装,防腐,绝热,管道冲洗、消毒,试验与调试
		02	室内排水系统	排水管道及配件安装、雨水管道及配件安装、防腐,试验与调试
		03	室内热水系统	管道及配件安装、辅助设备安装、防腐、绝热,试验与调试
		04	卫生器具	卫生器具安装、卫生器具给水配件安装、卫生器具排水管道安装,试验与调试
		05	室内供暖系统	管道及配件安装、辅助设备安装、散热器安装、低温热水地板辐射供暖系统安装、电加热供暖系统安装,燃气红外辐射供暖系统安装,热风供暖系统安装,热计量及调控装置安装,试验与调试、防腐、绝热

续表

分部工程代号	分部工程名称	子分部工程代号	子分部工程名称	分项工程
05	建筑给水、排水及采暖	06	室外给水管网	给水管道安装,室外消火栓系统安装,试验与调试
		07	室外排水管网	排水管道安装,排水管沟与井池(室内供排水、暖气管沟应参照划分),试验与调试
		08	室外供热管网	管道及配件安装,系统水压试验,土建结构,防腐,绝热,试验与调试
		09	建筑饮用水供应系统	管道及配件安装,水处理设备及控制设施安装,防腐,绝热,试验与调试
		10	建筑中水系统及雨水利用系统	建筑中水系统、雨水利用系统管道及配件安装,水处理设备及控制设施安装,防腐,绝热,试验与调试
		11	游泳池及公共浴池水系统	管道及配件系统安装,水处理设备及控制设施安装,防腐,绝热,试验与调试
		12	水景喷泉系统	管道系统及配件安装,防腐,绝热,试验与调试
		13	热源及辅助设备	锅炉安装、辅助设备及管道安装、安全附件安装,换热站安装、防腐,绝热,试验与调试
		14	监测与控制仪表	检测仪器及仪表安装,试验与调试
		建筑给水、排水及采暖分部工程检验批划分规定		建筑给水、排水及采暖分部工程中的子分部中的各个分项检验批数量可按系统、区域、施工段或楼层划分
06	通风与空调	01	送风系统	风管与配件制作,部件制作,风管系统安装,风机与空气处理设备安装,风管与设备防腐,旋流风口,岗位送风口,织物(布)风管安装,系统调试
		02	排风系统	风管与配件制作,部件制作,风管系统安装,风机与空气处理设备安装,风管与设备防腐,吸风罩及其他空气处理设备安装,厨房、卫生间排风系统安装,系统调试
		03	防排烟系统	风管与配件制作,部件制作,风管系统安装,风机与空气处理设备安装,风管与设备防腐,排烟风阀(口)、常闭正压风口、防火风管安装,系统调试
		04	除尘系统	风管与配件制作,部件制作,风管系统安装,风机与空气处理设备安装,风管与设备防腐,除尘器与排污设备安装,吸尘罩安装,高温风管绝热,系统调试
		05	舒适性空调系统	风管与配件制作,部件制作,风管系统安装,风机与空气处理设备安装,风管与设备防腐,组合式空调机组安装,消声器、静电除尘器、换热器、紫外线灭菌器等设备安装,风机盘管、变风量与定风量送风装置、射流喷口等末端设备安装,风管与设备绝热,系统调试
		06	恒温恒湿空调系统	风管与配件制作,部件制作,风管系统安装,风机与空气处理设备安装,风管与设备防腐,组合式空调机组安装,电加热器、加湿器等设备安装,精密空调机组安装,风管与设备绝热,系统调试

续表

分部工程代号	分部工程名称	子分部工程代号	子分部工程名称	分项工程
06	通风与空调	07	净化空调系统	风管与配件制作,部件制作,风管系统安装,风机与空气处理设备安装,风管与设备防腐,净化空调机组安装,消声器、静电除尘器、换热器、紫外线灭菌器等设备安装,中、高效过滤器及风机过滤器单元等末端设备清洗与安装。 洁净度测试,风管与设备绝热,系统调试
		08	地下人防通风系统	风管与配件制作,部件制作,风管系统安装,风机与空气处理设备安装,风管与设备防腐,过滤吸收器、防爆波活门、防爆超压排气活门等专用设备安装,系统调试
		09	真空吸尘系统	风管与配件制作,部件制作,风管系统安装,风机与空气处理设备安装,风管与设备防腐,管道安装,快速接口安装,风机与滤尘设备安装,系统压力试验及调试
		10	冷凝水系统	管道系统及部件安装,水泵及附属设备安装,管道冲洗,管道、设备防腐,板式热交换器,辐射板及辐射供热、供冷地埋管,热泵机组设备安装,管道、设备绝热,系统压力试验及调试
		11	空调(冷、热)水系统	管道系统及部件安装,水泵及附属设备安装,管道冲洗,管道、设备防腐,冷却塔与水处理设备安装,防冻伴热设备安装,管道、设备绝热,系统压力试验及调试
		12	冷却水系统	管道系统及部件安装,水泵及附属设备安装,管道冲洗,管道、设备防腐,系统灌水渗漏及排放试验,管道、设备绝热
		13	土壤源热泵换热系统	管道系统及部件安装,水泵及附属设备安装,管道冲洗,管道、设备防腐,埋地换热系统与管网安装,管道、设备绝热,系统压力试验及调试
		14	水源热泵换热系统	管道系统及部件安装,水泵及附属设备安装,管道冲洗,管道、设备防腐,地表水源换热管及管网安装,除垢设备安装,管道、设备绝热,系统压力试验及调试
		15	蓄能系统	管道系统及部件安装,水泵及附属设备安装,管道冲洗,管道、设备防腐,蓄水罐与蓄冰槽、罐安装,管道、设备绝热,系统压力试验及调试
		16	压缩式制冷(热)设备系统	制冷机组及附属设备安装,管道、设备防腐,制冷剂管道及部件安装,制冷剂灌注,管道、设备绝热,系统压力试验及调试
		17	吸收式制冷设备系统	制冷机组及附属设备安装,管道、设备防腐,系统真空试验,溴化锂溶液加灌,蒸汽管道系统安装,燃气或燃油设备安装,管道、设备绝热,试验及调试
		18	多联机(热泵)空调系统	室外机组安装,室内机组安装;制冷剂管路连接及控制开关安装,风管安装;冷凝水管道安装,制冷剂灌注,系统压力试验及调试

续表

分部工程代号	分部工程名称	子分部工程代号	子分部工程名称	分项工程
06	通风与空调	19	太阳能供暖空调系统	太阳能集热器安装,其他辅助能源、换热设备安装,蓄能水箱,管道及配件安装,防腐,绝热,低温热水地板辐射采暖系统安装,系统压力试验及调试
		20	设备自控系统	温度、压力与流量传感器安装,执行机构安装调试,防排烟系统功能测试,自动控制及系统智能控制软件调试
			通风与空调分部工程检验批划分规定	通风空调分部工程中的子分部中的各个分项,可根据施工过程的实际情况一次验收或数次验收。分项工程质量的验收规定为根据工程量的大小、施工工期的长短或加工批,可分别采取一个分项一次验收或分数次验收的方法。并按系统和实际施工情况,经与建设、监理、设计等单位商议在施工合同或协议中约定后划分检验批
07	建筑电气	01	室外电气	变压器、箱式变电所安装,成套配电柜、控制柜(屏、台)和动力、照明配电箱(盘)及控制柜安装,梯架、支架、托盘和槽盒安装,导管敷设,电缆敷设,管内穿线和槽盒内敷线,电缆头制作、导线连接和线路绝缘测试,普通灯具安装,专用灯具安装,建筑照明通电试运行,接地装置安装
			室外电气子分部检验批划分规定	室外电气安装工程中分项工程的检验批,依据庭院大小、投运时间先后、功能分区不同划分
		02	变配电室(单独组卷)	变压器、箱式变电所安装,成套配电柜、控制柜(屏、台)和动力、照明配电箱(盘)安装,母线槽安装,梯架、支架、托盘和槽盒安装,电缆敷设,电缆头制作、导线连接和线路绝缘测试,接地装置安装,接地干线敷设
			变配电室子分部检验批划分规定	变配电室安装工程中分项工程的检验批,主变配电室为1个检验批;有数个分变配电室,且不属于子单位工程的分部工程,各为1个检验批,其验收记录汇入所有变配电室有关分项工程的验收记录中;如各分变配电室属于各子单位的子分部工程,所属分项工程各为1个检验批,其验收记录应为一个分项工程验收记录,经子分部工程验收记录汇入分部工程验收记录中
		03	供电干线(进户及各箱体之间)	电气设备试验和试运行,母线槽安装,梯架、支架、托盘和槽盒安装,导管敷设,电缆敷设,管内穿线和槽盒内敷线,电缆头制作、导线连接和线路绝缘测试,接地干线敷设
			供电干线子分部检验批划分规定	供电干线安装工程中的分项工程检验批,依据供电区段和电气线缆竖井的编号划分
		04	电气动力(三相)	成套配电柜、控制柜(屏、台)和动力配电箱(盘)安装,电动机、电加热器及电动执行机构检查接线,电气设备试验和试运行,梯架、支架、托盘和槽盒安装,导管敷设,电缆敷设,管内穿线和槽盒内敷线,电缆头制作、导线连接和线路绝缘测试

续表

分部工程代号	分部工程名称	子分部工程代号	子分部工程名称	分项工程
07	建筑电气	05	电气照明（两相，开关、插座及回路）	成套配电柜、控制柜（屏、台）和照明配电箱（盘）安装，梯架、支架、托盘和槽盒安装，导管敷设，管内穿线和槽盒内敷线，塑料护套线直敷布线，钢索配线，电缆头制作，导线连接和线路绝缘测试，普通灯具安装，专用灯具安装，开关、插座、风扇安装，建筑照明通电试运行
			电气动力、电气照明安装子分部检验批划分规定	电气动力和电气照明安装工程中分项工程及建筑物等电位联结分项工程的检验批，其划分的界区，应按设备、系统划分
		06	备用和不间断电源	成套配电柜、控制柜（屏、台）和照明配电箱（盘）安装，柴油发电机组安装，不间断电源装置及应用电源装置安装，母线槽安装，导管敷设，电缆敷设，管内穿线和槽盒内敷线，电缆头制作、导线连接和线路绝缘测试，接地装置安装
			备用和不间断电源子分部检验批划分规定	备用和不间断电源安装工程中分项工程各自成为相应的检验批
		07	防雷及接地	接地装置安装，防雷引下线及接闪器安装，建筑物等电位连接，浪涌保护器安装
			防雷及接地子分部检验批划分规定	防雷及接地装置安装工分项工程检验批，人工接地装置和利用建筑物基础钢筋的接地体各为 1 个检验批，大型基础可按区域划分成几个检验批；避雷引下线安装 6 层以下的建筑为 1 个检验批，高层建筑依均压环设置间隔的层数为 1 个检验批；接闪器安装同一屋面为 1 个检验批
08	智能建筑	01	智能化集成系统	设备安装，软件安装，接口及系统调试，试运行
		02	信息接入系统	安装场地检查
		03	用户电话交换系统	线缆敷设，设备安装，软件安装，接口及系统调试，试运行
		04	信息网络系统	计算机网络设备安装，计算机网络软件安装，网络安全设备安装，网络安全软件安装，系统调试，试运行
		05	综合布线系统（单独组卷）	梯架、托盘、槽盒和导管安装，缆线敷设，机柜、机架、配线架安装，信息插座安装，链路或信道测试，软件安装，系统调试，试运行
		06	移动通信室内信号覆盖系统	安装场地检查
		07	卫星通信系统	安装场地检查
		08	有线电视及卫星电视接收系统	梯架、托盘、槽盒和导管安装，缆线敷设，设备安装，软件安装，系统调试，试运行
		09	公共广播系统	梯架、托盘、槽盒和导管安装，缆线敷设，设备安装，软件安装，系统调试，试运行
		10	会议系统	梯架、托盘、槽盒和导管安装，线缆敷设，设备安装，软件安装，系统调试，试运行

续表

分部工程代号	分部工程名称	子分部工程代号	子分部工程名称	分项工程
08	智能建筑	11	信息导引及发布系统	梯架、托盘、槽盒和导管安装,线缆敷设,显示设备安装,机房设备安装,软件安装,系统调试,试运行
		12	时钟系统	梯架、托盘、槽盒和导管安装,线缆敷设,设备安装,软件安装,系统调试,试运行
		13	信息化应用系统	梯架、托盘、槽盒和导管安装,线缆敷设,设备安装,软件安装,系统调试,试运行
		14	建筑设备监控系统	梯架、托盘、槽盒和导管安装,线缆敷设,传感器安装,执行器安装,控制器、箱安装,中央管理工作站和操作分站设备安装,软件安装,系统调试,试运行
		15	火灾自动报警系统	梯架、托盘、槽盒和导管安装,线缆敷设,探测器类设备安装,控制器类设备安装,其他设备安装,软件安装,系统调试,试运行
		16	安全技术防范系统	梯架、托盘、槽盒和导管安装,线缆敷设,设备安装,软件安装,系统调试,试运行
		17	应急响应系统	设备安装,软件安装,系统调试,试运行
		18	机房	供配电系统,防雷与接地系统,空气调节系统,给水排水系统,综合布线系统,监控与安全防范系统,消防系统,室内装饰装修,电磁屏蔽系统调试,试运行
		19	防雷与接地	接地装置,接地线,等电位联结屏蔽设施,电涌保护器,缆线敷设,系统调试,试运行
			智能建筑检验批划分规定	智能建筑子分部(各个分项工程)的检验批,应按系统和实际施工情况,经与建设、监理、设计等单位商议在施工合同或协议中约定后划分检验批
09	节能建筑	01	维护系统节能	墙体节能,幕墙节能,门窗节能,屋面节能,地面节能
			墙体节能工程子分部检验批划分规定	采用相同材料、工艺和施工做法的墙面,每500~1000m² 面积划分为一个检验批,不足500m² 也为一个检验批。检验批的划分也可根据与施工流程相一致且方便施工与验收的原则,由施工单位与监理(建设)单位共同商定
			幕墙节能工程子分部检验批划分规定	相同设计、材料、工艺和施工条件的幕墙工程每500~1000m² 应划分为一个检验批,不足500m² 也应划分为一个检验批。同一单位工程的不连续的幕墙工程应单独划分检验批。对于异型或有特殊要求的幕墙,检验批的划分应根据幕墙的结构、工艺特点及幕墙工程规模,由监理单位(或建设单位)和施工单位协商确定
			门窗节能工程子分部检验批划分规定	同一厂家的同一品种、类型、规格的门窗及门窗玻璃每100 樘划分为一个检验批,不足100 樘也为一个检验批。同一厂家的同一品种、类型和规格的特种门每50 樘划分为一个检验批,不足50 樘也为一个检验批。对于异型或有特殊要求的门窗,检验批的划分应根据其特点和数量,由监理(建设)单位和施工单位协商确定

续表

分部工程代号	分部工程名称	子分部工程代号	子分部工程名称	分项工程
09	节能建筑	01	屋面节能工程检验批划分规定	屋面面积每 $500\sim1000m^2$ 应划分为一个检验批，不足 $500m^2$ 也应划分为一个检验批。按屋面不同标高划分检验批
			地面节能工程检验批划分规定	检验批可按施工段或变形缝划分；当面积超过 $200m^2$ 时，每 $200m^2$ 可划分为一个检验批，不足 $200m^2$ 也为一个检验批；不同构造做法的地面节能工程应单独划分检验批
		02	供暖空调设备及管网节能	供暖节能，通风与空调设备节能，空调与供暖系统冷热源节能，空调与供暖系统管网节能
			采暖节能工程检验批划分规定	采暖系统节能工程的验收，可按系统、楼层等进行，并应符合《建筑节能工程施工质量验收规范》第3.4.1条的规定
			通风与空气调节节能工程检验批划分规定	通风与空调系统节能工程的验收，可按系统、楼层等进行，并应符合《建筑节能工程施工质量验收规范》第3.4.1条的规定
			空调与采暖系统的冷热及管网节能工程检验批划分规定	空调与采暖系统冷热源设备、辅助设备及其管道和管网系统节能工程的验收，可分别按冷源和热源系统及室外管网进行，并应符合《建筑节能工程施工质量验收规范》第3.4.1条的规定
		03	电气动力节能	配电节能，照明节能
			配电与照明节能工程检验批划分规定	建筑配电与照明节能工程验收的检验批划分应按《建筑节能工程施工质量验收规范》第3.4.1条的规定。当需要重新划分检验批时，可按照系统、楼层、建筑分区划分为若干个检验批
		04	监控系统节能	监测系统节能，控制系统节能
			监测与控制节能工程检验批划分规定	子分部中的各个分项工程的检验批，应按系统和实际施工情况，经与建设、监理、设计等单位商议在施工合同或协议中约定后划分检验批
		05	可再生能源	地源热泵系统节能，太阳能光热系统节能，太阳能光伏节能
			可再生能源工程检验批划分规定	子分部中的各个分项工程的检验批，应按系统和实际施工情况，经与建设、监理、设计等单位商议在施工合同或协议中约定后划分检验批
10	电梯	01	电力驱动的曳引式或强制式电梯（单独组卷）	设备进场验收，土建交接检验，驱动主机，导轨，门系统，轿厢，对重，安全部件，悬挂装置，随行电缆，补偿装置，电气装置，整机安装验收
		02	液压电梯（单独组卷）	设备进场验收，土建交接检验，液压系统，导轨，门系统，轿厢，对重，安全部件，悬挂装置，随行电缆，电气装置，整机安装验收
		03	自动扶梯、自动人行道（单独组卷）	设备进场验收，土建交接检验，整机安装验收
			电梯分部工程检验批划分规定	电梯工程应按系统和实际施工情况，经与建设、监理、设计等单位商议在施工合同或协议中约定后划分检验批

　　施工资料中属于单位工程整体管理内容的，编号中的分部、子分部工程代号可用"00"代替；例如：单位工程施工组织设计、施工方案、图纸会审、设计变更、洽商记录、施工日志、工程竣工验收资料等资料的内容适用于整个单位工程，难以划分到某个分部（子分部）中，因此组合编号中分部、子分部工程代号可用"00"代替。

　　同一厂家、同一品种、同一批次的施工物资用在两个分部、子分部工程中时，资料编号中的分部、子分部工程代号可按主要使用部位填写。例如：同一材料用于多个分部工程时，产品合格证、检测报告、复验报告编号可选用主要分部代号。但为了方便对用于其他部位的材料进行追溯、查找，宜在复验报告空白处或编目时记录具体使用部位。

4.2.2　竣工图

　　竣工图（D类）编号宜按表 4-4 中规定的类别和形成时间顺序进行编号。

竣工图（D类）的类别、来源及保存　　　　　表 4-4

工程资料类别	工程资料名称		工程资料来源	工程资料保存			
				施工单位	监理单位	建设单位	城建档案馆
竣工图（D类）	建筑与结构竣工图	建筑竣工图	编制单位	▲		▲	▲
		结构竣工图	编制单位	▲		▲	▲
		钢结构竣工图	编制单位	▲		▲	▲
	建筑装饰与装修竣工图	幕墙竣工图	编制单位	▲		▲	▲
		室内装饰竣工图	编制单位	▲		▲	
	建筑给水排水及供暖竣工图		编制单位	▲		▲	▲
	建筑电气竣工图		编制单位	▲		▲	▲
	智能建筑竣工图		编制单位	▲		▲	▲
	通风与空调竣工图		编制单位	▲		▲	▲
	室外工程竣工图		编制单位	▲		▲	▲
	规划红线内的室外给水、排水、供热、供电、照明管线等竣工图		编制单位	▲		▲	▲
	规划红线内的道路、园林绿化、喷灌设施等竣工图		编制单位	▲		▲	▲

注：1. 本表节选自《建设工程文件归档规范》GB/T 50328—2014；
　　2. 表中工程资料名称与资料保存单位所对应的栏中"▲"表示"归档保存"

第3节　建立施工资料章、节、项、目录

　　施工单位收集的施工资料，为便于分级、分类保管，适应组卷编目的需要，应建立施工资料的章、节、项、目录。施工资料的章、节、项、目录的建立，通常是以工程资料类别表示章，工程资料名称（子目录）表示节，资料分目录表示项，细目表示目录，以方便与《建筑工程资料管理规程》JGJ/T 185—2009 中的工程资料编号的表达方式统一，示例如表 4-5 所示。

建立施工资料的章、节、项、目录示例　　　　　　　　　　表 4-5

工程资料类别	工程资料名称（子目录）	资料分目录	细目	工程资料单位来源	填写或编制	审核、审批、签字
施工管理资料 C1	工程概况表			施工单位	项目负责人	项目经理
	施工现场质量管理检查记录					总监
	企业资质证书及相关专业人员岗位证书					专业监理/总监
	分包单位资质报审表	××岩土工程公司		施工单位	项目经理	专业监理/总监
	建设工程质量事故勘查记录	按事故发生事项列分目录		调查单位	调查人	被调查人
	建设工程质量事故报告书	按事故发生事项列分目录		调查单位	报告人	调查负责人

第 4 节　施工文件档案资料管理计划的特点

施工文件档案资料管理计划是指导施工文档资料编制、填写、审核、审批、收集、分类、组卷、移交和归档等资料管理工作的基础文件，是项目管理实施计划的重要组成部分。

施工文件档案资料管理计划应具有预见性、针对性、可行性和约束性的特点。

（1）预见性：施工文件档案资料管理计划是在资料管理活动之前对活动的任务、目标、方法、措施所作出的预见性确认，是以相关的规定为指导，以在建项目实际条件为基础，以相关的技术文件为依据，对即将实施开展的资料管理任务的发展趋势作出科学预测。

（2）针对性：计划一是根据确定的工作任务而定，二是针对本单位的主客观条件和相应能力而定。

（3）可行性：可行性是和预见性、针对性紧密联系在一起的，预见准确、针对性强的计划，在现实中才真正可行。

（4）约束性：计划一经通过、批准或认定，在其所指向的范围内就具有了约束作用，在这一范围内任务执行者都必须按计划的内容开展工作和活动。

施工文件档案资料管理计划中应明确工程施工文件档案资料管理中的主要工作、任务清单及时间节点，并在主要工作和任务清单中清楚地描述出：项目各个实施阶段的任务划分；每个阶段的工作重点和任务的内容；完成本阶段工作和任务的资源需求，时间期限、阶段工作和任务的成果形式。

第 5 节　施工文档资料管理计划的编制

施工文档资料管理计划编制的主要任务，是依据资料收集的范围、类型和具体的施工过程，确定资料何时、向何单位（或责任人）收集符合要求文件档案资料。其编制应依据《建设工程文件归档规范》GB/T 50328—2014、《建筑工程施工质量验收统一标准》GB 50300—2013 和建筑工程施工质量专业验收规范等指导性文件，并按照建筑工程项目的施工组织设计、质量验收计划、工程合同及相关文件、同类项目的相关资料等实施性文件进行编制。

施工文件档案资料管理计划应由项目经理组织，项目部的技术人员、资料员参与，在工程签订施工合同之后、开工前进行编制。

施工文档资料管理计划的编制要求包括：建立资料管理计划的构成体系（按照分部、分项工程确定资料类别），建立资料分类编码系统，确定资料来源，拟定资料形成时间，复核资料传递途径和反馈的范围，确认负责人职能和工作流程等。

4.5.1 施工文档资料管理计划的构成体系

施工文档资料管理计划的构成体系应符合施工文档文件立卷的原则。根据《建设工程文件归档规范》GB/T 50328—2014 的规定，施工文件应按单位工程、分部（分项）工程进行立卷；分部、分项工程按照资料的类型（C1~C8 类）立卷；专业承分包施工的分部（子分部）工程应分别单独立卷；室外工程应按室外建筑环境和室外安装工程单独立卷；当施工文件中部分内容不能按一个单位工程分类立卷时，可按建设工程立卷。

施工文档资料管理计划中分部、分项工程的划分依据《建筑工程施工质量验收统一标准》GB 50300—2013 规定进行划分。工程文件的具体归档范围应符合《建设工程文件归档规范》GB/T 50328—2014 附录 A 和附录 B 的要求。《建设工程文件归档规范》GB/T 50328—2014 规定的归档文件资料的范围和类型具有指导性和通用性，所以会与具体的工程项目实际产生的文件资料有差异。建设工程项目都是依据施工组织设计组织施工，依据建筑工程施工质量验收规范进行施工质量验收。施工组织设计是针对施工过程确定的施工方案和时间安排，施工质量验收规范是针对施工过程的实体质量验收和资料检查，两个文件均与施工过程有关。

因此，对照施工组织设计的施工过程和建筑工程施工质量验收的范围和单位、分部、分项验收的要求，结合归档规范确定的范围和资料类型，即可合理取舍与实际工程项目相关的各个分部工程中施工管理、施工技术、进度造价、施工物资出厂质量证明及进场检测、施工记录、施工试验记录、施工质量验收、施工验收等施工资料的目录。各分部、分项工程文件形成时间应与施工组织设计分部、分项工程施工过程的时间相一致，如此，施工文档文件的内容和文件完成时间构成施工文档文件资料管理计划。

4.5.2 资料分类编码系统和来源

资料分类编码系统应符合《建设工程文件归档规范》GB/T 50328—2014 规定的资料分类要求，其编码系统应符合《建筑工程资料管理规程》JGJ/T 185—2009 的编号规定编制。

施工文档资料主要来源于施工过程，都是在施工过程中产生的，特别是施工技术文件、施工物资出厂质量证明及进厂检测文件、施工记录文件、施工试验记录及检测文件、施工质量验收文件等，因此，资料管理计划编制必须明确资料的来源，即施工过程和形成单位。

4.5.3 资料传递途径和反馈的范围

根据资料传递的途径、反馈的范围和涉及的相关人员建立施工文件档案资料的工作职责和管理体系。资料管理计划既可以追溯施工文件档案资料的形成单位、传递途径、保存的范围和涉及的相关责任人，又可依据填写、编制、审核、审批、签字等资料的形成管理过程，对资料的形成质量进行监督和控制，同时，对收集、分类整理、组卷、移交、归档等资料的收集归档管理及保管使用工作进行有效控制。

4.5.4 资料管理计划的编制过程

资料管理计划的编制过程具体应包括：建立资料形成管理的流程；分析资料收集的范

围；确定施工过程和资料形成单位；依据资料的来源、内容、标准、时间要求编制资料收集目录；列出以分部工程为单位的资料管理计划；汇总各分部工程资料计划形成单位工程资料计划；确定岗位人员职责和工作程序进行资料技术交底。

1. 建立资料形成管理的流程

（1）施工单位技术、管理、进度造价及相关报审文件资料形成管理流程

施工单位技术、管理、进度造价及相关报审资料形成管理流程如图 4-2 所示。施工档案文件资料报验、报审有时限性要求的，相关单位已在合同中约定报验、报审资料的报审时间及审批时间，并约定应承担的责任；当无约定时，施工文件资料的报审、审批不得影响正常施工。

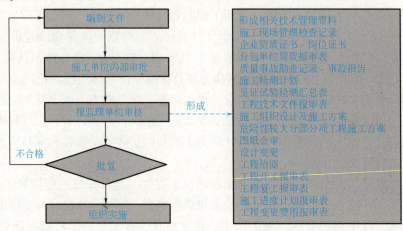

图 4-2　施工单位技术、管理、进度造价及相关资料形成管理流程

（2）施工物资资料形成管理流程

施工物资资料形成管理流程如图 4-3 所示。

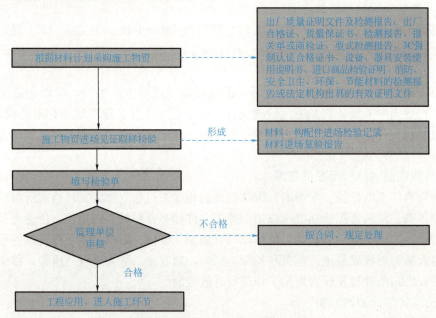

图 4-3　施工物资资料形成管理流程

（3）施工记录资料形成管理流程

施工记录资料形成管理流程如图 4-4 所示。

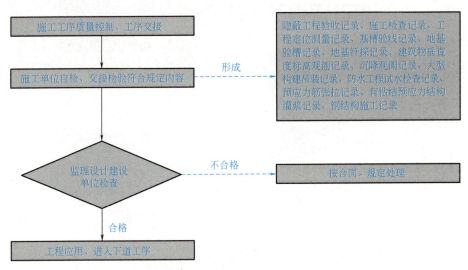

图 4-4　施工记录资料形成管理流程

（4）施工试验记录及检测文件形成管理流程

施工试验记录及检测文件形成管理流程如图 4-5 所示。

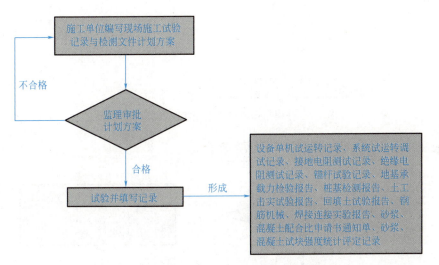

图 4-5　施工试验记录及检测文件形成管理流程

（5）检验批质量验收程序及资料管理流程

检验批质量验收程序及资料管理流程如图 4-6 所示。

（6）分项工程质量验收程序及资料管理流程

分项工程质量验收程序及资料管理流程如图 4-7 所示。

（7）分部工程质量验收程序及资料管理流程

分部工程质量验收程序及资料管理流程如图 4-8 所示。

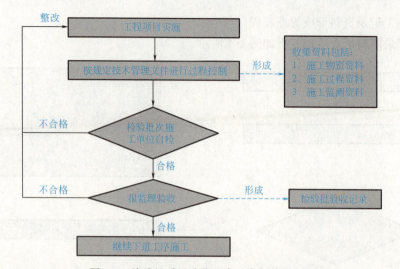

图 4-6　检验批质量验收程序及资料管理流程

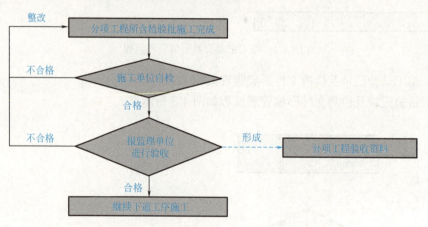

图 4-7　分项工程质量验收程序及资料管理流程

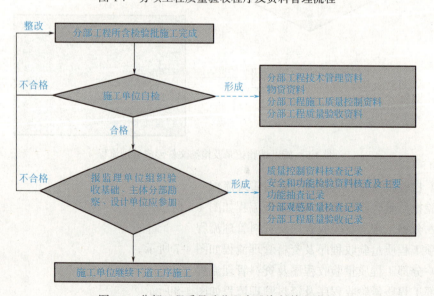

图 4-8　分部工程质量验收程序及资料管理流程

（8）单位工程竣工验收程序及资料管理流程

单位工程竣工验收程序及资料管理流程如图 4-9 所示。

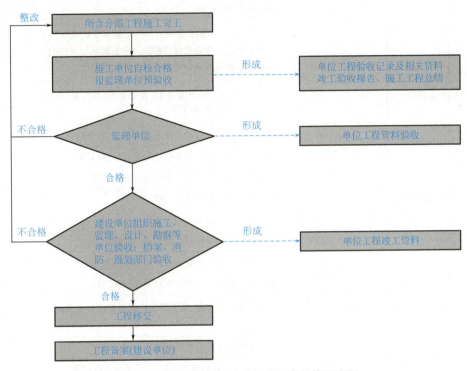

图 4-9　单位工程竣工验收程序及资料管理流程

2. 分析项目施工过程、确定资料收集范围

施工资料管理计划是依据《建设工程文件归档规范》GB/T 50328—2014、《建筑工程施工质量验收统一标准》GB 50300—2013 等基础文件，以分部工程为基本组卷单位，结合设计文件和施工组织设计文件、《建筑工程质量验收统一标准》GB 50300—2013 有关建筑工程的分部、分项工程划分标准，分析项目的施工过程，再按照工程项目建造规律和基本的工艺流程，确定资料收集的范围，并列出划分表。例如，某工程地基与基础分部工程施工过程分析结果，见表 4-6。

某工程地基与基础分部、分项、检验批划分表　　表 4-6

分部工程	子分部工程	分项工程名称	检验批	检验批数量
01 地基与基础	01 地基	土和灰土挤密桩复合地基	土和灰土挤密桩(CFG 桩)复合地基检验批质量验收记录	1
	02 钢筋混凝土扩展基础	模板	基础模板安装、拆除检验批质量验收记录(防水板、独立基础、墙下条基)	2
		钢筋	钢筋原材(防水板、独立基础、地梁)	按批次
			钢筋加工(防水板、独立基础、地梁)按楼层	1
			钢筋连接、安装(防水板、独立基础、地梁)按楼层	1

续表

分部工程	子分部工程	分项工程名称		检验批	检验批数量
01 地基与基础	02 钢筋混凝土扩展基础	混凝土		混凝土原材	按批次
				防水板 C30 P6、独立基础 C30 P6、墙下条基 C30 P6、混凝土原材及配合比设计检验批质量验收记录（配合比设计按强度等级和耐久性及工作性能划分）	1
				垫层；防水层保护层混凝土；独立基础、防水板、施工检验批质量验收记录	2
		现浇结构（可不列）		现浇结构外观质量检验批质量验收记录（基础）	2
				现浇结构尺寸偏差检验批质量验收记录（基础）	2
	03 基坑支护	锚杆		锚喷支护检验批质量验收记录（分两层支护）	2
	04 地下水控制	降水与排水		降水与排水检验批质量验收记录	1
		回灌		回灌检验批质量验收记录	1
	05 土方	土方开挖		土方开挖检验批质量验收记录（分两层开挖）	2
		土方回填		室内回填检验批质量验收记录（分两层）	2
				室外回填检验批质量验收记录（按规范分层）	15
		场地平整		施工前期场地平整、施工后期场地平整检验批质量验收记录	2
	06 边坡	边坡开挖		边坡开挖质量检验批质量验收记录	1
		挡土墙		砖砌体（防水保护层）质量检验批质量验收记录	1
	07 地下防水	主体结构防水	防水混凝土	防水混凝土工程检验批质量验收记录（防水底板、地下室挡土墙）	2
			卷材防水层	卷材防水层检验批质量验收记录（垫层上水平防水、地下室挡土墙立面防水）	2
		细部构造防水	变形缝	变形缝检验批质量验收记录	1
			施工缝	施工缝检验批质量验收记录	1
			穿墙管	穿墙管检验批质量验收记录	1
			坑、池	坑、池检验批质量验收记录	1

3. 编制资料计划汇总资料目录

资料计划汇总资料目录应按资料的范围、施工过程、资料来源和时间要求编制。

（1）在各分部工程的施工过程确定后，即可在规定的资料范围内，依照每项资料的类别、名称、分目、细目对照施工过程，分析确定肯定发生的资料类别、可能发生的资料类别和肯定不发生的资料类别。

（2）将分析筛选出的肯定发生的文件资料和可能发生的文件资料视具体情况列出资料的名称、分目或细目，舍去肯定不发生的资料。当每个分部按照计划编制导则的分类组合，形成新的有类别、名称、分目和细目的汇总计划表。

（3）在表中还可以明确文件档案资料的来源单位、保存追溯单位、填写编制单位、审核、审批、签字等责任人，便于资料的形成、交底和收集管理。

　　施工文件档案资料完成的时间应与分部、分项施工完成的时间上基本同步，因此，施工文件档案资料管理计划应以分部工程为基本单位，按时间和质量要求完成资料收集分类、整理、组卷形成归档文件。施工文件档案资料管理计划文件，示例见表4-7。将施工文件档案资料移交归档时，按照工程文件立卷的要求，参照文件计划的内容和顺序进行排列、编目、装订，排列所有案卷，形成案卷目录，示例见表4-8。

某工程施工文件档案资料管理计划（节选）　　表 4-7

工程资料类别	工程资料名称	资料分目录	细目	保存单位					工程资料单位来源	填写或编制	审核审批签字
				建设单位	设计单位	施工单位	监理单位	城建档案馆			
施工管理资料C1	工程概况表			▲		▲	▲	△	施工单位	项目负责人	项目经理
	施工现场质量管理检查记录					△	△		施工单位	项目负责人	总监
	企业资质证书及相关专业人员岗位证书			△		△	△	△	施工单位	项目负责人	专业监理/总监
	分包单位资质报审表	按分包单位列分目录		▲		▲	▲		施工单位	项目经理	专业监理/总监
	建设工程质量事故勘查记录	按事故发生次数列分目录		▲		▲	▲	▲	调查单位	调查人	被调查人
	建设工程质量事故报告书	按事故发生次数列分目录		▲		▲	▲	▲	调查单位	报告人	调查负责人
	施工检测计划	HPB300 钢筋原材送检	××批次	△		△	△		施工单位	项目负责人	专业监理
		HRB400 钢筋原材送检	××批次								
		普通 325 号水泥送检	××批次								
		矿渣 325 水泥送检	××批次								
		砂送检	××批次								
		石子送检	××批次								
		C30 混凝土试块送检	××批次								
		C40 混凝土试块送检	××批次								
		C30 混凝土配合比送检	××批次								
		...									

续表

| 工程资料类别 | 工程资料名称 | 资料分目录 | 细目 | 保存单位 | | | | | 工程资料单位来源 | 填写或编制 | 审核审批签字 |
				建设单位	设计单位	施工单位	监理单位	城建档案馆			
施工管理资料 C1	见证试验检测汇总表	钢筋原材		▲		▲	▲	▲	施工单位	试验员	制表人/技术负责人
		水泥									
		砂									
		…									
	施工日志	按专业归类				▲			施工单位	记录人	专业工长项目负责人

注：表中符号"▲"表示必须归档保存；"△"表示选择性归档保存

某工程地基基础分部工程资料收集总目录（节选）　　　　表 4-8

工程名称 工程资料类别	工程资料名称	编制单位	编制日期	页次	备注
施工管理资料 C1	工程概况表（表 C.1.1）	施工单位	××××年××月××日		
	施工现场质量管理检查记录*（表 C.1.2）	施工单位	××××年××月××日		
	企业资质证书及相关专业人员岗位证书	施工单位	××××年××月××日		
	分包单位资质报审表*（表 C.1.3）	施工单位	××××年××月××日		有分目录
	建设工程质量事故调查、勘查记录（表 C.1.4）	调查单位	××××年××月××日		有分目录
	建设工程质量事故报告书	调查单位	××××年××月××日		有分目录
	施工检测计划	施工单位	××××年××月××日		有分目录
	见证记录*	监理单位	××××年××月××日		有分目录
	见证试验检测汇总表（表 C.1.5）	施工单位	××××年××月××日		有分目录

4.5.5　岗位人员职责和工作程序

根据资料传递途径、反馈的范围和涉及的相关人员建立工作职责和管理程序。

1. 资料员的工作职责

（1）参与制订施工资料管理计划，建立施工资料管理规章制度；

（2）建立完整的资料控制管理台账，进行施工资料交底；

（3）负责施工资料的及时收集、审查、整理；

（4）负责施工资料的来往传递、追溯及借阅管理，负责提供管理数据、信息资料；

（5）负责工程完工后资料的立卷、归档、验收、移交、封存和安全保密工作；

（6）参与建立施工资料管理系统，负责管理系统的运用、服务和管理。

2. 资料管理工作控制程序（PDCA）

提出资料管理计划（P 即计划、台账、交底）→资料管理实施（D 即收集、审查、整理）→检查（C 即检索、处理、存储、传递、追溯、应用）→处理（A 即立卷、验收、移交、备案和归档）。

3. 施工单位相关人员职责

项目经理主要职责为主持编制项目管理实施规划，归集工程资料，准备结算资料，参与工程竣工验收。

项目技术负责人负责组织对施工组织设计和施工技术措施的编制。指导、检查各项施工资料的正确填写和收集管理。

根据《建筑与市政工程施工现场专业人员职业标准》JGJ/T 250—2011，其他相关人员的职责为：施工员负责编写施工日志、施工记录等相关施工资料；质量员负责质量检查记录、编制质量资料；安全员负责安全生产的记录、安全资料的编制；材料员负责材料、设备资料的编制，负责汇总、整理移交设备资料；标准员负责工程建设标准实施的信息管理；机械员负责编制施工机械设备安全、技术管理资料；劳务员负责编制劳务队伍和劳务人员管理资料。

4.5.6　岗位人员工作要求

1. 工程项目图纸档案的收集、管理

（1）工程项目的所有图纸的接收、清点、登记、发放、归档、管理工作，在收到工程图纸并进行登记以后，按规定向有关单位和人员签发，由收件方签字确认。负责收存全部工程项目图纸，且每一项目应收存不少于两套正式图纸。竣工图采用散装方式折叠，按资料目录的顺序，对建筑平面图、立面图、剖面图、建筑详图、结构施工图、设备施工图等建筑工程图纸进行分类管理。

（2）收集整理施工过程中的工程资料并归档。负责对每日收到的管理文件、技术文件进行分类、登录、归档；负责项目文件资料的登记、受控、分办、催办、签收、用印、传递、立卷、归档和销毁等工作；负责做好各类资料积累、整理、处理、保管和归档立卷等工作，注意保密的原则。来往文件资料收发应及时登记台账，视文件资料的内容和性质准确及时递交项目经理批阅，并及时送有关部门办理。确保设计变更、洽商的完整性，要求各方严格执行接收手续，所接收到的设计变更、洽商，须经各方签字确认，并加盖公章。设计变更（包括图纸会审纪要）原件存档。所收存的技术资料须为原件，无法取得原件的，应有详细的文字说明和经手人签名详细背书，并加盖公章。做好信息收集、汇编工作，确保管理目标的全面实现。

2. 参加分部分项工程的验收工作

（1）负责备案资料的填写、会签、整理、报送、归档：负责工程备案管理，实现对竣工验收相关指标（包括质量资料审查记录、单位工程综合验收记录）作备案处理。对桩基工程、基础工程、主体工程、结构工程备案资料核查。严格遵守资料整编要求，符合分类方案、编码规则，资料份数应满足资料存档的需要。

（2）监督检查施工单位施工资料的编制、管理，做到完整、及时，与工程进度同步：对施工单位形成的管理资料、技术资料、物资资料及验收资料，按施工顺序进行全程督查，保证施工资料的真实性、完整性、有效性。

（3）按时向公司档案室移交：在工程竣工后，负责将文件资料、工程资料立卷移交公司。文件材料移交与归档时，应有"归档文件材料交接表"，交接双方必须根据移交目录清点核对，履行签字手续。移交目录一式二份，双方各持一份。

（4）指导工程技术人员对施工技术资料（包括设备进场开箱资料）的保管；指导工程

技术人员对工作活动中形成的，经过办理完毕的，具有保存价值的文件材料进行鉴定验收；对已竣工验收的工程项目的工程资料分级保管交资料室。

3. 负责计划、统计的管理工作

（1）参与资料管理计划的编制工作，依据资料管理计划按分部工程的资料分类要求完成资料的交底和收集整理工作。

（2）负责对施工部位、产值完成情况的汇总、申报，按月编制施工统计报表；在平时统计资料基础上，编制整个项目当月进度统计报表和其他信息统计资料。编报的统计报表要按现场实际完成情况严格审查核对，不得多报、早报、重报、漏报。

（3）负责与项目有关的各类合同的档案管理；负责对签订完成的合同进行收编归档，并开列编制目录。做好借阅登记，不得擅自抽取、复制、涂改，不得遗失，不得在案卷上随意画线、抽拆。

（4）负责向销售策划提供工程主要形象进度信息；向各专业工程师了解工程进度、随时关注工程进展情况，为销售策划提供确实、可靠的工程信息。

4. 负责工程项目的内业管理工作

（1）协助项目经理做好对外协调、接待工作；协助项目经理对内协调公司、部门间，对外协调施工单位间的工作。做好与有关部门及外来人员的联络接待工作，树立企业形象。

（2）负责工程项目的内业管理工作；汇总各种内业资料，及时准确统计，登记台账，报表按要求上报。通过实时跟踪、反馈监督、信息查询、经验积累等多种方式，保证汇总的内业资料反映施工过程中的各种状态和责任，能够真实地再现施工时的情况，从而找到施工过程中的问题所在。对产生的资料进行及时的收集和整理，确保工程项目的顺利进行。有效地利用内业资料记录、参考、积累，为企业发挥它们的潜在作用。

（3）负责工程项目的后勤保障工作；负责做好文件收发、归档工作。负责部门成员考勤管理和日常行政管理等经费报销工作。负责对竣工工程档案整理、归档、保管，便于有关部门查阅调用。负责公司文字及有关表格等打印。保管工程印章，对工程盖章登记并留存备案。

第6节 施工现场安全资料

施工现场安全管理资料的管理应为工程项目施工管理的重要组成部分，是预防安全生产事故和提高文明施工管理的有效措施。施工现场安全管理资料应分类整理和组卷，由各参与单位项目经理部保存备查至工程竣工。

4.6.1 施工现场安全资料的分类和编号

根据《建筑工程施工现场安全资料管理规程》（CECS266：2009）规定，安全管理资料分类应以形成资料的单位来划分，分为建设单位施工现场安全资料（SA-A类）、监理单位施工现场安全资料（SA-B类）和施工单位施工现场安全资料（SA-C）3大类。建设单位形成的施工现场安全管理资料代号应为SA-A，当有多种资料时，资料代号可按SA-A-1、SA-A-2、SA-A-3……依次排列。监理单位形成的施工现场安全管理资料代号应为SA-B，监理单位自身形成的有关施工现场安全管理资料，资料代号为SA-B1，监理单位对施工单位申报审核的有关施工现场安全管理资料，资料代号为SA-B2，若当一项中有多种资料时，资料代号可按 SA-B1-1、SA-B1-3……依次排列。施工单位形成的施工现场安全管理资料代号应为 SA-C，施工单位形成的施工现场安全管理资料有多项，其资料代号可按项目依次分为 SA-C1、SA-C2……，当一项中有多种资料时，资料代号可分别按 SA-C1-1、SA-C1-2、SA-C1-3……依次排列。

施工单位施工现场安全资料包括：安全控制资料；文明施工安全资料；脚手架安全资料；基坑支护与模板工程安全资料；"三宝""四口""临边"防护安全资料；临时用电安全资料；施工升降机安全资料；塔式起重机及起重吊装安全资料；施工机具安全资料；施工现场文明生产（现场料具堆放、生活区）安全资料等，见表 4-9。

建筑工程施工现场安全管理资料分类整理及组卷表　　　　表 4-9

编号	施工现场安全管理资料名称	资料表格编号或责任单位	工作相关及资料保存单位				
			建设单位	监理单位	施工单位	租赁单位	安装/拆卸单位
SA-A 类	建设单位施工现场安全管理资料						
	施工现场安全生产监管备案登记表	表 SA-A-1	▲	▲	▲		
	施工现场变配电站、变压器、地上、地下管线及毗邻建筑物、构筑物资料移交单（如有）	表 SA-A-2	▲	▲	▲		
	建设工程施工许可证	建设单位	▲	▲	▲		
	夜间施工审批手续（如有）	建设单位	▲	▲	▲		
	施工合同	建设单位	▲	▲	▲		
	施工现场安全生产防护、文明施工措施费用支付统计	建设单位	▲	▲	▲		
	向当地住房和城乡建设主管部门报送的《危险性较大的分部分项工程清单》	建设单位	▲	▲	▲		
	上级管理部门、政府主管部门检查记录	建设单位	▲	▲	▲		
SA-B 类	监理单位施工现场安全管理资料						
SA-B1	监理安全管理资料						
	监理合同	监理单位	▲	▲			
	监理规划、安全监理实施细则	监理单位	▲	▲			
	安全监理专题会议纪要	监理单位	▲	▲			
SA-B2	监理安全审核工作记录						
	工程技术文件报审表	表 SA-B2-1	▲	▲	▲		
	施工现场施工起重机械安装/拆卸报审表	表 SA-B2-2		▲	▲	▲	▲
	施工现场施工起重机械验收核查表	表 SA-B2-3		▲	▲		▲
	施工现场安全隐患报告书	表 SA-B2-4	▲	▲	▲		
	工作联系单	表 SA-B2-5	▲	▲	▲		
	监理通知	表 SA-B2-6	▲	▲	▲		
	工程暂停令	表 SA-B2-7	▲	▲	▲		
	工程复工报审表	表 SA-B2-8	▲	▲	▲		

续表

编号	施工现场安全管理资料名称	资料表格编号或责任单位	工作相关及资料保存单位				
			建设单位	监理单位	施工单位	租赁单位	安装/拆卸单位
SA-B2	安全生产防护、文明施工措施费用支付申请表	表 SA-B2-9	▲	▲	▲		
	安全生产防护、文明施工措施费用支付证书	表 SA-B2-10	▲	▲	▲		
	施工单位安全生产管理体系审核资料	监理单位		▲	▲		
	施工单位专项安全施工方案及工程项目应急救援预案审核资料	监理单位		▲	▲		
SA-C 类	施工单位施工现场安全管理资料						
SA-C1	安全控制管理资料						
	施工现场安全生产管理概况表	SA-C1-1	▲	▲	▲		
	施工现场重大危险源识别汇总表	SA-C1-2	▲	▲	▲		
	施工现场重大危险源控制措施	SA-C1-3	▲	▲	▲		
	施工现场危险性较大的分部分项工程专项施工方案表	SA-C1-4	▲	▲	▲		
	施工现场超过一定规模危险性较大的分部分项工程专家论证表	SA-C1-5	▲	▲	▲		
	施工现场安全生产检查汇总表	SA-C1-6		▲	▲		
	施工现场安全生产管理检查评分表	SA-C1-7			▲		
	施工现场文明施工检查评分表	SA-C1-8			▲		
	施工现场落地式脚手架检查评分表	SA-C1-9-1			▲		
	施工现场悬挑式脚手架检查评分表	SA-C1-9-2			▲		
	施工现场门型脚手架检查评分表	SA-C1-9-3			▲		
	施工现场挂脚手架检查评分表	SA-C1-9-4			▲		
	施工现场吊篮脚手架检查评分表	SA-C1-9-5			▲		
	施工现场附着式升降脚手架提升架或爬架检查评分表	SA-C1-9-6			▲		
	施工现场基坑土方及支护安全检查评分表	SA-C1-10			▲		
	施工现场模板工程安全检查评分表	SA-C1-11			▲		
	施工现场"三宝""四口""临边"防护检查评分表	SA-C1-12			▲		
	施工现场施工用电检查评分表	SA-C1-13			▲		
	施工现场物料提升机(龙门架、井字架)检查评分表	SA-C1-14-1			▲		
	施工现场外用电梯(人货两用电梯)检查评分表	SA-C1-14-2			▲		
	施工现场塔式起重机检查评分表	SA-C1-15			▲		
	施工现场起重吊装安全检查评分表	SA-C1-16			▲		
	施工现场施工机具检查评分表	SA-C1-17			▲		

续表

编号	施工现场安全管理资料名称	资料表格编号或责任单位	工作相关及资料保存单位				
			建设单位	监理单位	施工单位	租赁单位	安装/拆卸单位
SA-C1	施工现场安全技术交底汇总表	SA-C1-18		▲	▲		
	施工现场安全技术交底表	SA-C1-19			▲		
	施工现场作业人员安全教育记录表	SA-C1-20			▲		
	施工现场安全事故原因调查表	SA-C1-21	▲	▲	▲		
	施工现场特种作业人员登记表	SA-C1-22		▲	▲		
	施工现场地上、地下管线保护措施验收记录表	SA-C1-23		▲	▲		
	施工现场安全防护用品合格证及检验资料登记表	SA-C1-24			▲		
	施工现场施工安全日志表	SA-C1-25			▲		
	施工现场班(组)班前讲话记录	SA-C1-26			▲		
	施工现场安全检查隐患整改记录表	SA-C1-27	▲	▲	▲		
	监理通知回复单	SA-C1-28	▲	▲	▲		
	施工现场安全生产责任制	施工单位		▲	▲		
	施工现场总分包安全管理协议书	施工单位		▲	▲		
	施工现场施工组织设计及专项安全技术措施	施工单位		▲	▲		
	施工现场冬雨风季施工方案	施工单位		▲	▲		
	施工现场安全资金投入记录	施工单位		▲	▲		
	施工现场生产安全事故应急预案	施工单位	▲	▲	▲		
	施工现场安全标识	施工单位			▲		
	施工现场自身检查违章处理记录	施工单位			▲		
	本单位上级管理部门、政府主管部门检查记录	施工单位	▲	▲	▲		
SA-C2	施工现场消防保卫安全管理资料						
	施工现场消防重点部位登记表	SA-C2-1	▲	▲	▲		
	施工现场用火作业审批表	SA-C2-2			▲		
	施工现场消防保卫定期检查表	SA-C2-3			▲		
	施工现场居民来访记录	施工单位			▲		
	施工现场消防设备平面图	施工单位		▲	▲		
	施工现场消防保卫制度及应急预案	施工单位		▲	▲		
	施工现场消防保卫协议	施工单位		▲	▲		
	施工现场消防保卫组织机构及活动记录	施工单位		▲	▲		
	施工现场消防审批手续	施工单位		▲	▲		
	施工现场消防设施、器材维修记录	施工单位			▲		
	施工现场防火等高温作业施工安全措施及交底	施工单位		▲	▲		
	施工现场警卫人员值班、巡查工作记录	施工单位			▲		

编号	施工现场安全管理资料名称	资料表格编号或责任单位	工作相关及资料保存单位				
			建设单位	监理单位	施工单位	租赁单位	安装/拆卸单位
SA-C3	脚手架安全管理资料						
	施工现场钢管扣件式脚手架支撑体系验收表	SA-C3-1		▲	▲		
	施工现场落地式(悬挑)脚手架搭设验收表	SA-C3-2		▲	▲		
	施工现场工具式脚手架安装验收表	SA-C3-3		▲	▲		
	施工现场脚手架、卸料平台及支撑体系设计及施工方案	施工单位		▲	▲		
SA-C4	基坑支护与模板工程安全管理资料						
	施工现场基坑支护验收表	SA-C4-1		▲	▲		
	施工现场基坑支护沉降观测记录表	SA-C4-2		▲	▲		
	施工现场基坑支护水平位移观测记录表	SA-C4-3		▲	▲		
	施工现场人工挖孔桩防护检查表	SA-C4-4		▲	▲		
	施工现场特殊部位气体检测记录表	SA-C4-5		▲	▲		
	施工现场模板工程验收表	SA-C4-6		▲	▲		
	施工现场基坑、土方、护坡及模板施工方案	施工单位		▲	▲		
SA-C5	"三宝""四口""临边"防护安全管理资料						
	施工现场"三宝""四口""临边"防护检查记录表	SA-C5-1		▲	▲		
	施工现场"三宝""四口""临边"防护措施方案	施工单位			▲		
SA-C6	临时用电安全管理资料						
	施工现场施工临时用电验收表	SA-C6-1		▲	▲		
	施工现场电气线路绝缘强度测试记录表	SA-C6-2		▲	▲		
	施工现场临时用电接地电阻测试记录表	SA-C6-3		▲	▲		
	施工现场电工巡检维修记录表	SA-C6-4			▲		
	施工现场临时用电施工组织设计及变更资料	施工单位		▲	▲		
	施工现场总、分包临时用电安全管理协议	施工单位		▲	▲		
	施工现场电气设备测试、调试技术资料	施工单位			▲		
SA-C7	施工升降机安全管理资料						
	施工现场施工升降机安装/拆卸任务书	SA-C7-1			▲	▲	▲
	施工现场施工升降机安装/拆卸安全和技术交底记录表	SA-C7-2			▲	▲	▲
	施工现场施工升降机基础验收表	SA-C7-3			▲	▲	▲
	施工现场施工升降机安装/拆卸过程记录表	SA-C7-4			▲	▲	▲
	施工现场施工升降机安装验收记录表	SA-C7-5			▲	▲	▲
	施工现场施工升降机接高验收记录表	SA-C7-6			▲	▲	▲
	施工现场施工升降机运行记录	施工单位			▲	▲	

续表

编号	施工现场安全管理资料名称	资料表格编号或责任单位	工作相关及资料保存单位				
			建设单位	监理单位	施工单位	租赁单位	安装/拆卸单位
SA-C7	施工现场施工升降机维修保养记录	施工单位			▲	▲	
	施工现场机械租赁、使用、安装/拆卸安全管理协议书	施工单位		▲	▲	▲	▲
	施工现场施工升降机安装/拆卸方案	施工单位			▲	▲	▲
	施工现场施工升降机安装/拆卸报审报告	施工单位		▲	▲	▲	▲
	施工现场施工升降机使用登记台账	施工单位			▲		
	施工现场施工升降机登记备案记录	施工单位			▲		
SA-C8	塔式起重机与起重吊装安全管理资料						
	施工现场塔式起重机安装/拆卸任务书	SA-C8-1			▲	▲	▲
	施工现场塔式起重机安装/拆卸安全和技术交底	SA-C8-2			▲	▲	▲
	施工现场塔式起重机基础验收记录表	SA-C8-3			▲	▲	▲
	施工现场塔式起重机轨道验收记录表	SA-C8-4			▲	▲	▲
	施工现场塔式起重机安装/拆卸过程记录表	SA-C8-5			▲	▲	▲
	施工现场塔式起重机附着检查记录表	SA-C8-6			▲	▲	▲
	施工现场塔式起重机顶升检验记录表	SA-C8-7			▲	▲	▲
	施工现场塔式起重机安装验收记录表	SA-C8-8			▲	▲	▲
	施工现场塔式起重机运行记录表	SA-C8-9			▲		
	施工现场塔式起重机维修保养记录表	SA-C8-10			▲		
	施工现场塔式起重机检查记录表	SA-C8-11			▲	▲	▲
	施工现场塔式起重机租赁、使用、安装/拆卸安全管理协议书	施工单位租赁单位		▲	▲	▲	▲
	施工现场塔式起重机安装/拆卸方案及群塔作业方案、起重吊装作业专项施工方案	施工单位租赁单位		▲	▲		▲
	施工现场塔式起重机安装/拆卸报审报告	施工单位		▲	▲	▲	▲
	施工现场塔式起重机机组与信号工安全技术交底	施工单位			▲		
SA-C9	施工机具安全管理资料						
	施工现场施工机具（物料提升机）检查验收记录表	SA-C9-1			▲	▲	▲
	施工现场施工机具（电动吊篮）检查验收记录表	SA-C9-2			▲	▲	▲
	施工现场施工机具（龙门吊）检查验收记录表	SA-C9-3			▲	▲	▲
	施工现场施工机具（打桩、钻孔机械）检查验收记录表	SA-C9-4			▲	▲	▲
	施工现场施工机具（装载机）检查验收记录表	SA-C9-5			▲	▲	
	施工现场施工机具（挖掘机）检查验收记录表	SA-C9-6			▲	▲	

编号	施工现场安全管理资料名称	资料表格编号或责任单位	工作相关及资料保存单位				
			建设单位	监理单位	施工单位	租赁单位	安装/拆卸单位
SA-C9	施工现场施工机具（混凝土泵）检查验收记录表	SA-C9-7			▲	▲	
	施工现场施工机具（混凝土搅拌机）检查验收记录表	SA-C9-8			▲	▲	
	施工现场施工机具（钢筋机械）安装验收记录表	SA-C9-9			▲	▲	
	施工现场施工机具（木工机械）检查验收记录表	SA-C9-10			▲	▲	
	施工现场施工机具安装验收记录表	SA-C9-11			▲	▲	
	施工现场施工机具维修保养记录表	SA-C9-12			▲	▲	
	施工现场施工机具使用单位与租赁单位租赁、使用、安装/拆卸安全管理协议	施工单位 租赁单位		▲	▲	▲	
	施工现场施工机具安装/拆卸方案	租赁单位			▲	▲	
SA-C10	施工现场文明生产（现场料具堆放、生活区）安全管理资料						
	施工现场施工噪声监测记录表	SA-C10-1		▲	▲		
	施工现场文明生产定期检查表	SA-C10-2			▲		
	施工现场办公室、生活区、食堂等卫生管理制度	施工单位			▲		
	施工现场应急药品、器材的登记及使用记录	施工单位			▲		
	施工现场急性职业中毒应急预案	施工单位			▲		
	施工现场食堂卫生许可证及炊事人员的卫生、培训、体检证件	施工单位			▲		
	施工现场各阶段现场存放材料堆放平面图及责任区划分，材料保存、保管制度	施工单位		▲	▲		
	施工现场成品保护措施	施工单位		▲	▲		
	施工现场各种垃圾存放、消纳管理制度	施工单位		▲	▲		
	施工现场环境保护管理方案	施工单位		▲	▲		

注：表中工程资料名称与资料保存单位所对应的栏中"▲"表示"保存单位"

4.6.2 安全控制资料

1. 施工现场安全生产管理概况表

项目经理部应根据工程基本信息、相关单位情况和施工现场安全管理组织及主要安全管理人员情况，填写施工现场安全生产管理概况表，报当地住房和城乡建设主管部门施工安全监督机构备案。该表经备案返回后，再报建设单位、监理单位备案。

2. 施工现场重大危险源识别汇总表

项目经理部应对施工现场存在的重大危险源进行识别汇总，填写施工现场重大危险源识别汇总表，并报建设单位、监理单位备案。

3. 施工现场重大危险源控制措施表

项目经理部对施工过程中可能出现的重大危险源进行事前评价，制定重大危险源控制措施，填写施工现场重大危险源控制措施表，每张表格只记录一种危险源，由项目经理批准实施，并报建设单位、监理单位备案。

4. 施工现场危险性较大的分部分项工程专项施工方案表

项目经理部对施工过程中可能出现的危险性较大的分部分项工程编制专项施工方案，填写施工现场危险性较大的分部分项工程专项施工方案表。专项施工方案经施工单位技术负责人批准，报项目监理部审查认可后，报项目所在地住房和城乡建设主管部门施工安全监督机构。

专项施工方案编制应包括下列内容：

工程概况：危险性较大的分部分项工程概况、施工平面布置、施工要求和技术保证条件；编制依据：有关法律、法规、规范性文件、标准、规范及图纸（图集）、施工组织设计；施工计划：施工进度、人员进场、材料及设备计划；施工工艺技术：技术参数、工艺流程、施工方法、检查验收等；施工安全保证措施：组织保障、技术措施、应急预案、监测监控等；劳力计划：专职安全生产管理人员、特种作业人员等；计算书及相关图纸。

5. 施工现场超过一定规模危险性较大的分部分项工程专家论证表

项目经理部对施工过程中可能出现的超过一定规模危险性较大的分部分项工程编制专项施工方案，同时需组织专家组进行论证，并按施工现场超过一定规模危险性较大的分部分项工程专家论证表进行记录。作为专项安全施工方案的附件，一并报项目监理部核查确认后，报项目所在地住房和城乡建设主管部门施工安全监督机构备案。

专家论证应包括下列内容：方案内容是否完整、可行；方案计算书和验算依据是否符合有关标准；安全施工的基本条件是否满足现场实际情况。

6. 施工现场安全生产检查汇总表

项目经理部定期对施工现场进行专项检查，专项检查的内容包括：安全管理；文明施工（消防、保卫）；脚手架；基坑支护与模板工程；"三宝""四口""临边"防护；施工用电；物料提升机与外用电梯；塔式起重机；施工机具、起重吊装等内容。各专项检查用各专项检查评分表进行评分，如《施工现场安全生产管理检查评分表》《施工现场文明施工检查评分表》《施工现场施工机具检查评分表》等。专项检查评分表中，保证项目为 60 分，一般项目为 40 分。当保证项目中有一项不得分或保证项目小计得分不足 40 分时，此项检查表不应得分。

《施工现场安全生产检查汇总表》是对各专项检查评分表的汇总，汇总时根据各专项检查在汇总表中所占权数的计算出的分值汇总得出汇总表的分值，根据汇总表的得分情况和保证项目达标情况，评定为优良、合格、不合格三个等级。

优良的条件为：保证项目达标，汇总表分值达 80 分。

合格的条件为：保证项目达标，汇总表分值达 70 分。

不合格条件为：汇总表得分不足 70 分；有一份表未得分，且汇总表得分在 75 分以下；当起重吊装或施工机具得分表未得分，且汇总表得分在 80 分以下。

7. 施工现场安全技术交底汇总表

项目经理部应将各项安全技术交底按照作业内容不同顺序依次汇总，存放施工现场，以备查验，并报项目监理部备案。

8. 施工现场安全技术交底表

分部分项工程施工前及有特殊风险项目作业前，应由项目技术负责人对施工作业人员进行书面安全技术交底，并填写表施工现场安全技术交底表且附后接受交底人签到表。存放施工现场，以备查验。

9. 施工现场作业人员安全教育记录表

项目经理部对新入场、转场及变换工种的施工人员进行安全教育，经考试合格后方准上岗作业；同时应对施工人员每年至少进行两次安全生产培训，并对被教育人员、教育内容、教育时间等基本情况按表施工现场作业人员安全教育记录表进行记录。该记录表需注明接受教育人员的工种，并需在记录表后附参加培训人员名单将签到表。

10. 施工现场安全事故原因调查表

施工现场凡发生生产安全事故，应按照施工现场安全事故原因调查表的要求进行原因调查与分析并记录，并报项目监理部备案。

11. 施工现场特种作业人员登记表

特种作业人员包括：电工、焊（割）工、架子工、起重机械作业工（包括司机、安装/拆卸、信号指挥等）、场内机动车驾驶等，均需持证上岗。

项目经理部应审查特种作业人员的操作证，核对资格证原件后在复印件上盖章并由项目经理部存档，填入施工现场特种作业人员登记表，并报项目监理部核查。

12. 施工现场地上、地下管线保护措施验收记录表

施工现场应在平整场地、槽、坑、沟土方开挖前，编制地上、地下管线保护措施，由项目技术负责人组织相关人员进行审查，填写表施工现场地上、地下管线保护措施验收记录表，并报项目监理部核查。

13. 施工现场安全防护用品合格证及检测资料登记表

项目经理部对采购和租赁的安全防护用品和涉及施工现场安全的重要物资应认真审核生产许可证、产品合格证、检测报告等相关文件，填写施工现场安全防护用品合格证及检测资料登记表予以登记存档。

14. 施工现场施工安全日志表

现场专职安全员按照日常安全活动和安全检查情况逐日记载施工现场施工安全日志表。施工安全日志应装订成册（防拆的），页次、日期应连续，不得缺页缺日，填写错可画"×"作废，但不能撕掉。工程项目部安全负责人应定期对安全日志进行检查，并签名示以负责。

15. 施工现场班（组）班前讲话记录表

各作业班（组）长于每班工作开始前必须对本班（组）全体人员进行班前安全交底，并填写施工现场班（组）班前讲话记录表。本表可以班（组）为单位或工程项目为单位装订成册。由安全员将班（组）活动记录，以天装订，然后按日期顺序成册。定期对其内容、活动情况进行讲评。

16. 施工现场安全检查隐患整改记录表

项目安全负责人组织检查过程中，针对存在的安全隐患，及时进行整改，填写《施工现场安全检查隐患整改记录表》。该表记录的内容包括：检查情况及安全隐患、整改要求、整改后复查情况等内容，并由负责人签字。

17. 监理通知回复单

项目负责人接到监理通知后应积极组织整改，整改自行检查符合要求后，填写此表，报项目监理部复查。

18. 施工现场安全生产责任制

项目经理部应将现场安全机构设置、制度、生产安全目标、管理责任书形成文字，并公布在施工现场，并报项目监理部备案。

19. 施工现场总分包安全管理协议书

施工现场总分包应签订安全管理协议书，落实有关安全事项，并形成文件，并报项目监理部备案。

20. 施工现场施工组织设计及专项安全技术措施

项目经理部应针对工程项目编制施工组织设计及专项安全技术措施，并报项目监理部备案。

21. 施工现场冬雨风季施工方案

项目经理部应对冬雨季、台风季节施工的项目，制定针对性的专项施工方案，即冬季施工方案、雨季防雨防涝方案、防台风方案等，并应有检查记录，以保证工程质量和施工正常进行，并报项目监理部备案。

22. 施工现场安全资金投入记录

项目经理部应在工程开工前编制安全资金投入计划，并取得项目监理部的认可，并以月为单位对项目安全资金使用情况进行小结，并报项目监理部备案。

23. 施工现场生产安全事故应急预案

项目经理部应编制生产安全事故应急预案，成立应急救援组织，配备必要的应急救援器材和物资。对全体施工人员进行培训，定期组织演练，并有相应的记录，并报建设单位、项目监理部备案。

24. 施工现场安全标识

施工现场各类安全标识发放、使用情况应进行登记；现场安全标识设置应与施工现场安全标识布置平面图相符，使安全标识起到应有的效果。

25. 施工现场自身检查违章处理记录

施工现场的违章作业、违章指挥及处理整改情况应及时进行记录，建立违章处理记录台账。

26. 本单位上级管理部门、政府主管部门检查记录

本单位上级管理部门、政府主管部门来施工现场检查的有关情况，检查出的不足之处，整改建议等。

4.6.3　施工现场消防保卫安全资料

1. 施工现场消防重点部位登记表

项目经理部消防安全员应根据施工总平面图中消防设施布置将施工现场消防重点部位进行登记，并注明部位名称、消防器材配备情况和防火责任人，经项目安全负责人审核。如施工现场消防重点部位发生变化后，应重新进行登记，登记表应保持与现场实际情况一致，并报建设单位、项目监理部备案。

2. 施工现场用火作业审批表

作业人员每次用火作业前，必须到项目经理部办理用火申请，并填写表《施工现场用火作业审批表》，并需注明用火部位；用火作业级别及种类（用火、气焊、电焊等）；用火作业起止时间；用火原因、防火的主要安全措施和配备的消防器材；监控人员等内容，经项目经理部审批同意后，方可用火作业。用火证当日有效，更改日期及变换用火部位时应重新申请。

3. 施工现场消防保卫定期检查表

项目经理部安全负责人应根据施工消防的要求，定期组织有关人员对施工现场消防、保卫设施进行检查，并填写施工现场消防保卫定期检查表。检查内容包括：消防设施平面布置保持情况；消防设施的器具配置及完好情况；经过培训消防人员组织及配备情况；经过培训消防人员组织及配备情况；重点部位消防通道的畅通情况；危险品消防防护管理情况；保卫制度及保卫人员的配置管理情况和检查结果等内容。

4. 施工现场居民来访记录

施工现场应设置居民来访接待室，对居民来访内容进行登记，并记录处理结果。

5. 施工现场消防设备平面图

施工现场消防设施、器材平面图应明确现场各类消防设施、器材的布置位置和数量，并报项目监理部核查。

6. 施工现场消防保卫制度及应急预案

项目经理部应制定施工现场的消防保卫制度、现场消防保卫管理方案、重大事件、重大节日管理方案、现场火灾应急就预案和消防安全操作规程等相关技术文件，并将文件向相关人员进行交底，并报项目监理部审查。

7. 施工现场消防保卫协议

建设单位与总包单位、总包单位与分包单位必须签订现场消防保卫协议，明确各方相关责任，协议必须履行签字、盖章手续，并报项目监理部备案。

8. 施工现场消防保卫组织机构及活动记录

施工现场应设立消防保卫组织机构，成立义务消防队，定期组织教育培训和消防演练，各项活动应有文字和图片记录，并报项目监理部备案。

9. 施工现场消防审批手续

项目经理部应在工程施工前，到当地消防部门进行申报登记，以便消防部门了解施工现场的消防布置，取得审批手续，并将消防安全许可证存档，以备查验，并报项目监理部核查。

10. 施工现场消防设施、器材维修记录

施工现场各类消防设施、器材，应经项目经理部验收合格，并应定期对消防设施、器材进行检查，以及按使用期限及时更换、补充、维修等，并应形成文字记录。

11. 施工现场防火等高温作业施工安全措施及交底

施工现场防火等高温作业施工时，应制定相关的防中暑、防火灾的安全防范技术措施，并对所有参与防火作业的施工人员进行书面交底，所有被交底人必须履行签字手续，并报项目监理部备案。

12. 施工现场警卫人员值班、巡查工作记录

施工现场警卫人员应在每班作业后填写警卫人员值班、巡查工作记录，对当班期间主要事项进行登记。

4.6.4　脚手架安全资料

脚手架搭设完成后，需经验收合格方准使用，使用中需做好日常的检查，发现问题及时处理。如脚手架遇六级以上大风及大雨后或停用超过一个月均要进行相应的检查验收，合格后方准使用。脚手架的验收由施工单位项目技术负责人组织，相关单位人员参加，并将验收情况填写在相应的表格中，并报项目监理部备案。

1. 施工现场钢管扣件式脚手架支撑体系验收表

验收内容包括：安全施工方案、构造要求、剪刀撑等。

2. 施工现场落地式（悬挑）脚手架搭设验收表

验收内容包括：施工方案；立杆基础；钢管、扣件要求；架体与建筑结构拉结；剪刀撑设置；立杆、大横杆、小横杆的设置要求；脚手板及密目网的设置；悬挑设置情况和其他情况等。

3. 施工现场工具式脚手架安装验收表

该表适用于门式外挂脚手架、吊篮脚手架、附着式升降脚手架、卸料平台等的验收。验收内容包括：施工方案；立杆基础；钢管、钢管扣件要求；架体与建筑结构拉结；剪刀撑设置；立杆、大横杆、小横杆的设置要求；脚手板及密目网的设置；悬挑设置情况和其他情况等内容。

4. 施工现场脚手架、卸料平台和支撑体系设计及施工方案

落地式钢管扣件式脚手架、工具式脚手架、卸料平台及支撑体系等应在施工前编制相应专项施工方案。应按施工方案进行搭设、安装，保证脚手架安全。施工方案应存放施工现场备查，并报项目监理部备案。

4.6.5　基坑支护与模板工程安全资料

1. 施工现场基坑支护验收表

基坑开挖中常采用排桩、地下连续墙、水泥土墙、土钉墙和逆作拱墙等方式对土壁进行支护，以保证边坡的稳定。

基坑支护结构施工完成后，需经验收合格，才能进入下道工序施工。基坑支护结构的验收，是由施工单位组织相关单位按照设计文件、施工组织设计、施工专项方案及相关规范进行验收，并填写施工现场基坑支护验收表，并报项目监理部审查。验收内容包括：各类管线保护、基坑支护、基坑支护变形、临边防护及排水措施、基坑边物料堆放和其他内容。

2. 施工现场基坑支护沉降观测记录表和施工现场基坑支护水平位移观测记录表

开挖基坑土方时，需对基坑支护结构进行沉降观测和水平位移观测。变形观测由施工单位和专业承包单位按规定指派专人对基坑、土方。护坡开挖及开挖后的支护结构进行监测，并进行数据记录，填写施工现场基坑支护沉降观测记录表和施工现场基坑支护水平位移观测记录表。项目监理部对监测的程序进行审核。如发现监测数据异常，应立即采取必要的措施纠正。

3. 施工现场人工挖孔桩防护检查表

人工挖孔桩工程属于危险性较大的工程，施工前应编制专项施工方案，若桩深超过16m时，方案尚需经专家论证。施工中，项目经理部应每天派专人对人工挖孔桩作业进行安全检查，并用施工现场人工挖孔桩防护检查表进行记录。

4. 施工现场特殊部位气体检测记录

对有可能存在有害气体的场所，如人工挖孔桩或密闭空间施工，施工前应编制专项施工方案。施工中，应在每班作业前进行气体检测，按施工现场特殊部位气体检测记录进行记录，并报项目监理部备案。

5. 施工现场模板工程验收表

模板工程应按工程施工质量验收规范进行验收。对一些特殊的模板工程：高度大于8m及以上，或搭设跨度18m及以上，或施工总荷载设计值 $15kN/m^2$ 及以上或集中荷载设计值 $20kN/m^2$；及以上，大面积满堂红支模等，在施工组织设计、专项施工方案中应明确进行稳定性、强度等安全验收时，除按规范验收外，还应专门对安全性进行验收，按《施工现场模板工程验收表》进行记录，并报项目监理部审查。

6. 施工现场基坑、土方、护坡及模板施工方案

基坑、土方、护坡、模板施工必须按有关规定做到有方案、有审批；模板工程还应有设计计算书。方案报项目监理部审查认可。

4.6.6 "三宝""四口""临边"防护安全管理资料

1. 施工现场"三宝""四口""临边"防护检查记录

施工现场"三宝""四口""临边"防护应按当地住房和城乡建设主管部门的规定定期进行检查。当地没有具体规定的，每周至少应检查一次。凡出现风、雨天气过后及每升高一层施工时，都应及时进行检查，并报项目监理部备案。

每发现一个人、一处存在安全防护措施不到位的情况应及时作出处理，并责成其立即改正。

2. 施工现场"三宝""四口""临边"防护措施方案

项目经理部应在施工组织设计或有关专项安全技术方案中对"三宝""四口""临边"防护作出详细规定，包括材料器具的品种、规格、数量、安装方式、质量要求及安装时间、责任人等。

4.6.7 临时用电安全管理资料

1. 施工现场施工临时用电验收表

施工现场临时用电架设安装完成后必须由总包单位组织验收，合格后方可使用，验收时可根据施工进度分项、分回路进行。项目监理部对验收资料及实物进行核查。

2. 施工现场电气线路绝缘强度测试记录表

电气线路绝缘测试包括临时用电动力、照明线路等绝缘强度测试，可按系统回路进行测试，测试结果报项目监理部备案。

3. 施工现场临时用电接地电阻测试记录表

临时用电接地电阻测试包括临时用电系统、设备的重复接地、防雷接地、保护接地以及设计有要求的接地电阻测试。将测量结果报项目监理部备案。

4. 施工现场电工巡检维修记录表

施工现场电工应按有关要求进行巡检维修，并由值班电工每日填写记录表。项目安全负责人要定期进行检查，以保证巡检维修的到位有效。

5. 施工现场临时用电施工组织设计及变更资料

临时用电设备在 5 台及以上或设备总容量在 50kW 及以上者，均应编制临时用电施工组织设计，并按《施工现场临时用电安全技术规范》JGJ 46—2012 的要求进行审批手续。如发生变更应重新办理审批手续，并报项目监理部备案。

6. 施工现场总、分包临时用电安全管理协议

总包单位、分包单位必须订立临时用电管理协议，明确各方相关责任，协议必须履行签字、盖章手续，并报项目监理部备案。

7. 施工现场电气设备测试、调试技术资料

电气设备的测试、检验单和精度记录应由设备生产者或专业维修者提供。

4.6.8　施工升降机安全管理资料

1. 施工现场施工升降机安装/拆卸任务书

施工升降机械安装/拆卸均应有明确的任务书，以保证安装质量和落实安装/拆卸的安全责任。

2. 施工现场施工升降机安装/拆卸安全和技术交底记录表

施工升降机安装/拆卸任务书下达后，安装/拆卸单位安全负责人、技术负责人应对升降机安装/拆卸的安全、技术措施进行详细的安全技术交底，以保证安装/拆卸质量和安全。

3. 施工现场施工升降机基础验收表

施工升降机基础验收应根据升降机安装技术要求的承载力、强度、基础尺寸、底脚螺栓规格数量等进行。基础完工后达到一定强度，升降机安装前应进行全面验收。

4. 施工现场施工升降机安装/拆卸过程记录表

施工升降机安装/拆卸施工中，应对各安装/拆卸环节情况进行记录，包括各项工作的分工，每个施工人员的工作内容以及周围环境安装/拆卸过程中的一些情况，以便验收时了解安装/拆卸全过程的情况。

5. 施工现场施工升降机安装验收记录表

施工升降机安装验收是在升降机安装完毕，由安装单位组织有关单位负责人进行全面验收，判定是否符合标准。特别是试运行及坠落实验以及安全装置，应经过实地实验和检查。报项目监理部核查。日常和定期检查参照此表执行。

6. 施工现场施工升降机接高验收记录表

施工升降机每次接高都应经过验收后才能运行使用。在接高过程中应按《施工现场施工升降机安装/拆卸过程记录表》进行记录，接高完成后应按《施工现场施工升降机接高验收记录表》的内容检查验收记录，并报项目监理部核查。

7. 施工现场施工升降机运行记录

施工升降机在使用过程中，每日应对运行情况进行记录，并对发生的事项详细记录。每周使用单位的负责人应检查记录。

8. 施工现场施工升降机维修保养记录

施工升降机应由产权单位负责定期维修保养。

9. 施工现场机械租赁、使用、安装/拆卸安全管理协议书

出租和承租双方应签订租赁合同和安全管理协议书，明确双方安全责任和义务，并报项目监理部备案。

10. 施工现场施工升降机安装/拆卸方案

施工升降机安装前，应编制设备的安装/拆卸方案，经安装/拆卸单位技术负责人审核批准后方可进行作业。

11. 施工现场施工升降机安装/拆卸报审报告

施工升降机安装/拆卸报审报告，按当地住房和城乡建设主管部门规定执行。

12. 施工现场施工升降机使用登记台账

施工单位应建立施工升降机使用台账，每台机械使用情况应详细记录。

13. 施工现场施工升降机登记备案记录

内容有设备登记编号、使用情况登记资料、安装告知手续等。

4.6.9 塔式起重机及起重吊装安全管理资料

1. 施工现场塔式起重机安装/拆卸任务书

塔式起重机安装/拆卸均应有专项任务书，以保证安装质量和落实安装/拆卸的安全责任。

2. 施工现场塔式起重机安装/拆卸安全和技术交底

塔式起重机安装/拆卸任务下达后，安装/拆卸单位的安全负责人、技术负责人应对塔式起重机安装/拆卸的安全和技术措施进行详细交底，以确保安装/拆卸的质量和安全。

3. 施工现场塔式起重机基础验收记录表

塔式起重机基础验收应根据塔式起重机安装技术要求的承载力、场地环境、固定支脚、基础的尺寸、平整度及预埋螺栓情况、接地电阻等，在塔式起重机安装前进行一次全面验收，以保证塔式起重机安装和使用期间的安全。

4. 施工现场塔式起重机轨道验收记录表

轨道行走式塔式起重机轨道验收应根据安装技术要求进行全面检查验收。对其路基碎石厚度、钢轨接头、轨距、轨顶面倾斜度及接地装置等在钢轨铺设完成塔式起重机安装前进行全面检查验收。

5. 施工现场塔式起重机安装/拆卸过程记录表

塔式起重机安装/拆卸过程中，应对安装/拆卸过程中的有关环节情况进行记录，包括各项工作的分工、每个人员的工作内容、重点环节的检查等一些情况，以便验收检查时了解安装/拆卸过程的情况。

6. 施工现场塔式起重机附着检查记录表

塔式起重机安装过程或安装后，或每次提升后增加的附着都应进行全面检查合格。

7. 施工现场塔式起重机顶升检验记录表

塔式起重机需要顶升的委托原安装单位或具有相应资质的安装单位按照专项施工方案实施。每次顶升完毕，使用单位组织有关人员进行检查验收，合格后才能投入使用，并报项目监理部备案。

8. 施工现场塔式起重机安装验收记录表

塔式起重机安装完成后，安装/拆卸单位应先自行检查合格。总包单位应组织施工单位、有关分包单位等有关人员进行全面检查验收，需进行检测的应委托有相应资质的检测单位检测合格后才能投入使用，并报项目监理部审查。日常和定期检查参照此表执行。

9. 施工现场塔式起重机安装垂直度测量记录表

由安装单位测量，按《施工现场塔式起重机安装垂直度测量记录表》记录，报施工单位及租赁单位。

10. 施工现场塔式起重机运行记录表

这是一张通用表格。施工现场使用的塔式起重机、施工电梯、移动式起重机、物料提升机等起重机械操作人员应在每班作业后填写，运行中如发现设备有异常情况，应立即停机检查报修，排除故障后方可继续运行。运行记录通常是装订成册，连续编页码，不得缺页数，起重机械运行记录每个台班都必须填写。产权单位安全负责人至少应每周审查一次，签字负责。运行记录由设备产权单位和使用单位存档。

11. 施工现场塔式起重机维修保养记录表

塔式起重机在使用过程中，应按设备使用说明书要求定期请专业人员对设备进行维修保养。维修保养工作应由设备租赁单位或产权单位负责按期进行。机械设备都应在维修保养的有效期内使用。

12. 施工现场塔式起重机检查记录表

由施工单位组织有关人员定期或雨、风天、停用一周之后进行检查。

13. 施工现场塔式起重机租赁、使用、安装/拆卸安全管理协议书

租赁的塔式起重机等施工机具，出租和承租双方应签订租赁合同，并签订使用、安装/拆卸过程中的安全管理协议书，明确双方在租赁、使用期间、安装/拆卸过程中的安全责任和义务。委托安装/拆卸单位安装/拆卸塔式起重机时，还应签订安装/拆卸合同，也应明确安装/拆卸安全责任。塔式起重机的安装/拆卸单位资质、相关人员的资格证书，及设备统一编号存档备查，并报项目监理部备案。

14. 施工现场塔式起重机安装/拆卸方案及群塔作业方案、起重吊装作业的专项施工方案

塔式起重机安装/拆卸、起重吊装作业等必须编制专项施工方案，涉及群塔（2 台及以上）作业时必须制定相应的方案和措施，确保每个相邻塔式起重机之间的安全距离。制定起重作业的安全措施，绘制平面布置图，并报项目监理部核查。

15. 施工现场塔式起重机安装/拆卸报审报告

报审报告按当地住房和城乡建设主管部门规定执行。

16. 施工现场塔式起重机机组与信号工安全技术交底

塔式起重机使用前，总承包单位与机械出租单位应共同对塔式起重机机组人员和信号工进行联合安全技术交底，并做好记录。

4.6.10　施工机具安全管理资料

1. 施工现场施工机具（各类）检查验收记录表

施工机具有物料提升机械、电动吊篮、龙门吊、打桩及钻孔机械、挖掘机、装载机、混凝土泵、混凝土搅拌机、钢筋机械、木工机械等中小型机械。

施工机具检查验收由租赁单位主动向施工单位提供有关资料，提供已经过检查的有关资料及必须现场检查的部位情况，并按《施工现场施工机具（各类）检查验收记录表》进行记录，签字负责，报监理项目部。

2. 施工现场施工机具安装验收记录表

为保证施工机具正常运行和使用安全，凡进入施工现场需安装的机具都应根据实际情况进行安装验收。

3. 施工现场施工机具维修保养记录表

施工单位自有施工机具，由项目经理部负责；租赁的由出租单位负责，建立机械设备的检查、维修和保养制度，编制设备保修计划。

4. 施工现场施工机具使用单位与租赁单位租赁、使用、安装/拆卸安全管理协议

施工机具凡是租赁来的，使用单位与租赁单位签订租赁、使用、安装/拆卸过程中的安全管理协议，明确双方责任和义务。

凡由租赁单位负责维修保养及责任安全管理的，由租赁单位建立施工机具检查、维修和保养制度，编制保修计划，保证施工机具的安全使用。

5. 施工现场施工机具安装/拆卸方案

施工机具凡需安装/拆卸的，都必须由安装单位编制安装/拆卸施工方案。并经技术负责人批准，按施工方案进行安装/拆卸。

4.6.11 施工现场文明生产（现场料具堆放、生活区）安全管理资料

1. 施工现场施工噪声监测记录表

施工现场作业过程中，各类设备产生的噪声在场界边缘应符合国家有关标准。项目经理部应定期在施工现场场地边界对噪声进行监测，将监测结果填入《施工现场施工噪声监测记录表》，并报项目监理部备案。

2. 施工现场文明生产定期检查表

项目经理部项目安全负责人应根据施工安全制度及施工现场文明施工的情况，组织有关人员定期对各项内容等进行检查，并按《施工现场文明生产定期检查表》记录。

3. 施工现场办公室、生活区、食堂等卫生管理制度

办公区、生活区、食堂等各类场所应制定相应的卫生管理制度、卫生设施布置图，明确各区域负责人。

4. 施工现场应急药品、器材的登记及使用记录

施工现场应配备必要的急救药品和器材，并对药品、器材的配备品种、数量及使用情况进行登记。

5. 施工现场急性职业中毒应急预案

施工现场应编制急性中毒应急预案，发生中毒事故时，应定期演练，保证有效启动。

6. 施工现场食堂卫生许可证及炊事人员的卫生、培训、体检证件

施工现场设置食堂时，必须办理卫生许可证和炊事人员的健康合格证、培训证，并将相关证件在食堂明示，复印件存档备案。

7. 施工现场各阶段现场存放材料堆放平面图及责任区域划分，材料保存、保管制度

施工现场应绘制材料堆放平面图，现场内各种材料应按照平面图进行堆放，并明确各责任区的划分，确定责任人。

8. 施工现场成品保护措施

施工现场应制定各类成品、半成品的保护措施，并将措施落实到相关管理部门和作业人员，并报项目监理部审查。

9. 施工现场各种垃圾存放、消纳管理制度

项目经理部应对施工现场的垃圾、建筑渣土建立处理制度，并对处理结果进行检查，并及时对运输和处理情况进行记录，并报项目监理部审查。

10. 施工现场环境保护管理方案

项目经理部应识别和评价作业过程中可能出现的环境危害因素，制定环境污染控制措施，编制项目环境保护管理方案。成立由项目经理负责的环境保护管理机构，制定相关责任制度，明确控制对象及责任人，并报项目监理部审查。

参 考 文 献

[1] 江苏省建设教育协会 . 城建档案管理员专业基础知识 [M] . 北京：中国建筑工业出版社，2014.

[2] 国家保密局编写组 .《中华人民共和国保守国家秘密法实施条例》解读 [M] . 北京：金城出版社，2014.

[3] 国家档案局科研所 .〈纸质档案数字化规范〉解读 [J] . 中国档案 2018，4.

[4] 徐亮 .〈录音录像档案数字化规范〉解读 [J] . 中国档案，2018，3.

[5] 国家档案局 .〈建设项目档案管理规范〉解读 [J] . 中国档案，2019，2.

[6] 江苏省建设教育协会 . 资料员专业管理实务（第二版）[M] . 北京：中国建筑工业出版社，2016.

[7] 住房和城乡建设部城建档案工作办公室 . GB/T 50328—2014. 建设工程文件归档整理规范 [S] . 北京：中国建筑工业出版社，2014.

[8] 中建一局集团建设发展有限公司 . JGJ/T 185—2009. 建筑工程资料管理规程 [S] . 北京：中国建筑工业出版社，2010.

[9] 中国建筑科学研究院 . GB 50300—2013. 建筑工程施工质量验收统一标准 [S] . 北京：中国建筑工业出版社，2014.

[10] 广州市城建档案馆 . CJJ/T 117—2017. 建设电子文件与电子档案管理规范 [S] . 北京：中国建筑工业出版社，2017.

[11] 中华人民共和国标准 . CJJ/T 117—2017. 建设电子文件与电子档案管理规范 [S] . 北京：中国标准出版社，2017.

[12] 中华人民共和国标准 . GB 50210—2018. 建筑装饰装修工程质量验收标准 [S] . 北京：中国标准出版社，2018.

[13] 中华人民共和国标准 . GB 50202—2018. 建筑地基基础工程施工质量验收标准 [S] . 北京：中国标准出版社，2018.

[14] 中华人民共和国标准 . GB 50166—2019. 火灾自动报警系统施工及验收标准 [S] . 北京：中国计划出版社，2019.

[15] 中华人民共和国标准 . GB 50411—2019. 建筑节能工程施工质量验收标准 [S] . 北京：中国建筑工业出版社，2019.

[16] 中华人民共和国标准 . GB 50205—2020. 钢结构工程施工质量验收标准 [S] . 北京：中国计划出版社，2020.

[17] 中华人民共和国标准 . JGJ/T 470—2019. 建筑防护栏杆技术标准 [S] . 北京：中国建筑工业出版社，2019.

[18] 中华人民共和国标准.JGJ/T 183—2019.液压升降整体脚手架安全技术标准 [S].北京：中国建筑工业出版社，2019.

[19] 中华人民共和国标准.JGJ/T 128—2019.建筑施工门式钢管脚手架安全技术标准 [S].北京：中国建筑工业出版社，2019.